# 中国法院2024年度案例

国家法官学院 最高人民法院司法案例研究院 / 编

## 民间借贷纠纷

中国法制出版社
CHINA LEGAL PUBLISHING HOUSE

# 《中国法院2024年度案例》通讯编辑名单

# 序

党的二十大擘画了全面建成社会主义现代化强国、以中国式现代化全面推进中华民族伟大复兴的宏伟蓝图，强调全面依法治国是国家治理的一场深刻革命，必须更好发挥法治固根本、稳预期、利长远的保障作用，在法治轨道上全面建设社会主义现代化国家。为落实习近平总书记“一个案例胜过一打文件”的重要指示精神，人民法院始终把完善中国特色案例制度，加强司法案例研究作为推进全面依法治国、支撑和服务中国式现代化的重要途径，通过发布具有普遍指导意义的典型案例，统一法律适用、提高审判质效，提升司法公信力，努力让人民群众在每一个司法案件中感受到公平正义。为更好满足社会各界和人民群众多元化司法需求，把习近平法治思想落实到人民法院审判工作全过程各方面，人民法院案例库于2024年2月27日正式上线并向社会开放，这是进一步完善中国特色案例制度的重要举措，是最高人民法院推出的新的“公共法律服务产品”。

“中国法院年度案例系列”丛书以及时记录人民法院司法审判工作新发展、新成就为己任，通过总结提炼典型案例的裁判规则、裁判方法和裁判理念，发挥案例鲜活生动、针对性强的优势，以案释法，以点带面，有针对性地阐释法律条文和立法精神，促进社会公众通过案例更加方便地学习法律，领悟法治精神，发挥司法规范、指导、评价、引领的重要作用，大力弘扬社会主义核心价值观，积极服务人民法院案例库建设，加强案例库案例研究，促进统一法律适用、提升审判质效，丰富实践法学研究，增强全民法治意识和法治素养，展现新时代我国法治建设新成就。

“中国法院年度案例系列”丛书自2012年编辑出版以来，已连续出版13年，受到读者广泛好评。为更加全面地反映我国司法审判执行工作的发展进程，顺应审判执行实践需要，响应读者需求，丛书于2014年度新增金融纠纷、行政纠纷、刑事案例3个分册，2015年度将刑事案例调整为刑法总则案例、刑法分则案例2个分册，2016年度新增知识产权纠纷分册，2017年度新增执行案例分册，2018年度将刑事案例扩充为4个分册，2022年度将土地纠纷（含林地纠纷）分册改为土地纠纷（含环境资源纠纷）分册。自2020年起，丛书由国家法官学院与最高人民法院司法案例研究院共同编辑，每年年初定期出版。在全国各级人民法院的大力支持下，丛书编委会现编辑出版《中国法院2024年度案例系列》丛书，共23册。

"中国法院年度案例系列"丛书以开放务实的态度、简洁明快的风格，在编辑过程中坚持以下方法，努力让案例书籍"好读有用"：一是高度提炼案例内容，控制案例篇幅，每个案例字数基本在3000字左右；二是突出争议焦点，尽可能在有限的篇幅内为读者提供更多有效、有益的信息；三是注重释法说理，大多数案例由法官撰写"法官后语"，高度提炼、总结案例的指导价值，力求引发读者思考，为司法审判提供借鉴，为法学研究提供启迪。

"中国法院年度案例系列"丛书编辑工作坚持以下原则：一是以研究案例库案例为首要任务。自今年起，"中国法院年度案例系列"丛书优先选用人民法院案例库案例作为研究对象，力求对案例库案例裁判要旨的基本内涵、价值导向、法理基础、适用要点等进行深入分析，增强丛书的权威性、参考性。二是广泛选编案例。国家法官学院和最高人民法院司法案例研究院每年通过各高级人民法院从全国各地法院汇集上一年度审结的典型案例近万件，使该丛书有广泛的精选基础，通过优中选优，可提供给读者新近发生的全国各地多种类型的典型性、疑难性案例。三是方便读者检索。丛书坚持以读者为本，做到分卷细化，每卷案例主要根据案由（罪名）分类编排，每个案例用一句话概括裁判规则、裁判思路、裁判理念、裁判方法或焦点问题作为主标题，让读者一目了然，迅速找到目标案例。

中国法制出版社始终全力支持"中国法院年度案例系列"丛书的出版，给了编者们巨大的鼓励。2024年，丛书将继续提供数据库增值服务。购买本书，扫描前勒口二维码，即可在本年度免费查阅往年同类案例数据库。我们在此谨表谢忱，并希望通过共同努力，逐步完善，做得更好，探索出一条充分挖掘好、宣传好人民法院案例库案例和其他典型案例价值的新路，为广大法律工作者和社会公众提供权威、鲜活、精准的办案参考、研究素材，更好地服务司法审判实践、服务法学教育研究、服务法治中国建设。

“中国法院年度案例系列”丛书既是法官、检察官、律师等法律工作者的办案参考和司法人员培训辅助教材，也是社会大众学法用法的经典案例读本，同时也为教学科研机构开展案例研究提供了良好的系列素材。当然，编者们在编写过程中也难以一步到位实现最初的编写愿望，客观上会存在各种不足甚至错误，欢迎读者批评指正。我们诚心听取各方建议，立足提质增效，不断拓宽司法案例研究领域，创新司法案例研究方法，助推实现中国特色司法案例研究事业的高质量发展。

国家法官学院　最高人民法院司法案例研究院

2024 年 5 月

# 目　录

## Contents

### 一、借贷关系认定

## 二、夫妻共同债务认定

## 三、借款主体认定



## 四、债务偿还认定



## 五、利息与违约金认定

## 六、债权转让与债务承担

## 七、证据与时效

# 一、借贷关系认定

1

## 从交易习惯、细节、收益分配等规则下认定系委托理财合同还是借款合同

——丁某诉钱某民间借贷案

**【案件基本信息】**

1. 裁判书字号

江苏省无锡市中级人民法院（2022）苏02民终4757号民事判决书

2. 案由：民间借贷纠纷

3. 当事人

原告（被上诉人）：丁某

被告（上诉人）：钱某

**【基本案情】**

原告丁某与被告钱某民间借贷纠纷一案。丁某向本院提出诉讼请求：1. 钱某归还本金1866876元及利息（以1866876元为基数，按年利率7.5%计算）；2. 本案诉讼费、财产保全费、财产保全担保保险费由钱某承担。事实与理由：其与钱某系朋友关系，钱某于2015年1月12日从其处获得920000元，于2015年1月13日从其处获得80000元，于2015年5月22日从其处获得1000000元，

钱某以自己名义开设证券账户并投入上述资金进行理财。钱某承诺其保本并向其支付固定比例年化收益，其不承担任何风险，理财亏损与其无关。固定比例年化收益最初为8.5%，后来双方协商一致变更为7.5%。后钱某以亏损为由未按时支付其本金及利息，经多次催讨未果，故诉至法院。

钱某辩称，双方之间没有借贷合意，双方之间实际为委托理财关系，丁某不具有向其主张民间借贷还款的权利。对于亏损，鉴于双方系委托理财关系，既然是投资理财就有风险，其也尽最大努力通过法院诉讼解决，其未能将本金及收益对外收回的情况下，也无法向丁某支付上述款项。丁某主张借贷没有借贷合同，也未写明利息，对于几百万元的资金往来，在客观上不现实，也严重不合情理。丁某主张因为朋友关系所以未出具借条，录音内容也体现的是投资理财的事实，丁某的解释严重不符合情理。丁某只提供出事后的微信聊天记录，不是事前双方约定与承诺。关于还款的性质，其认为是收益，丁某主张是利息，款项性质双方约定不明，约定不明即没有利息，归还款项均应抵充本金。案涉款项已经在钱某与资产管理公司、周某一案件中判决，本案应当不予理涉，故要求驳回丁某的诉讼请求。

根据本院审查确认的证据，结合双方的陈述，本院认定事实如下：

2015年1月12日、1月13日、5月22日，丁某分别向钱某银行转账920000元、80000元、1000000元。后钱某通过银行转账给丁某多笔款项，其中一笔（备注：钱某已转本金100000元，请查收）。丁某与钱某一致确认固定收益比例最初为年利率8.5%，后变更为年利率7.5%，2019年5月27日前钱某支付的款项均为固定收益。

钱某收到丁某的款项后，将该款项投入资产管理公司，并签订多份《资产委托管理协议（保守型）》，钱某与资产管理公司签订的协议约定的固定年化收益为22%、19%或16%，其间钱某多次从其证券账户转出资金，并将部分资金重新投入资产管理公司。后钱某与资产管理公司、周某一因账户资金亏损发生纠纷，钱某起诉资产管理公司、周某一委托理财合同纠纷一案，经本院审理认定钱某与资产管理公司之间签订的协议虽为《资产委托管理协议（保守型）》，双方不存在投资行为所具备的共同经营、共担风险的特征，钱某与资产管理公司之间实为民间借贷法律关系，后判决资产管理公司、周某一归还钱某本金 485 万元及相应利息。

丁某与钱某的微信聊天记录和谈话录音内容，体现钱某向丁某本金和收益的保底承诺，丁某不管钱某如何投资理财，她只拿收益，实际双方为民间借贷法律关系。

**【案件焦点】**

双方之间系委托理财合同还是借款合同。

**【法院裁判要旨】**①

江苏省无锡市梁溪区人民法院经审理认为：丁某向钱某转账 200 万元，双方虽未签订书面协议，但根据丁某与钱某的微信聊天记录及录音，钱某曾向丁某表示过赚了跌了与丁某无关，双方约定固定年化收益，且钱某亦按照约定向丁某支付相应收益。钱某从未告知丁某款项具体去向，丁某不参与钱某的投资理财、不承担风险，仅按照约定收取固定收益回报，故双方之间应当认定为民间借贷法律关系。钱某辩称曾向丁某出具过收条，双方系委托合同关系，对此未提供相应证据，钱某就案涉款项与资产管理公司、周某一签订的投资协议均是以钱某自己名义签订，从未将投资情况向丁某告知，且钱某与资产管理公司签订的投资协议约定的固定收益为年利率 22%、19%、16%不等，远高于钱某应当给付丁某的固定收益，故双方之间不符合委托合同关系的特征，本院对钱某的该抗辩意见不予采信。钱某辩称需等其与资产管理公司、周某一案件执行到位后再归还丁某本金 161 万元以及案涉款项已在钱某与资产管理公司、周某一案件中判决故应当不予理涉的意见，均无法律依据，法院不予采信。

据此，依照《最高人民法院关于适用〈中华人民共和国民法典〉时间效力的若干规定》第一条第二款，《中华人民共和国合同法》第二百零六条，《最高人民法院关于适用〈中华人民共和国合同法〉若干问题的解释（二）》第二十

---

① 本书【法院裁判要旨】适用的法律法规等条文均为案件裁判当时有效，下文不再对此进行提示。

一条，《最高人民法院关于审理民间借贷案件适用法律若干问题的规定》第二十八条规定，判决如下：

一、钱某应于本判决发生法律效力之日起十日内归还丁某借款本金 1866876 元并支付利息、逾期利息（截至 2021 年 3 月 31 日为 36774 元；自 2021 年 4 月 1 日起至实际给付之日止，以 1866876 元为基数，按年利率 7.5%计算）；

二、驳回丁某的其他诉讼请求。

被告钱某不服一审判决，提起上诉。江苏省无锡市中级人民法院经审理认为：微信聊天记录能够证明钱某曾向丁某表示投资理财盈亏与丁某没有关系，亦即丁某收取固定收益，且钱某 2016 年 1 月至 2019 年 5 月每年向丁某支付 85000 元或 75000 元的固定收益。因丁某只收取固定收益回报而不承担投资风险，故一审法院认定钱某与丁某之间系民间借贷法律关系并判决钱某还本付息并无不当。钱某主张双方系投资理财关系与事实不符，且钱某与资产管理公司、周某一之间的资产委托管理协议已被法院认定为民间借贷关系并判决资产管理公司、周某一还本付息，本案认定为投资理财关系由丁某承担投资风险不符合权利义务一致原则。另，钱某主张 2020 年 1 月 17 日后归还丁某四笔款项共计 39 万元系归还本金而非支付利息，因钱某仅对其中一笔 10 万元转账备注“本金”且未取得丁某同意，本案亦无其他证据证明双方对该部分转账系归还本金达成一致，故一审法院按先息后本顺序进行清偿抵充并无不当。

综上所述，钱某的上诉请求不能成立，应予驳回。一审判决认定事实清楚，适用法律正确，应予维持。依照《中华人民共和国民事诉讼法》第一百七十七条第一款第一项规定，判决如下：

驳回上诉，维持原判。

## 【法官后语】[①]

本案原告丁某与被告钱某未签订书面协议，双方之间存在转账记录往来、

① 本书【法官后语】对此类法律问题涉及的法律法规等内容进行了时效性更新，下文不再对此进行提示。

微信聊天记录、谈话录音，及钱某对外投资理财协议，在丁某与钱某没有签订任何书面协议时，认定当事人之间为何种法律关系应当依据相关法律规定以及双方的交易习惯、交易细节、收益分配来综合判断。

首先，本案争议焦点为双方法律关系性质，丁某主张双方系民间借贷关系，钱某辩称系委托理财关系，因双方未签订书面理财协议，丁某未委托钱某对转账款项进行投资理财，且钱某就从丁某处获得款项如何对外理财、如何操作、理财的收益多少丁某都不知情，钱某也未告知过丁某。相反，通过双方微信聊天和录音聊天记录，钱某对丁某作出了保证本金及固定收益的承诺，钱某也实际按照年利率8.5%后变更为7.5%，持续向丁某支付了收益（利息）。

其次，钱某从丁某处获得款项，与资产管理公司、周某一签订的投资协议均是以钱某自己名义签订，从未将投资情况告知丁某，且钱某与资产管理公司签订的投资协议约定的固定收益为年利率22%、19%、16%不等，而钱某承诺和给付给丁某的收益（利息）系固定的8.5%，后来变更为7.5%。退一步而言，如果双方系委托理财关系，钱某在资产管理公司获取的年利率22%、19%、16%的收益应当全部归于委托人丁某，受托人只获取委托合同约定的报酬，显然双方并不是委托理财关系，从钱某的操作而言完全是对外理财中给付丁某较低的固定收益，而自己获取高额的投资差额收益。

最后，在民间借贷法律关系下，款项支付方对出借资金不再享有所有权，其已经将该出借的资金全部转移给了借款方，一经支付或现金给付，款项所有权即转移给了借款方。本案中丁某就款项转账给钱某后，丁某丧失了对借款的所有权，至于钱某如果使用转账款项进行投资理财，丁某均未参与也不知情，对于投资理财的行为不承担风险，即应当认定丁某与钱某之间系民间借贷法律关系。

关于是民间借贷关系还是委托理财关系，可从以下几方面进行区分：

1. 从当事人权利义务方面来看，自然人之间的借款合同为实践性合同，以借款的实际交付为生效条件，出借人向借款人转移货币所有权，借款人对资金有全面且独立的支配权。委托理财合同为诺诚性合同，货币的所有权并未实际转让，受托人一般只听从委托人指令进行约定的理财行为，不能随意使用账户资金。

2. 从收益分配方式来看，借款合同的特征是保本保息，即借款人应当向出借人支付固定的本金和利息。委托理财合同的委托人必然承担一定的理财风险。在司法实践中，通常出借人或委托人是否主张“不确定的盈利分成”，作为确定当事人之间是借款还是委托理财纠纷的关键因素。但并不能仅凭合同中约定了保底条款就将其认定为民间借贷合同，应当根据双方的意思表示、交易习惯、交易细节、收益分配等规则进行综合认定。

3. 从合同解除权来看，在民间借贷法律关系下，出借方受借款期限约束，除非具备法律规定或约定的情形，否则不能要求在借款期限届满前终止借款合同，并要求借款方提前返还本金及相应利息。在委托理财法律关系中，鉴于双方之间系委托合同法律关系，根据《中华人民共和国民法典》第九百三十三条的规定，委托人或者受托人可以随时解除委托合同，因解除合同造成对方损失，除不可归责于该当事人的事由外，无偿委托合同的解除方应当赔偿因解除时间不当造成的直接损失，有偿委托合同的解除方应当赔偿对方的直接损失和合同履行后可以获得利益。

4. 从合同条款来看，名为委托理财关系实为民间借贷关系的一般约定保本保息的固定回报条款，委托人缔约的目的在于追求保本和固定的回报率，对于受托人如何管理资产行为、收益多少及如何分配均没有预期，同时委托人财产收益，不受受托人资产行为及资产收益情况的影响，即受托人管理和投资资产的盈亏与否，与委托人无关，风险由受托人自担。而委托理财关系，投资的收益归于委托人所有，至于受托人是否享有收益、收益多少根据系与委托人之间约定，最终的理财风险也归于委托人，与受托人无关。

编写人：江苏省无锡市梁溪区人民法院　谢张真

2

# 对夫妻离婚后的借贷行为应当适用穿透式审判思维区分内部约定与外部效力

——杨某诉黄某民间借贷案

## 【案件基本信息】

1. 裁判书字号

福建省厦门市思明区人民法院（2022）闽 0203 民初 6263 号民事判决书

2. 案由：民间借贷纠纷

3. 当事人

原告：杨某

被告：黄某

## 【基本案情】

杨某与黄某于 2013 年 1 月 6 日登记结婚，2018 年 4 月 8 日登记离婚。2019 年 3 月 29 日，黄某向杨某出具一份《借条》，载明借款人黄某于 2019 年 3 月 29 日向出借人杨某借款 100 万元，借款期限 2 个月，利率 1%，于 2019 年 5 月 29 日前归还本息，利息每月支付。同日，杨某向黄某名下银行账户分别转账 80 万元、20 万元，均附言借给黄某。

另查，2012 年 12 月 28 日，杨某与黄某共同购买位于厦门市思明区××路×号 2702 室房产（以下简称 2702 室房产），各占 50%份额共有。2016 年 2 月 4 日，黄某与华夏银行签订《个人最高额融资合同》，约定黄某自 2016 年 2 月 4 日至 2019 年 2 月 4 日可向华夏银行申请使用的最高融资额度为 320 万元，可用于贷款等。同日，黄某、杨某作为抵押人，与华夏银行签订《个人最高额抵押合同》，约定黄某、杨某以2702室房产作为抵押财产为上述《个人最高额融资合同》在最高债权额度内提供抵押担保。2016年2月16日，该房产抵押登记于华夏银行。

黄某与杨某于2018年4月8日签订《离婚协议书》约定，登记在双方名下的2702室房产离婚后归杨某所有，黄某此前以该房产抵押贷款，贷款全部由黄某使用、全部由黄某清偿。杨某陈述，前述贷款到期后黄某无力偿还，2702室房产无法按照离婚协议约定过户至其名下，故黄某向其借款100万元即本案讼争款项，用于偿还前述贷款。黄某亦确认借案涉款项系用于偿还银行抵押贷款。2019年4月2日，2702室房产注销抵押登记并过户登记为杨某个人所有。

2021年，案外人陈某因其申请执行的对黄某的债权因黄某名下无可供执行财产而无法受偿，故行使债权人撤销权，向本院起诉黄某、杨某，诉请判令撤销黄某将2702室房产的50%份额赠与给杨某的行为，并将2702室房产恢复登记为黄某与杨某按份共有状态。本院经审理作出（2021）闽0203民初3735号民事判决书，判令撤销黄某将2702室房产的50%份额转让给杨某的行为，并将该房产恢复登记为黄某与杨某各占50%的份额共有。黄某与杨某不服提起上诉。厦门市中级人民法院经审理认为，黄某在身负债务的情况下，在签订离婚协议时将夫妻共同财产中属于自己的份额无偿转让给杨某，使陈某的债权无法得到实现，黄某与杨某内部的离婚协议明显损害了对外的债权人陈某的利益，故于2021年12月24日作出（2021）闽02民终6847号民事判决书，判决驳回上诉，维持原判。2022年4月25日，2702室房产变更登记为杨某与黄某二人共有。

杨某于2022年3月诉至本院，诉请判令黄某偿还借款本金100万元及利息。黄某对杨某的诉讼请求无异议。

**【案件焦点】**

在房产过户登记已被黄某的债权人行使撤销权所撤销的情形下，杨某是否有权主张黄某偿还100万元借款本金及利息。

**【法院裁判要旨】**

福建省厦门市思明区人民法院认为，杨某诉请黄某偿还100万元借款及相应利息，虽提供了《借条》及转账凭证为证，但其自认案涉100万元借款系用于清偿以登记在杨某与黄某二人名下的2702室房产作为抵押财产、向华夏银行贷款的款项，而清偿银行贷款的目的在于按照离婚协议约定将2702室房产过户登记至杨某个人名下。可见杨某的借款行为具有目的性，其出借案涉款项给黄某清偿银行贷款后，随即将2702室房产过户至自己名下。本案中，借款、偿还贷款及房产过户行为具有整体性，应当综合考量借款行为、目的、用途及产生的法律后果。（2021）闽02民终6847号生效判决已查明黄某系在身负债务的情况下签订离婚协议，黄某的对外债权人陈某的债权尚无法得到实现，黄某与杨某内部的离婚协议明显损害了对外的债权人陈某的利益，黄某将2702室房产50%份额转让给杨某的行为已被撤销。本案中，黄某向华夏银行贷款系发生于黄某与杨某婚姻关系存续期间，且该笔贷款以二人共有的2702室房产作为抵押担保，杨某亦在抵押合同上签字，如黄某无力清偿该笔贷款，华夏银行有权就2702室房产折价、拍卖、变卖所得价款优先受偿，杨某应共同承担还款责任。在黄某无力清偿该笔贷款的情况下，杨某与黄某协商由杨某借款100万元给黄某用于清偿该笔贷款，基于杨某与黄某各占该笔贷款的抵押物即2702室房产50%份额，故100万元款项中实有50万元为杨某应当承担的债务。虽然黄某自愿承担杨某应当承担的50万元，但在黄某对外仍有债务未清偿的情况下，其与杨某的内部约定不能产生外部效力，且杨某系以民间借贷为由提起本案诉讼，故本院依法仅在50万元借款本金及利息（以借款本金50万元为基数，按月利率1%自2019年3月29日起计算至实际还款之日止）范围内对杨某的诉讼请求予以支持。

福建省厦门市思明区人民法院判决如下：

一、黄某于本判决生效之日起十日内向杨某偿还借款本金50万元及利息（利息以50万元为基数，按月利率1%自2019年3月29日起计算至实际还款之日止）；

二、驳回杨某的其他诉讼请求。

判决后，双方当事人均未上诉，本判决现已生效。

## 【法官后语】

《全国法院民商事审判工作会议纪要》强调“通过穿透式审判思维，查明当事人的真实意思，探求真实法律关系”。本案即是对“穿透式审判思维”的探索应用。从表面上看，杨某与黄某之间的民间借贷关系要件齐备，杨某举示了借条及转账凭证为证，黄某对借款事实亦无异议。然而，杨某与黄某原系夫妻关系，案涉借款具有明确目的与特定用途，与二人夫妻共同财产及共同债务的分割密切相关。在此情形下，法院有必要依职权对借贷关系表象下潜藏的真实目的进行穿透式审查，厘清真实借贷关系范畴，防止夫妻离婚后将内部债务分担转化为民间借贷，损害其他债权人的合法权益。

一、特定情形下职权探知主义的主动出击

《最高人民法院关于适用〈中华人民共和国民事诉讼法〉的解释》第九十六条第一款明确规定：“……人民法院认为审理案件需要的证据包括：（一）涉及可能损害国家利益、社会公共利益的；（二）涉及身份关系的；（三）涉及民事诉讼法第五十八条规定诉讼的；（四）当事人有恶意串通损害他人合法权益可能的；（五）涉及依职权追加当事人、中止诉讼、终结诉讼、回避等程序性事项的。”该条款未设置兜底条款，且第二款再次强调：“除前款规定外，人民法院调查收集证据，应当依照当事人的申请进行。”

过度的职权探知主义势必浪费司法资源、损耗司法效率、削弱司法中立。但在特定条件下，法院依职权主动调查取证，是司法保护国家和社会公共利益以及案外人合法权益不受损害的必要之举。但应注意的是，职权主义不应在民事诉讼中过度扩张，应严守现行民事诉讼法及司法解释对法院依职权主动调查的限制。本案中，杨某与黄某原系夫妻关系，借款虽发生于二人离婚后，但黄某作为另案被执行人尚负有大额债务无力清偿，故杨某与黄某存在恶意串通损害案外人合法权益的可能性，法院有必要依职权进行穿透式审查，主动调查借贷行为的真实目的等相关事实，并结合另案审理情况，准确认定杨某与黄某之间真实法律关系。

二、审查路径：整体考量借贷目的、用途及相关法律行为

针对本案特殊情况，承办法官主动调查询问借款目的及用途并要求当事人出示相关证据。杨某述称离婚时与黄某约定双方名下2702室房产归杨某所有，但因黄某于二人婚姻关系存续期间将该房产作为抵押物向银行贷款，贷款尚未清偿，故杨某向黄某出借100万元用于清偿贷款，贷款清偿后该房产过户至杨某个人名下；但因黄某对外负有大额债务尚未清偿，经案外债权人诉请撤销黄某的赠与行为，2702室房产又变更登记为二人共有。黄某对杨某的陈述无异议。案涉借款目的明确，借款行为与后续还贷、房产过户难以割裂。为进一步厘清款项性质，承办法官要求杨某提交贷款合同、债权人主张撤销权的相关法律文书、房产登记信息等证据。

杨某按照法官要求提交相关证据，印证了其上述陈述，同时证实了以下关键事实：1. 黄某系在身负债务的情况下签订离婚协议，黄某的债权人陈某的债权尚无法实现，生效判决认定黄某与杨某内部的离婚协议明显损害了对外的债权人陈某的利益；2. 预估2702室房产价值，尚不足以清偿黄某对外债务；3. 黄某向华夏银行贷款发生于黄某与杨某婚姻关系存续期间，该笔贷款以二人共有房产作为抵押担保，杨某亦在抵押合同上签字，从权利外观来看，如黄某无力清偿贷款，银行有权就案涉房产优先受偿，杨某必将共同承担还款责任。杨某依据离婚协议约定主张银行贷款系黄某个人债务，要求黄某偿还案涉100万元借款。但离婚协议系二人内部约定，仅具有对内的效力。

三、法律后果：区分夫妻离婚时分割共同债务的内部约定与外部效力

基于案涉借贷行为的特定目的，借款、偿还贷款及房产过户行为应当视为一个整体，对于款项性质的认定亦应综合考量上述法律行为已经产生的法律后果及本案判决将会产生的法律后果等因素。

如上分析，本案非为虚假诉讼，杨某持有借条及转账凭证且借款发生于二人离婚后，不宜驳回杨某的全部诉讼请求。杨某与黄某各占2702室房产50%份额，从权利外观上看，如黄某无力清偿抵押贷款，杨某应当承担共同还款责任，

如以该房产折价、拍卖、变卖所得款项优先受偿，杨某应承担的比例可以其所占房产份额作为参考即50%。用于偿还银行贷款的案涉100万元中，实际有50%即50万元系杨某对外应当承担的，就该50万元而言，还贷行为实质上与循环转账无异，不能发生实际出借的效力。而另外的50万元系用于偿还黄某应当承担的贷款，黄某向杨某借款50万元用于偿还黄某所负债务，则不存在逻辑及法理上的障碍。对于杨某对外应承担的50万元贷款，黄某表示愿意按离婚协议约定由其承担，但这属于杨某与黄某之间的内部约定，该50万元不宜认定为民间借贷，其本质应为夫妻离婚后对共同债务的分担约定，由此产生的纠纷不应在民间借贷这一法律范畴内予以处理。

现实中，当夫妻二人的财产不足以清偿对外所负的全部债务，离婚时，为了更多地“保住”财产不用于清偿债务，夫妻双方往往会就共同财产及共同债务的分割作出有利于其中一方的约定，甚至恶意串通以“假离婚”转移财产、逃避债务。审理对外尚负债务的已离婚夫妻间的债权债务关系，由于存在恶意串通损害债权人利益的可能性，法院有必要采取穿透式审判思维，适当突破当事人主义的局限，依职权主动、全面地调查案件事实，正确发挥司法裁判的价值导向作用。本案一审宣判后当事人均服判息诉，取得了较好的社会效果。

编写人：福建省厦门市思明区人民法院　林蕾　朱贝妮

3

# 二手房交易中的"过桥垫资"行为在民间借贷法律关系中的认定

## ——胡某诉陶某、杨某民间借贷案

### 【案件基本信息】

1. 裁判书字号

湖北省武汉市中级人民法院(2022)鄂01民终21634号民事判决书

2. 案由:民间借贷纠纷

3. 当事人

原告(上诉人):胡某

被告(被上诉人):陶某、杨某

### 【基本案情】

陶某原系东湖新技术开发区流芳街××××××房屋(以下称涉案房屋)的所有权人。2022年1月19日,经案外人刘某所在房屋中介机构介绍,陶某与杨某签订了房屋买卖合同,因陶某的房屋存在银行贷款的情况,为了办理赎楼手续,陶某与胡某于2022年2月28日签订借款合同,约定陶某向胡某借款210万元,借款期限自2022年2月28日至2022年5月27日,月利息2%,如不能按期归还借款,陶某应当承担违约金以及产生的律师费等。胡某随即通过银行转账方式向陶某出借了166万元,并指定案外人李某向刘某转账44万元,刘某代陶某收取了该44万元。同日,陶某出具收条,表明其收到胡某出借的210万元。同时,应胡某要求,杨某亦在借款合同和收条上签了字。

因陶某与他人存在经济纠纷,导致其房屋无法过户至杨某名下,双方房屋交易失败。于是胡某与陶某商议，将陶某房屋转让给胡某，并于2022年5月27日与案外人郑某签订存量房居间（买卖）合同，约定陶某将案涉房屋以总价166万元出卖给郑某。案涉房屋过户登记至郑某名下，胡某为该房屋实际持有人。

因陶某向胡某借款210万元，扣减其房屋价款166万元后，胡某认为陶某还应偿还44万元，故而诉至本院，提出上述请求。陶某则认为，案涉房屋交易价格远低于市场价，属于显失公平，双方在房屋交易过程中实际达成合意，房屋价格抵偿了全部借款，因此，应当驳回胡某的诉求。由于双方分歧巨大，因此产生诉争。

另查明，陶某收到胡某出借款项当日，即委托刘某向胡某返还了2万元，视作借款利息。胡某为本次诉讼花费律师费30000元。

【案件焦点】

胡某与杨某是否成立民间借贷关系。

【法院裁判要旨】

湖北省武汉市黄陂区人民法院认为：合法的借贷关系受法律保护，债务应当清偿。本案中，陶某因出售其房屋，需要办理借款赎楼手续，其向胡某借款210万元，有双方签订的借款合同、胡某的转账记录、陶某出具的收条为证，借款事实清楚，双方借贷关系依法成立，陶某应当偿还借款。

关于借款本金，胡某向陶某转账为210万元，其中，胡某与陶某约定，将陶某房屋作价166万元，实际抵给了胡某，应当从出借资金中扣除该款项。另外，胡某向陶某出借款项后，随即以收取利息方式，收回20000元，应从出借本金中扣除。则剩余借款本金应为42万元。

关于借款利息，借款合同约定月利息2%，胡某自愿按出借时的一年期贷款市场报价利率的四倍即15.4%分段计算，并无不当，本院予以照准。

关于律师费30000元，借款合同明确约定了逾期还款应当支付律师费，本院依法予以支持。

关于胡某主张杨某承担共同还款责任，本案系因房屋买卖引发的民间借贷纠纷，杨某系为了购买案涉房屋而在借款合同和收条上签字，是为了在案涉房屋交易顺利完成，方便陶某向胡某的借款，杨某并无向胡某借款的意思表示，同时，本案借款未交付给杨某，故胡某主张与杨某存在借贷关系不成立，杨某抗辩借贷行为与己无关，不应承担偿还责任，对其辩解意见，本院予以采纳。

关于陶某辩称案涉房屋买卖合同显失公平，应当予以撤销的意见，本案审理的是民间借贷纠纷，并非房屋买卖合同纠纷，陶某以显失公平为由主张撤销案涉房屋买卖合同，应当另行起诉。

湖北省武汉市黄陂区人民法院判决如下：

一、陶某本判决生效之日起十五日内偿还胡某借款420000元并支付利息，计算为：以2100000元为基数，自2022年2月28日至2022年5月27日，以420000元为基数，自2022年5月28日至款项清偿之日，均按年利率15.4%计算；

二、陶某本判决生效之日起十五日内支付胡某律师费30000元；

三、驳回胡某的其他诉讼请求。

胡某不服一审判决，提出上诉。湖北省武汉市中级人民法院经审理认为：一审判决查明的事实属实，本案系民间借贷纠纷，判断借贷关系的成立需综合考虑出借人和借款人是否有借贷合意、出借款项是否实际交付等情形，本案纠纷因房屋买卖而引发，杨某虽在案涉借款合同和收条上签字，但其签字的原因是为了购买案涉房屋，为了房屋买卖交易的顺利进行，并无向上诉人进行借款的意思表示，且杨某也未收到上诉人主张的借款，故一审认定上诉人与杨某之间的借贷关系不成立并无不当，本院予以确认。综上，上诉人的上诉请求不能成立，应予驳回；一审判决认定事实清楚，适用法律正确，应予维持。

湖北省武汉市中级人民法院依照《中华人民共和国民事诉讼法》第一百七十条第一款第一项之规定，作出如下判决：

驳回上诉，维持原判。

【法官后语】

“过桥垫资”又称搭桥资金，简单理解就是为了拿到长期贷款的一个桥梁，是过渡使用的资金，过桥垫资业务包括交易性赎楼、非交易性赎楼。过桥资金能够及时解决企业和个人的燃眉之急，但其中也存在风险。本案即涉及其中交易性赎楼中的垫资赎楼，房屋出售方陶某、购买方杨某与垫资方胡某之间发生的民间借贷纠纷，两级法院均认定胡某与杨某之间不存在民间借贷法律关系。依据《最高人民法院关于审理民间借贷案件适用法律若干问题的规定》第十五条“原告仅凭借据、收据、欠条等债权凭证提起民间借贷诉讼，被告抗辩已经偿还借款的，被告应当对其主张提供证据证明。被告提供相应证据证明其主张后，原告仍应就借贷关系的存续承担举证责任。被告抗辩借贷行为尚未实际发生并能作出合理说明的，人民法院应当结合借贷金额、款项交付、当事人的经济能力、当地或者当事人之间的交易方式、交易习惯、当事人财产变动情况以及证人证言等事实和因素，综合判断查证借贷事实是否发生”的规定，判断借贷关系的成立需综合考虑出借人和借款人是否有借贷合意、出借款项是否实际交付等情形，本案中，因杨某需购买陶某所有的商品房，陶某为“赎楼”而向胡某借款垫资，故杨某在胡某的要求下，与陶某共同向胡某出具了借条和收条，但杨某在购房时并不认识胡某，也并不具备借款的意思表示，借款也并未实际交付杨某，因此不能仅凭杨某在借条、收条上签字，便认定杨某与胡某存在民间借贷关系。

2021年3月银保监会、住建部、央行联合发布《关于防止经营用途贷款违规流入房地产领域的通知》，要求银行业落实主体责任，加强贷后资金管控，因此赎楼需求更多转向民间金融，从而产生大量类似本案二手房交易过程中的民间借贷纠纷。

2022年11月11日，武汉市自然资源和规划局印发相关通知，明确全市范围内抵押贷款购买的房屋在抵押期间买卖过户，可以一并申请办理“三合一”登记，推行二手房“带押过户”，故今后二手房交易不需要原房主提前结清贷款，不需要过桥资金介入，从而避免发生二手房交易中因过桥垫资产生的民间借贷纠纷，本案二手房交易系在特定政策下进行，故二手房交易中过桥垫资的民间借贷关系是否成立，仍应当按照规定第十五条的内容进行综合认定。

编写人：湖北省武汉市黄陂区人民法院　付文强

4

## 封闭式循环买卖中民间借贷法律关系的认定

——投资公司诉包装材料公司破产债权确认案

**【案件基本信息】**

1. 裁判书字号

江苏省江阴市人民法院（2021）苏 0281 民初 5873 号民事判决书

2. 案由：破产债权确认纠纷

3. 当事人

原告：投资公司

被告：包装材料公司

第三人：日用化工厂

**【基本案情】**

2020 年 4 月 8 日，投资公司与日用化工厂签订购销合同，约定投资公司向日用化工厂购买乙二醇 13000 吨，单价 3080 元/吨，总金额 4004 万元。交货方法为买方自提自运，在澄利库交割（允许分两次转货权给买方）。产品交（提）货期限为 2020 年 4 月 15 日至 4 月 20 日之前（含当日）交割。交割当日，先货后款。

同日，包装材料公司与投资公司签订购销合同，约定包装材料公司向投资公司购买乙二醇 13000 吨，单价 3098 元/吨，总金额 4027.4 万元。交货方法同上，产品交（提）货期限为包装材料公司最迟应于投资公司向其供应商支付货款之日起31个自然日内提货并按本合同约定向投资公司付清全部款项。包装材料公司应于签订合同后一个工作日内支付投资公司履约保证金904万元，剩余货款于交割当日结清。

同日，日用化工厂与包装材料公司签订购销合同，约定日用化工厂向包装材料公司购买乙二醇13000吨，单价3098元/吨，总金额4027.4万元。合同签订后全部货款在2020年4月20日前支付到包装材料公司指定账户。

2020年4月20日，投资公司向日用化工厂转账4004万元，日用化工厂向包装材料公司转账4000万元，包装材料公司向投资公司转账904万元。

2021年2月3日，江阴市人民法院裁定受理包装材料公司破产清算一案，因管理人对投资公司申报的债权不予确认，投资公司故诉至法院，以包装材料公司未履行合同义务为由请求确认他公司对包装材料公司享有债权共计14255483元（其中没收保证金904万元，并承担违约金5215483元）。包装材料公司辩称双方之间存在名为买卖、实为借贷的法律关系，后投资公司变更诉讼请求，要求包装材料公司确认借款本息33190063.89元。

另在（2020）苏0281民初7169号投资公司与某仓储公司、日用化工厂、包装材料公司仓储合同纠纷一案中，生效判决认定虽然投资公司、日用化工厂、包装材料公司签订的合同条款均体现了货物买卖的意思表示，但从整个连环贸易形成的资金及货物流向上来看，系自买自卖的闭环贸易，从而形成了“低卖高买”这一不合商业常理的贸易模式，该贸易模式不符合买卖合同的基本特征，故各方之间并未依法成立买卖合同关系。

**【案件焦点】**

在循环买卖交易模式中如何认定属于买卖合同法律关系还是民间借贷法律关系。

**【法院裁判要旨】**

江苏省江阴市人民法院经审理认为：投资公司、日用化工厂、包装材料公司之间并未依法成立买卖合同关系，已有生效法律文书确定。从三方签订的合同来看，三方主体之间系封闭式循环买卖，签订买卖合同并非各方的真实意思，而是以买卖合同的外在形式掩盖当事人之间真实的民间借贷关系。

根据《中华人民共和国民法总则》关于以虚假的意思表示实施的民事法律行为效力的规定，封闭式融资性贸易中当事人签订的买卖合同因虚假的意思表示无效，而所隐藏的民间借贷合同的效力则应依照有关法律规定再予以判定。本院结合出资方的资金情况、借款数额及利息、出资方与融资方之间的关系等因素综合判断双方之间的民间借贷行为不存在无效情形。包装材料公司作为融资方应承担还本付息之责。对于借款本金 3100 万元，双方当事人一致认可，法院依法予以确认。

对于利率，投资公司低买高卖产生的货物回购差价为 23.4 万元，除以投资公司被占用的资金 3100 万元（以投资公司实际交付的 4004 万元扣除保证金 904 万元），借款期限为 31 天，因此投资公司的借款年利率应计算为 23.4 万元/3100 万元/31 天×360 天＝8.77%。对于借期，自出借款项之日起至裁定重整之日止为 289 天。投资公司的利息应计算为 3100 万元×8.77%×289 天/360 天＝2182511.94 元。

江苏省江阴市人民法院依照《中华人民共和国民法总则》第一百四十六条、《最高人民法院关于适用〈中华人民共和国民法典〉时间效力的若干规定》第一条、《最高人民法院关于适用〈中华人民共和国民事诉讼法〉的解释》第九十条之规定，判决如下：

一、确认投资公司对包装材料公司享有债权本金 3100 万元、利息 2182511.94 元；

二、驳回投资公司的其他诉讼请求。

一审判决作出后，各方均未上诉，现一审判决已生效。

**【法官后语】**

循环买卖，是指三方或者三方以上当事人通过订立买卖合同或者代理采购合同，使最初出卖人与最终买受人为同一人，形成闭合交易链的贸易形式。货物流转方式为：供货方A—出资方B—购货方C—供货方A，资金流向为：出资方B—供货方A—购货方C—出资方B，最终形成供货方低卖高买的交易形式。此种交易模式如何认定属于买卖合同法律关系还是民间借贷法律关系，在司法实践中存在一定的难度和争议。

为了统一裁判尺度，最高人民法院对该问题作出初步认定，主张符合以下四个方面即构成借贷关系：1. 三方或三方以上主体之间进行封闭式循环买卖。2. 出借方和通道方的收益固定，双方均不承担货物经营风险，借款方同一时期无缘由高买低卖，自甘受损，明显违背商业常理。3. 标的物相同且履行过程中无真实的货物流转。4. 参与各方对交易的真实目的为融资而非货物买卖均为明知。

第1、2项构成要件系认定借贷关系的必要条件，且在司法实践中根据合同的约定较为容易判断。对于裁判者而言，较为困难的是第3、4项构成要件的判断。

对于第3项构成要件的判断：现实生活中，为了规避法律，大多数企业采用走单不走货的物权变动模式，因此法院仅有收货确认材料难以确认货物存在，不足以认定货物已实际交付，此时一般应根据优势证据原则综合全案审查货物是否已实际交付。当然，民法典物权编认可走单不走货的物权变动模式，在收货确认材料有物权转移凭证、仓储单、仓储合同、验货凭证、运输合同等证据相辅助时，可以认定货物已实际交付。

对于第4项构成要件的判断：较为简便的是当事人在诉讼中对法律关系形成合意的自认。供货方与购货方会主张法律关系为借贷，进而免除非实际用款方的责任。本案就属于这一情况，这给法院进行争议焦点的归纳和辩论提供了一个契机。

若当事人未进行自认，法院在案件审理过程中对于封闭式买卖应具有一定的敏锐性和警觉性，从而对于封闭式循环买卖形成合意应进行推定。具体到融资性买卖中，就是通过买卖合同的内容、交易环节、交易流程等外在形式证据的综合考量，找出其与正常的买卖交易习惯存在的明显不同之处，进而揭示出这种差异背后的真实动机和目的。具体判断方式为：

1. 出资方与供货方之间买卖合同中存在为供货方垫资等民间借贷的意思表示，或者购货方违约责任明显与借贷利息相似，该交易模式明显与买卖法律关系相违背。

2. 在出资方与供货方合同中，出资方与收货方的争议由供货方承担；在出资方与收货方合同中，货物交付、货物瑕疵等违约责任由收货方自行承担。综合全部合同来看，出资方仅具有支付货款的义务，而无须承担任何与货物质量有关的经营风险，明显与买卖法律关系相违背。

3. 当供货方未按约定交付货物，出资方并未选择解除与供货方的交易合同，追究供货方的违约责任，而是在自身无法向购货方交付货物的情况下，要求购货方支付货款。购货方未按约定支付购货款，出资方并未选择解除与购货方的交易合同，追究购货方的违约责任，而是在供货方已交货的情况下，要求供货方确认资金占用费用。

编写人：江苏省江阴市人民法院　李峰　黄静宇　郭晓蕊

5

## 夫或妻单方向父母借款偿还另一方婚前个人房贷借贷关系认定

——王某甲诉庞某民间借贷案

**【案件基本信息】**

1. 裁判书字号

湖北省荆州市中级人民法院（2022）鄂10民终1787号民事判决书

2. 案由：民间借贷纠纷

3. 当事人

原告（被上诉人）：王某甲

被告（上诉人）：庞某

第三人（被上诉人）：王某

【基本案情】

庞某、王某系王某甲的儿媳、儿子。庞某与王某结婚前购买了位于荆州市房屋一套，系庞某单独所有。2018年4月20日王某与庞某登记结婚。为了提前还清房屋贷款本金及利息，2020年5月9日王某向父亲王某甲借款，当天王某甲向王某银行卡（尾号3007）转入24万元和20万元两笔资金，合计44万元。2020年5月11日王某通过银行卡（尾号1976）向庞某账户转入305000元，转款附言："还房贷。"后庞某用该笔款项偿还涉案房屋贷款本金及利息。王某的尾号3007银行卡和尾号1976银行卡为其同一账户的新旧两张银行卡。王某向王某甲出具的《借条》内容为"今向父亲王某甲借到人民币叁拾万元零伍仟，用于庞某涉案房屋房贷。王某2020年5月9日。"2022年5月25日，庞某提起与王某的离婚诉讼，该案一审至今尚未审结。2022年6月1日，王某甲提起本案民间借贷诉讼。

【案件焦点】

王某甲与庞某之间是否存在借贷关系。

【法院裁判要旨】

湖北省荆州市沙市区人民法院经审理认为：合法的借贷关系受法律保护。王某向王某甲出具《借条》，王某系代庞某向王某甲借款305000元用于偿还房屋贷款，该笔款项虽发生在庞某、王某夫妻关系存续期间，但该房屋系由被告庞某婚前购买，且登记在庞某个人名下，故该借款305000元应该认定为庞某的个人债务，由庞某承担偿还义务。根据《最高人民法院关于审理民间借贷案件适用法律若干问题的规定》第二十四条第一款之规定，"借贷双方没有约定利息，出借人主张支付利息的，人民法院不予支持。”因原、被告双方并未约定利息及还款期限，应视为不支付利息，故原告诉请被告支付利息于法无据，本院不予支持。湖北省荆州市沙市区人民法院判决：

一、庞某于本判决生效之日起十五日内向王某甲偿还借款305000元；

二、驳回王某甲的其他诉讼请求。

庞某不服一审判决，提起上诉。湖北省荆州市中级人民法院经审理认为：(一) 关于王某甲主张的借贷关系是否真实问题。从王某甲提交的银行转款凭证看，王某甲将44万元转入王某账户第三天，王某向庞某账户转入30.5万元，并转款附言“还涉案房屋房贷”，上述事实属实。但王某甲提交的借条的法律效力，人民法院不能当然地予以认定。其一，借条是王某个人出具的，王某甲与王某是父子关系，系利害关系人。虽然王某与庞某系夫妻关系，但王某甲依据借条主张庞某偿还借款是在庞某与王某夫妻关系恶化并提起离婚诉讼之后。庞某对该借条真实性提出异议，属合理性怀疑。其二，王某在借条中专门注明借款用于偿还庞某婚前购房贷款，王某在借条中签名并加按指印，说明出具借条是慎重的，且目的性很强，但没有要求庞某在借条中签名，不符合一般生活逻辑。因此，王某甲依据王某出具的借条诉请判决庞某个人偿还借款，事实依据及法律依据均不充分，人民法院不应予以支持。(二) 现有证据证明王某向庞某转款30.5万元以及王某转出的资金来源于王某甲账户属实，但庞某接收的资金不是王某甲直接转入，庞某对王某转入的资金是否有返还义务系王某与庞某之间的另外法律关系，不属本案审理范围。

综上，原判认定事实错误，判决结论不当，本院依法予以改判。依照《中华人民共和国民事诉讼法》第一百七十七条第一款第二项的规定，判决如下：

一、撤销湖北省荆州市沙市区人民法院民事判决；

二、驳回王某甲要求庞某偿还借款305000元及利息的诉讼请求。

**【法官后语】**

现实生活中，夫妻一方在婚姻关系存续期间以个人名义举债的案件司空见惯，其中有一种特殊情形较难处理。由于子女与父母的特殊利害关系，父母对子女给付的资金究竟是赠与还是借款，不易区分。特别是在夫妻关系存续期间，父母给付子女的资金用于偿还夫妻另一方的个人婚前房贷时，仅有子女一方单独向父母出具的借条，能否认定存在借贷关系？

首先，人民法院审理民间借贷案件，除对债权凭证及款项交付凭证进行审查外，还应结合款项来源、交易习惯、经济能力、当事人关系及当事人陈述等因素综合判断借贷关系真实性。其次，父母对其个人财产享有处分权，是否资助成年子女由其自由决定，给子女的经济帮助，除父母有明确表示赠与的意思表示外，均应当将其视为以帮助为目的的临时性资金出借，子女应负有偿还的义务，不能视为当然的赠与。赠与需有赠与人明确表示，在无证据证明争议款项为赠与的情形下，不能因为父母与子女的关系而推定为赠与。第三，当非举债夫妻一方主张对借款不知情时，应结合该资金的实际用途，区分属于个人债务还是夫妻共同债务。

本案中，王某甲将44万元直接转入王某个人银行账户，三天后王某向庞某银行账户转入30.5万元，且王某以个人名义向王某甲出具借条。不管从资金交付还是出具的借条来看，王某甲与庞某之间并未形成借贷的意思表示，王某甲与庞某个人之间不存在借贷关系，故王某甲诉请庞某偿还借款无法律事实依据。但是可以推定王某甲与王某之间存在借贷关系。根据《中华人民共和国民法典》第一千零六十四条规定："夫妻双方共同签名或者夫妻一方事后追认等共同意思表示所负的债务，以及夫妻一方在婚姻关系存续期间以个人名义为家庭日常生活需要所负的债务，属于夫妻共同债务。夫妻一方在婚姻关系存续期间以个人名义超出家庭日常生活需要所负的债务，不属于夫妻共同债务；但是，债权人能够证明该债务用于夫妻共同生活、共同生产经营或者基于夫妻双方共同意思表示的除外。"王某在与庞某夫妻关系存续期间，向王某甲借款30.5万元用于偿还庞某婚前房贷，属于用于夫妻共同生活，故该借款应认定为夫妻共同债务。

虽然父母与子女在血缘上亲密无间，但在法律上，父母与子女乃两方独立之民事主体。因此，我国法律既尊重父母对成年子女的馈赠，也保护父母多年辛勤所得之财产。另外，此类案件多发生于子女婚姻出现问题可能涉及分割夫妻财产时，作为未在借条上签字的配偶一方，对于诉称的借款及借条可能完全不知情，其在诉讼中较为被动，举证存在一定困难。因此，在审理这一类案件时，法院应注意平衡债权人与非名义举债人的利益。

编写人：湖北省荆州市沙市区人民法院　胡豆

6

# 合伙人之间因合伙出资发生纠纷，不能以民间借贷关系为由要求返还出资款

——朱某诉花某、许某民间借贷案

**【案件基本信息】**

1. 裁判书字号

江苏省苏州市人民法院（2022）民终第9533号民事判决书

2. 案由：民间借贷纠纷

3. 当事人

原告（上诉人）：朱某

被告（被上诉人）：花某、许某

**【基本案情】**

2019年1月，朱某建立“花总集团公司”微信群，朱某邀请花某入群，从2019年1月17日至2月20日的聊天内容反映，由朱某指挥、管理车辆和驾驶人员，以及安排运输线路等。2019年3月1日、2019年7月4日、2019年7月24日，花某分别出具《承诺书》一份。在出具上述第三份《承诺书》的同日，花某在朱某提供的《银行转账借款单》《日常费用借款》《加油充值》《ETC充值》《微信转账》等6张打印的清单上签字。

对于花某在朱某提供的上述清单上签字的情况，丁公司于2022年5月22日向花某出具《证明》一份，证明苏AP1×××、苏AE5×××、苏AP3×××三辆车在其单位名下经营，三辆车均有贷款，由于花某经营原因，多次出现未能及时归还贷款。其告知朱某上述车辆相关法律情况，朱某仍不同意，根据朱某要求，花某必须在其打印好的相关债务明细上签字，否则不同意还车。花某迫于甲公司对上述车辆法律裁定的严肃性，无奈在债务明细上签字。

庭审中，原告朱某陈述：被告一直向其借款至一百四十几万元。花某一直向其借是因为他困难，有债务问题。借款用于日常开支、还贷款、包括驾驶员工资。当时其在做二手车生意。"花总集团公司"的微信群是其建的，还有五个人是花某的驾驶员，当时是他们叫其建的，便于向其拿钱。其从未收取车辆经营的收入。

被告花某对原告的陈述有异议。花某陈述，其于2013年左右认识原告，但基本跟他没有瓜葛。直到2018年12月，其看到原告朋友圈里发放车借钱，其才联系了原告。每一笔借款都有实物抵押的，后来租车、经营都由原告统一去弄了。其将8台车都交给原告了，由原告去操作运营。2019年1月18日至2019年7月24日期间都是朱某在做，由他跟他表弟申某、陈某他们去收，陈某也是交给他的。收取的费用给其一部分，另外就是支付车子上的费用，双方没有结算过。

**【案件焦点】**

双方法律关系的界定。

**【法院裁判要旨】**

江苏省张家港市人民法院经审理认为，根据原、被告提供的各方经质证无异议的证据以及结合当事人的陈述可以确定，被告花某因经营客车运输业务缺少资金向原告朱某借款，但之后的实际情况为，朱某投入资金参与了其所提供的清单中所涉车辆的经营，双方虽未订立书面的合伙合同，但形成了事实上的合伙关系。合伙关系终止时，应当对合伙财产、经营成本、债权债务、盈利亏损等进行清算或结算。原告虽然认为其所提供的6份清单即为双方进行结算的凭证，但本院认为原告的主张不能成立，理由如下：（1）从案涉6份清单载明的内容来看，清单上仅载明了原告在经营客车期间的支出及向相关人员的转账等，未有与合伙事务相关的营收等情况，故该清单并非双方对合伙期间的盈余分配、债务承担及财产的处理等进行的总结算。（2）从6份清单的形成来看，根据丁公司出具的证明、甲公司起诉丁公司及花某等人追偿权纠纷一案来看，该清单也非双方在平等协商的基础上形成。（3）从原告在庭审中的陈述来看，在被告未举证之前，原告坚持称其一分经营收入也未收取，在被告提供了原告收取收入的部分凭证之后，原告又予以认可。且从原告在微信群聊中由原告指挥、管理驾驶人员、安排线路以及从原告支付日常费用的情况来看，原告关于其仅负责开支而从不收取任何经营收入的陈述，明显与常理不符。另结合原告涉诉的两起案件，原告具有虚假陈述、不诚信诉讼的情形。故本案中，结合原告在庭审中的前后陈述，本院有合理理由怀疑原告实际收取了客车经营期间的相关收入。现原告仅提供开支而不提供收入的相关证据，由此导致双方不能结算的责任应由原告承担。综上，原告提供的现有证据不能证明双方已经进行了清算或结算。故对原告要求两被告归还欠款的诉讼请求，本院不予支持。

据此，判决驳回原告朱某的诉讼请求。

江苏省苏州市中级人民法院同意一审法院裁判意见，维持原判。

## 【法官后语】

我国的合伙体系由民事合伙和商事合伙两部分构成，民事合伙也称为个人合伙。《中华人民共和国民法典》第九百六十七条对合伙合同的定义做了明确规定，“合伙合同是两个以上合伙人为了共同的事业目的，订立的共享利益、共担风险的协议。”由合伙合同定义可知，民事合伙的本质是对外承担连带责任的自然人进行联合经营，即合伙人共同出资、共同经营、共担风险。

合伙关系与借贷关系有几点主要区别。1. 是否具有收益共享的行为目的。合伙的目的是共同出资、共同经营以共享可期待的合伙收益，而借贷关系中出借人期待的是借款到期后的借款本息，至于由其出借的资金获取的经营收益，借款人无权分享。2. 是否具有风险共担的意思表达。合伙本质上是合伙人共同出资、共同经营的商业性活动，而商业性活动天然具有风险性，合伙可能盈利也可能亏损，所有合伙人需共同承担经营中的风险。而借贷关系的出借人无须对借款人的借款利用承担任何经营风险，借款到期出借人即可要求借款人归还本息。3. 是否具有共同经营的行为表现。一般而言，合伙关系中的合伙人可以共同决定合伙企业的经营策略、模式等，每个合伙人均有权参与合伙企业的日常经营管理，这也是合伙的“人合”特征所在。但借贷关系中的出借人无权也无意参与借款人的经营，借款人的经营由借款人决定并由其负责，出借人和借款人并没有共同经营的行为表现。简言之，区分合伙借贷的关键在于当事人形成的法律关系是否符合风险共担、收益共享的原则。

此外，根据《最高人民法院关于审理民间借贷案件适用法律若干问题的规定》第十四条：“原告以借据、收据、欠条等债权凭证为依据提起民间借贷诉讼，被告依据基础法律关系提出抗辩或者反诉，并提供证据证明债权纠纷非民间借贷行为引起的，人民法院应当依据查明的案件事实，按照基础法律关系审理。当事人通过调解、和解或者清算达成的债权债务协议，不适用前款规定。”如果合伙人之间签订了合伙协议，合伙关系成立，但合伙人依据合伙清算后形成的借据起诉要求还款的，应当按照民间借贷关系处理。法律尊重当事人的意思自治，合伙清算完毕后，合伙关系即告终结，借据是合伙人之间的债权债务凭证，各方的关系转化为借贷关系，而非合伙关系。

本案名为借贷实为合伙，因债产生的欠条或借据等只能证明双方具有债权债务关系，但并不能证明该债权债务关系形成的原因。实践中，普遍存在合伙人不签订合伙协议而以“打借条”方式投资的现象，当发生纠纷时，“出借人”往往以民间借贷为基础法律关系要求合伙人还款，如果有证据证明“借贷关系”成立，除非“借款”的合伙人能提供证据证明双方是合伙关系，否则法院一般以民间借贷关系判决。对于“借款”的合伙人而言，应当注意与他人签订书面合伙协议，保留对方参加合伙事务经营管理的证据。

编写人：江苏省张家港市人民法院　刘诗程

7

# 借用信用卡透支纠纷的性质认定及实体处理

## ——邹某诉罗某、汪某民间借贷案

**【案件基本信息】**

1. 裁判书字号

湖北省襄阳市襄城区人民法院（2022）鄂0602民初3751号民事判决书

2. 案由：民间借贷纠纷

3. 当事人

原告：邹某

被告：罗某、汪某

**【基本案情】**

2018年1月至2020年期间，被告罗某以资金周转需要为由向原告邹某提出借款。后经商议，原告邹某先后将其在兴业银行、平安银行、中信银行、招商银行、浦发银行、广发银行、民生银行开办的合计七张信用卡借给被告罗某，供罗某、汪某夫妻透支使用。2021年10月，原告邹某收回七张信用卡。经原告邹某、被告汪某结算，被告汪某向原告邹某出具《欠条》一份。《欠条》载明："一、兴业银行信用卡：额度15000元，欠15487.2元，最低还款：1972.94元。二、民生银行信用卡：额度8000元，欠8039.8元，最低还款453.44元。三、平安信用卡：额度5000元，欠4501元。四、广发信用卡：额度6000元，欠4933.41元。五、中信信用卡：额度9000元，欠9098.41元。六、招商银行信用卡：额度5000元，欠4996.3元。七、浦发信用卡：额度5000元，欠5073元。"欠条还载明："今欠邹某七张信用卡钱总额度52132.32

元，伍万贰仟壹佰叁拾贰元叁角贰分，欠款利息另协商解决。欠款人：汪某，2021年10月3日。”

此后，原告邹某向二被告罗某、汪某催要上述透支款项52132.32元及利息无果，故诉至法院。

诉讼中，原告邹某未能在法院指定的期限内提供其偿付上述七张信用卡透支款项及信用卡领用合约中相关费用的具体情况的证据。

**【案件焦点】**

1. 本案借用信用卡行为是否构成民间借贷法律关系；2. 在本案原告邹某没有代偿信用卡透支款本息的情形下，其相应诉讼主张应否支持。

**【法院裁判要旨】**

湖北省襄阳市襄城区人民法院经审理认为：民间借贷出借的资金应来源于其合法收入的自有资金。本案中，原告邹某是以出借信用卡，通过让渡信用卡内的资金使用权这种形式进行借贷。信用卡作为银行给予特定持卡人透支消费的凭证，信用卡内的信用额度属于银行所有，仅能由持卡人向特约商户购物或者消费使用，持卡人在消费透支前对该额度并没有所有权，不具有作为现金进行民间借贷交易的功能。在此情形下，原告邹某将信用卡借给被告方进行透支使用，不仅违反了其与相关发卡银行之间形成的信用卡领用合约约定，还扰乱金融监管秩序和市场经济秩序，损害了社会公共利益，原告邹某与二被告罗某、汪某之间的民间借贷法律关系无效。

其次，本案中作为出借人的原告邹某出借的不是自有资金，而是发卡银行的资金。在其所持有的信用卡被本案被告方透支消费使用后，基于合同相对性原则，因信用卡信用额度内的资金被透支，原告邹某与发卡银行之间形成金融借款合同（信用消费）关系，被透支的债务应由作为发卡行客户的原告邹某承担。亦即，原告邹某向二被告主张民间借贷债权的前提条件是其已经代偿了七张信用卡中透支款项及相关费用。本案中，原告邹某未能提供证据证实回收持有的七张信用卡被透支款项的具体还款情况，而直接向二被告罗某、汪某提出返还透支额度费用，该诉讼主张于法无据，不予支持。待其出具相关证据证实具体还款情况后，再行主张权利。原告邹某的诉讼请求依法不能成立，应予驳回。故法院判决驳回原告邹某的诉讼请求。

判决后，双方当事人均未上诉，本判决现已生效。

【法官后语】

持卡人将信用卡借给他人透支消费行为的法律关系性质认定，是纯粹地借用关系还是民间借贷法律关系，司法实务中存在一定分歧；该种借用行为的合法性问题，往往成为诉争焦点；对该类案件如何进行实体处理，也存在见仁见智的不同意见。因此，对该类案件进行法理解析并提供裁判指引，实有必要。

一、借用信用卡透支消费构成民间借贷法律关系

信用卡作为一种非现金交易付款的信贷服务方式，因其简易、便捷、快速、安全，成为用户广泛采用的交易消费模式。信用卡领用合约约定，享有信用卡上权利义务关系的主体仅限于经发卡银行批准的持卡人，但现实生活中，信用卡持卡人将信用卡借给他人使用的情况并不鲜见。对此，金融监管部门的规章态度鲜明，禁止外借他人使用。相对于银行而言，持卡人出借信用卡类似于将本属于持卡人的债务转移给信用卡实际借用人，该行为实质为债务转移。而债务转移需要得到发卡银行的同意才发生效力，如果发卡银行不同意转让，则不发生债务转移的效果，最初的持卡人仍为信用卡的权利义务相对人。

信用卡持卡人将信用卡借给他人使用，此时信用卡持卡人与信用卡借用人之间的法律关系属于民间借贷法律关系，而不是简单的信用卡借用关系。信用卡作为有体物，成为借用物品法律关系的客体并无疑问。从形式上而言，持卡人将信用卡交给借用人，符合借用合同的外在表征。但是，借用人借用信用卡的目的在于借卡后的刷卡行为，是行使信用卡上附有的、向发卡行或发卡公司借贷金钱的权利。从本质上来说，信用卡持卡人与信用卡借用人之间达成的借用合意所指向的实际上是信用卡所能借贷的金钱，即信用额度。单纯借用信用卡这个有体物没有实际意义。所以，借刷信用卡关系本质上属于民间借贷法律关系。一般而言，持卡人交付信用卡时，借用人除知悉信用卡开户行、账号外，

持卡人还会告知借用人信用卡的密码等信息。基此，作为出借人的持卡人实际上已经将资金账户支配权授权和让渡给信用卡借用人。于此情形，依照《最高人民法院关于审理民间借贷案件适用法律若干问题的规定》（法释〔2020〕17号）第九条第四项“出借人将特定资金账户支配权授权给借款人的，自借款人取得对该账户实际支配权时”合同成立的规定，持卡人与借用人之间的民间借贷法律关系已经成立。

二、持卡人与借用人之间的民间借贷法律关系应当认定无效

对套取金融机构信贷资金进行转贷的民间借贷的效力判断，司法政策和司法解释是逐步完善和日趋收紧的，总体上看是防控金融风险的力度加大，监管趋严，对无效合同认定的范围逐步扩大。此前的《最高人民法院关于审理民间借贷案件适用法律若干问题的规定》（法释〔2015〕18号）第十四条第一项规定，“套取金融机构信贷资金又高利转贷给借款人，且借款人事先知道或者应当知道的”，民间借贷无效。《全国法院民商事审判工作会议纪要》（法〔2019〕254号）第五十二条规定，民间借贷中，出借人的资金必须是自有资金。出借人套取金融机构信贷资金又高利转贷给借款人的民间借贷行为，既增加了融资成本，又扰乱了信贷秩序，根据民间借贷司法解释第十四条第一项的规定，应当认定此类民间借贷行为无效。人民法院在适用该条规定时，应当注意把握以下几点：一是要审查出借人的资金来源。借款人能够举证证明在签订借款合同时出借人尚欠银行贷款未还的，一般可以推定为出借人套取信贷资金，但出借人能够举反证予以推翻的除外；二是从宽认定“高利”转贷行为的标准，只要出借人通过转贷行为牟利的，就可以认定为是“高利”转贷行为；三是对该条规定的“借款人事先知道或者应当知道的”要件，不宜把握过苛。实践中，只要出借人在签订借款合同时存在尚欠银行贷款未还事实的，一般可以认为满足了该条规定的“借款人事先知道或者应当知道”这一要件。这一从严收紧合同效力认定的司法政策在《最高人民法院关于审理民间借贷案件适用法律若干问题的规定》（法释〔2020〕17号）第十三条得到了充分体现，该条第一项直接规定：“套取金融机构贷款转贷的”，民间借贷合同应当认定无效。与

法释〔2015〕18号第十四条的规定相比，认定合同无效无须“借款人事先知道或者应当知道”这一前提条件，只要有证据证明出借人在出借款项的同期尚有金融机构贷款债务未清偿即可。出借人如主张其出借的款项并非从金融机构套取，则其需对款项来源承担举证责任。

上述规定表明：一是在借贷资金的来源上，从严要求必须是自有资金，出借人对资金来源负有举证责任。对于何谓自有资金，一般认为，于个人而言，自有资金应包括工资、奖金、生产经营收益、知识产权收益、继承或受赠与所得等；于法人（其他组织）而言，自有资金包括股东投资、未分配利润、应收账款、企业公积金、公益金等。二是转贷是否存在牟利，不影响对民间借贷无效的认定。之所以这样规定，系因为转贷虽不牟利，但该转贷行为本身就规避了金融监管、扰乱了金融秩序，从从严收紧民间借贷行为监管力度、有效纠偏和防控民间借贷失序行为角度来看，是必要的。

基于上述分析，本案邹某出借信用卡供罗某、汪某透支使用，所形成的民间借贷行为应当认定无效。

三、邹某的诉讼请求应予以驳回

本案中，罗某、汪某透支使用邹某出借的信用卡，实际上使用的是发卡行授予邹某的信用额度，在邹某没有代偿信用卡消费账单金额之前，罗某、汪某使用的是发卡行的资金，而非邹某的资金，如在邹某未向发卡行清偿透支款项本息之前，径直判决罗某、汪某向邹某清偿透支款本息，则可能使邹某获得利益。在借贷行为无效的情况下，出借人要求借用人归还透支款并赔偿损失，类似于法律上的追偿权关系，应当以出借人履行代偿义务为前提条件。借用人透支信用卡未按期还款，出借人在未履行代偿义务，未归还透支款本息的情况下，即向法院起诉要求借用人偿还信用卡透支款本息的，人民法院不予支持。

**编写人：湖北省襄阳市襄城区人民法院　聂志军**

8

# 情侣等特殊关系人之间资金往来性质的认定

## ——麦某诉卢某民间借贷案

**【案件基本信息】**

1. 裁判书字号

广东省广州市中级人民法院（2022）粤01民终7345号民事判决书

2. 案由：民间借贷纠纷

3. 当事人

原告（被上诉人）：麦某

被告（上诉人）：卢某

**【基本案情】**

麦某与卢某于2014年通过网络通信软件认识并建立恋爱关系。麦某多次通过其名下银行账户向卢某银行账户转账，其中2015年2月4日转账41000元，2015年2月5日转账115000元，2015年5月27日转账70000元。2015年9月5日，卢某向麦某出具《欠条》，内容为："今日欠到麦某人民币肆拾万元整（400000），此钱在叁年时间还完。"其后，麦某通过银行账户于2016年1月27日向卢某转账40000元，于2016年1月28日向卢某转账36000元。2017年5月至2021年4月期间，麦某与卢某互有微信转账，其中麦某向卢某转账金额共计165413元，卢某向麦某转账金额共计28260元。

2021年6月14日，麦某向卢某提供空白《证明》一张，落款处有麦某手写身份证号码及签名，并有麦某所捺手指印，卢某在《证明》空白处填写："今日起本人麦某和卢某双方2021年6月14日相关所有债权债务全部结清，再无纠纷。”同日，麦某通过卢某名下微信号向卢某名下另一微信号发送3条语音，内容为：“卢某现在和我没有任何经济纠纷啦”“他把我的钱都已经还过了”“卢某和我麦某真的没有任何经济纠纷，都把我的钱还清了”。

【案件焦点】

1. 麦某、卢某之间的民间借贷法律关系是否成立；2. 卢某所称麦某已免除其还款责任的问题。

【法院裁判要旨】

广州市荔湾区人民法院经审理认为：1. 关于双方借款金额认定，有被告出具的《欠条》以及银行转账凭证、提现记录等予以佐证，双方借贷关系成立，被告应当按照约定向原告清偿欠款40000元。对于原告提出主张的双方之间其他款项往来的性质，银行转账记录中除两笔转账记录外，其余均非原告本人账户的现金提取，被告不认可收到现金交付款项，且原被告在双方交往的期间内均有通过微信向对方转账的行为，银行及微信转账均未备注转款用途，双方也未出具欠条等材料对款项往来的性质进行确认，原告也未提供其他证据证明款项往来的过程、原因及用途，故对原告基于借贷关系要求被告返还上述有关款项的诉讼请求不予支持。2. 关于原告是否免除被告还款责任的问题。首先，《欠条》与微信中所述债务结清或已还清等不等同于免除债务，原告并未向被告作出明确的免除债务的意思表示。其次，无证据证明被告向原告偿还《欠条》中确认的借款，被告也确认未向原告还款。故被告在《证明》空白处填写的文字、原告在被告微信中发送的语音与事实不符。

广州市荔湾区人民法院判决如下：

一、被告卢某于判决发生法律效力之日起十日内向原告麦某返还欠款40000元及利息；

二、驳回原告麦某的其他诉讼请求。

卢某不服一审判决，提出上诉。广州市中级人民法院经审理认为：1. 麦某与卢某之间的民间借贷关系，有卢某出具的《欠条》以及银行转账凭证、提现记录等证据证实，麦某与卢某之间的民间借贷关系依法成立，卢某应依《欠条》上的约定，如期履行还款义务。卢某上诉提出，《欠条》是在麦某胁迫下所签，但并未提供相应证据予以证实，且双方在《欠条》签订后仍有交往，经济上多有往来并互相转账，表明立下《欠条》后双方仍具有良好的关系，与卢某所称的“胁迫”完全不符。2. 卢某在一审庭审时确认，“因为不存在欠款事实，所以不存在还款行为”，事实上卢某亦没有提供明确的还款依据，因此可确认，卢某未曾偿还过《欠条》所载明的400000元欠款，《证明》中所称“所有债权债务已结清”、微信语音中所称“他把我的钱都已经还过了”均非事实。

广州市中级人民法院判决如下：

驳回上诉，维持原判。

**【法官后语】**

本案涉及存在情侣关系的当事人之间民间借贷关系的认定和免除问题。情侣等特殊关系人之间民间借贷的认定是司法实践中常见的难点问题。该类案件中双方资金往来一般时间跨度长、往来次数多，且双方在款项往来过程中碍于情面很少形成书面借条等证据对资金往来的性质予以固定。该类纠纷既涉及民法上借款合同相关法律制度的辨析，也涉及民事诉讼法上举证责任的分配和运用问题，更与亲情伦理、公序良俗等社会文化密切关联。

一、情侣间资金往来关系的主要类型

从实际案例情况来看，情侣之间资金往来关系主要存在以下几种情形：一是情侣之间发生多笔的资金往来，且双方在一段时间内形成了借条、收据等书面结算依据；二是情侣之间发生多笔的资金往来，但双方并未形成书面结算依据，仅有部分的微信聊天记录、录音等间接反映资金往来情况的间接证据；三是情侣之间存在借条等证据，但缺乏转账凭证证明资金交付的过程，一方以取现凭证主张是通过现金等方式交付，另一方予以否认；四是情侣之间存在频繁的资金往来关系，但双方还存在共同经营、投资等其他关系；五是情侣之间存在较长时间的资金往来关系，仅在部分时间形成书面结算材料，但在其后仍有较为频繁的资金往来关系。

二、情侣间资金往来关系的性质认定路径

通过对该类型案件的梳理，目前关于情侣间资金往来关系性质认定的路径主要有直接适用司法解释、运用证明责任分配以及主客观综合认定三种。

第一，严格按照《最高人民法院关于审理民间借贷案件适用法律若干问题的规定》有关规定进行裁判。《最高人民法院关于审理民间借贷案件适用法律若干问题的规定》第二条第一款规定："出借人向人民法院提起民间借贷诉讼时，应当提供借据、收据、欠条等债权凭证以及其他能够证明借贷法律关系存在的证据。"第十六条规定："原告仅依据金融机构的转账凭证提起民间借贷诉讼，被告抗辩转账系偿还双方之前借款或者其他债务的，被告应当对其主张提供证据证明。被告提供相应证据证明其主张后，原告仍应就借贷关系的成立承担举证责任。"上述司法解释的规则显然是认定资金往来行为是否构成民间借贷行为的一般规则，但如果是前述类型一、二且案情比较简单清晰的，则可以直接根据司法解释有关规定结合双方举证情况进行认定。但上述规定过于原则和简单，无法覆盖实践中发生的各种类型案件，也缺乏对情侣等特殊关系对资金往来性质影响的分析要素，因而适用范围较为狭窄，大量案件无法通过适用上述规定进行直接裁判。

第二，按照民事诉讼法及其解释的规定进行证明责任的分配，由负担证明责任但未能举证一方承担不利后果。《最高人民法院关于适用〈中华人民共和国民事诉讼法〉的解释》第九十条及第九十一条的规定构成了证明责任分配的原则性规定，主要内容为：当事人对自己提出的诉讼请求所依据的事实或者反驳对方诉讼请求所依据的事实，应当提供证据加以证明，当事人未能提供证据或者证据不足以证明其事实主张的，由负有举证证明责任的当事人承担不利的后果；主张法律关系存在的当事人，应当对产生该法律关系的基本事实承担举证证明责任；主张法律关系变更、消灭或者权利受到妨害的当事人，应当对该法律关系变更、消灭或者权利受到妨害的基本事实承担举证证明责任。具体到法律适用上，一般由主张双方资金往来关系为民间借贷关系一方证明双方存在借贷的合意以及资金已实际交付，如果主张一方不能举证或所提供的证据证明力不足，则由其承担相应不利法律后果。与第一种直接适用司法解释的路径相比，第二种路径的适用范围得到了拓宽，但由于实体法对于证明责任分配并不完善，法官在证明责任分配上事实上存在较大裁量权，因而裁判的结果很大程度上取决于法官对于证明责任分配是否妥当和公正。同时，由于证明责任的分配是非此即彼的刚性规定，不可避免提升了裁判的刚性。体现在情侣间资金往来关系案件审理中，由于当事人之间的特殊关系导致的证据保全状况普遍不够理想，大量的案件当事人由于无法举证或者证据证明力不足而促发证明责任条款的适用，其主张最终无法得到法院支持。实际案例也表明，大量的案件是通过本应作为例外的证明责任规定进行判决。

第三，回归到借贷关系的本质，根据客观上是否存在资金交付以及主观上是否具有借贷合意，结合双方发生资金往来过程中的具体情况综合判断是否存在借贷关系。该种路径主张，情侣之间因有着特殊亲密身份关系，往往在财务方面容易混同，故在审查情侣之间的债务纠纷时，应综合判断双方之间借款合意的形成，以及资金交付的合理性，进而结合主客观因素来确认是否构成借贷关系。在具体案件审查和判断过程中，应当根据资金往来过程中的资金收付、大额取现、转账汇款以及双方通过微信、电话等工具进行的沟通情况、事后当事人是否催收等进行综合判断，同时要结合日常经验法则进行论证，让裁判更加符合常识常情常理，最大限度让法律事实接近客观真实。显然，第三种路径是在前两种路径的基础上进行总结和优化的结果，考量的因素更加全面，但该种路径本身尚未形成一定的说理要件和论证范式，具有一定的主观性，实际增加了案件审理和裁判说理的难度。

三、特殊关系人之间资金往来关系性质认定的思考

根据以上分析，特殊关系人之间资金往来关系涉及的因素是多元的，因而更为可取的方法是将各种相互影响的因素纳入考量，形成更加妥当的结论，而非简单适用证明责任进行裁判。回归到证明责任的本质，其是在穷尽举证仍然真伪不明的情况下的一种裁判方法，是一种特殊情形，不宜在司法实践中进行普遍化的运用。结合本案的情况，笔者拟在通过主客观综合认定路径基础上进

行适用方法的延伸思考。

首先，客观方面资金交付认定上应严格适用证据裁判规则。根据《中华人民共和国民法典》第六百七十九条的规定，自然人之间的借款合同自贷款人提供借款时成立。因此，资金的往来和交付情况是自然人之间民间借贷合同是否成立的基础性要素。资金交付可能是资金通过现金、银行转账、微信支付等方式现实交付，也可能是简易交付、指示交付等观念交付方式。无论当事人通过哪种交付的方式，均应提供相应的证据予以支持，如果没有任何证据显示存在资金往来或者交付，即使双方曾经达成借款的合意，也不能据此认定借款合同成立并生效。本案中，现有证据表明麦某某通过银行转账等方式多次、大额向卢某某转账，卢某某对此也部分予以认可，客观上存在资金往来交付，但对于麦某某主张的多笔取现行为，因无其他证据佐证而不予认定。对于类型二中双方存在借条但缺乏转账凭证的情况，可通过双方交往期间取现及聊天记录等相互印证，认定存在资金交付行为。

其次，主观方面借款的合意应根据证据情况结合经验法则进行综合衡量。一是要区分特殊关系人属于何种关系。如果是父母子女等近亲属之间的资金往来，应根据关系状况、资金用途、转账方式等进行衡量，主要在赠与或者借款之间进行区分。如果是情侣之间的资金往来，重点衡量是否结算、往来频率、金额大小以及是否存在其他交易关系等情况，在赠与、借款或其他法律关系之间进行区分。二是要采用高度盖然性标准和优势证据原则。在双方当事人均向法院提供证据时，应当对证据的证明力进行判断，通过证据相互印证，采纳可信度更高的证据。三是要运用日常生活经验法则。如双方资金往来频繁且金额较大，也没有明确赠与的意思或者事后曾进行多次催收等，这种情况与我们日常生活经验中认知的赠与关系明显不相符合，一般不应认定为赠与关系。本案中，双方对部分资金往来进行结算并形成借条，可认定就该部分款项达成借款合意；但对于其后发生的资金往来，生效判决未认定构成借贷关系。

最后，兜底考量上要结合亲情伦理和公序良俗进行价值引导。《中华人民共和国民法典》第八条规定：“民事主体从事民事活动，不得违反法律，不得违背公序良俗。”可见，我们在适用民法典进行民事案件审理时，也应通过判决结果引导推动善良风俗的形成。无论是近亲属或者情侣之间的借贷关系，一定程度上都与公序良俗密切相关。在近亲属之间的资金往来案件中，应当倡导平等独立、自食其力的健康习俗。在情侣间的资金往来关系中，也不应变相助长包养关系、婚外情等与公序良俗相悖的行为。本案中，卢某主张双方存在包养关系，麦某支付相应款项为包养费，明显缺乏相应依据，也与公序良俗相悖，依法不予采纳。总之，在认定资金往来关系中要以证据为根本，以日常经验法则为判断证据的辅助，同时要将社会主义核心价值观通过民法原则的适用融入案件裁判中，努力通过法院裁判坚持和引导善良风俗，实现政治效果、法律效果和社会效果的统一。

编写人：广东省广州市荔湾区人民法院　张建锋　何涵晗

9

# 职业放贷人认定标准及合同效力

## ——彭某诉黄某、陈某民间借贷案

**【案件基本信息】**

1. 裁判书字号

湖北省宜昌市中级人民法院（2022）鄂05民终4696号民事判决书

2. 案由：民间借贷纠纷

3. 当事人

原告（上诉人）：彭某

被告（上诉人）：黄某

被告（被上诉人）：陈某

第三人（被上诉人）：湖北企业管理公司

**【基本案情】**

被告因资金周转需要，经第三人公司介绍与原告相识。2018年9月19日，第三人公司为见证人，原告与被告黄某签订了《房产抵押借款合同》，约定向原告借款500000元，借款期限6个月，自2018年9月19日起至2019年3月18日止，月利率为1.5%，到期一次性还本，按月支付利息，若逾期支付，则按借款总额每天千分之一缴纳罚息，还约定本金支付到原告账户，利息支付到第三人的原法定代理人康某的账户，同时被告黄某以其名下位于宜昌市伍家岗区中南一路×号×栋×单元×室，房屋不动产权证编号为鄂（2018）宜昌市不动产权第00×××××号房屋为该笔借款设立抵押，并办理了抵押权登记，抵押担保的范围为本合同约定的借款本金、利息、违约金（或滞纳金）、损害赔偿金和实现债权与抵押权的合理费用（包括但不限于公证费、诉讼费、律师费等），原被告办理房屋抵押登记共开支他项权证费80元。合同签订后，原告于2018年9月20日向被告黄某账户转账500000元，同日被告预先支付原告利息7500元。2018年10月至2019年2月期间，被告按月支付五期利息共37500元；2019年3月20日被告黄某偿还本金150000元，2019年3月至2019年8月期间，被告按月支付六期利息共31500元；2019年9月23日被告黄某又偿还本金50000元。后经双方协商同意，原告与被告于2019年9月23日重新签订了《借款合同》，约定被告黄某向原告借款300000元，借款期限为6个月，自2019年9月23日起至2020年3月22日止，月利率为1.5%，到期一次性还本，按月支付利息，还约定本金支付到原告账户，利息支付到第三人公司闫某的账户，同日，原告与被告黄某还签订了《最高额抵押担保合同》，以被告黄某位于宜昌市伍家岗区中南一路×号×栋×单元×室、房屋不动产权证编号为鄂（2018）宜昌市不动产权第00×××××号房屋为该笔借款设立抵押，并办理了抵押权登记。合同签订后，2019年9月至2020年1月期间，被告按月支付五期利息共22500元，此后被告再也未向原告支付本金及利息。

同时查明，自2015年以来，原告作为债权人（不包含本案），以民间借贷为案由，先后两次在湖北省秭归县人民法院起诉，涉案总标的额600000元。本院依申请调取了原告2018年8月至2019年10月期间在中国建设银行个人活期账户的交易明细，据不完全统计，原告一年内先后通过第三人公司介绍分别向五人出借资金、收取利息。2022年3月全国银行间同业拆借中心公布的贷款市场报价利率为3.7%。

原告提出如下诉讼请求：1. 被告立即偿还原告借款本金300000元，并以300000元为基数按月利率2%支付自2020年2月23日起至2020年8月19日止的利息，按一年期贷款市场报价利率的四倍支付从2020年8月20日起至欠款还清之日止的利息；2. 被告承担原告为实现债权而支付的律师费10000元；3. 判令被告对第1项、第2项诉讼请求承担抵押担保责任，且原告有权对被告房屋申请折价或者以拍卖、变卖该房屋所得价款优先受偿；4. 本案诉讼费由二被告承担。被告认为借款合同及其抵押合同无效。

## 【案件焦点】

职业放贷人的认定及合同效力。

## 【法院裁判要旨】

湖北省秭归县人民法院认为：《中华人民共和国银行业监督管理法》第十九条规定："未经国务院银行业监督管理机构批准，任何单位或者个人不得设立银行业金融机构或者从事银行业金融机构的业务活动。"该规定直接关系国家金融管理秩序和社会资金安全，事关社会公共利益，属于效力性强制性规定。《中华人民共和国合同法》第五十二条规定："有下列情形之一的，合同无效……（四）损害社会公共利益；（五）违反法律、行政法规的强制性规定。"同时，根据《最高人民法院关于审理民间借贷案件适用法律若干问题的规定》第十三条关于"具有下列情形之一的，人民法院应当认定民间借贷合同无效……（三）未依法取得放贷资格的出借人，以营利为目的向社会不特定对象提供借款的……（五）违反法律、行政法规强制性规定的；（六）违背公序良俗的"的规定，原告未经批准，擅自从事经常性的贷款业务，向包括本案被告在内的不特定对象出借资金、获取利息，涉及的借款数额较大，出借行为具有反复性、经常性，借款目的亦具有营利性，属于从事非法金融业务活动，案涉借款合同违反国家强制性法律规定，应当为无效合同。故原告与被告于2018年9月19日《房产抵押借款合同》、2019年9月23日签订的《借款合同》无效，从属于借款合同而设立的《最高额抵押担保合同》也一并归于无效。借款本金应当返还，双方当事人对于利息的约定也同时无效。结合双方合同约定和实际履行、借款至今未清结的情况，被告在返还借款本金外，应当自借款之日起向原告支付资金占用期间的利息，利息标准按照中国人民银行公布的同期贷款基准利率或同期全国银行间同业拆借中心公布的贷款市场报价利率（LRP）计算，本案确定按照年利率3.7%计算，直至借款返还完毕止。对于已还款项按照前述利率标准计算抵充利息后，余额核减借款本金。2018年9月20日被告预先支付的利息7500元应在本金中予以扣除，实际借款本金应为492500元。借款期间被告向原告转账支付的91500元，其中16853.52元为冲抵2018年9月21日起至2020年1月21日止期间的资金占用期间的利息，74646.48元为偿还的借款本金，此前已偿还本金200000元，故被告下欠借款本金217853.52元未返还。依照法律规定，被告应当返还借款本金217853.52元，并按年利率3.7%支付自2020年1月22日起至实际清偿之日止的资金占用期间的利息。原告为实现本案债权委托代理律师支付代理费10000元，要求被告赔偿，因本案双方民间借贷关系无效，本院不予支持。

湖北省秭归县人民法院判决如下：

一、黄某于本判决生效之日起十日内偿还彭某借款本金217853.52元及利息（利息以217853.52元为基数，自2020年1月22日起按年利率3.7%计算至实际清偿之日止）；

二、驳回彭某的其他诉讼请求。

黄某不服一审判决，提出上诉。湖北省宜昌市中级人民法院依照《中华人民共和国民事诉讼法》第一百七十条第一款第一项之规定，作出如下判决：

驳回上诉，维持原判。

【法官后语】

近年来，民间借贷案件高发，由于民间借贷存在交易不公开、不规范等特点，容易引发非法集资、高利转贷、虚假诉讼等违法犯罪行为，严重危害金融秩序和社会稳定。如何在审判中准确把握职业放贷人的相关认定标准，是本案中值得研究探讨的重点问题。

一、关于职业放贷人的认定标准：不限于起诉次数

职业放贷不同于合法的民间借贷，是通过向社会不特定对象提供资金以赚取高额利息，出借行为具有反复性、经常性，借款目的也具有营业性，未经批准，擅自从事经常性的贷款业务，属于从事非法金融业务活动。《中华人民共和国银行业监督管理法》第十九条规定："未经国务院银行业监督管理机构批准，任何单位或者个人不得设立银行业金融机构或者从事银行业金融机构的业务活动。"中国银行保险监督管理委员会、中华人民共和国公安部、国家市场监督管理总局、中国人民银行《关于规范民间借贷行为、维护经济金融秩序有关事项的通知》规定，严格执行《中华人民共和国银行业监督管理法》《中华人民共和国商业银行法》及《非法金融机构和非法金融业务活动取缔办法》等法律规范，未经有权机关依法批准，任何单位和个人不得设立从事或者主要从事发放贷款业务的机构或以发放贷款为日常业务活动。那么，没有取得有权机关依法批准，擅自从事发放贷款业务的机构或以发放贷款为日常业务活动的个人或者企业可能会被认定为职业放贷人。综上，具体到本案中，自2015年以来，原告作为债权人（不包含本案），以民间借贷为案由，先后两次在湖北省秭归县人民法院起诉，涉案总标的额600000元，且原告一年内先后通过第三人公司介绍分别向五人出借资金、收取利息，其出借对象具有不特定性，出借行为具有反复性、经常性，属于从事非法金融业务活动，应认定其为职业放贷人。

二、因职业放贷行为而签署的合同无效：不限于借款合同

依据《中华人民共和国银行业监督管理法》第十九条规定，职业放贷人的行为为未经银行业监督管理机构批准，擅自从事经常性的贷款业务，通过向社会不特定对象提供资金以赚取高额利息，出借行为具有反复性、经常性，借款

目的也具有营业性，违反了强制性规定，故依照上述规定原告与被告于2018年9月19日《房产抵押借款合同》、2019年9月23日签订的《借款合同》无效，从属于借款合同而设立的《最高额抵押担保合同》也一并归于无效。

三、关于职业放贷案件的后期应用问题

在司法实践中，被法院认定为职业放贷人的，起诉或申请执行时，立案庭应当严格审查，不符合立案条件的，不予立案。若立案受理的，立案庭应当做好标识，提示审判执行部门。涉及职业放贷人的案件，进入审判程序的，承办人有义务向当事人释明，由当事人向法院申请认定该案为职业放贷行为，法院可依职权查询本院或本市法院关联案件进行分析，确认合同效力。若确认合同无效，可支持借款人返还本金，利息是否支持，根据具体案情，依照合同无效的相关规定处理。涉及职业放贷人的案件，进入执行程序的，执行法官应当依职权查询关联案件，判定是否构成职业放贷，仲裁裁决、公证债权文书申请执行的，应当从严审查；构成职业放贷的，对被执行人慎用强制执行措施；符合法律规定不予执行情形的，依法裁定不予执行。

编写人：湖北省秭归县人民法院　易万云　苟海林

*10*

## 对内关系中法人“意思表示”的判断标准

——徐某某诉上海某某餐饮有限公司、吴甲民间借贷案

**【案件基本信息】**

1. 裁判书字号

上海市第二中级人民法院（2021）沪02民终7844号民事裁定书

2. 案由：民间借贷纠纷

3. 当事人

原告（上诉人）：徐某某

被告（被上诉人）：上海某某餐饮有限公司（以下简称上海某某公司）、吴甲

## 【基本案情】

上海某某公司系一人公司，股东为吴甲，法定代表人为徐某某，经营期间上海某某公司的部分款项进入徐某某个人账户。2019年2月1日，案外人吴乙因买卖合同纠纷起诉上海某某公司和吴甲，法院经审理判决上海某某公司支付吴乙货款272303.80元，吴甲承担连带责任。一审判决后，徐某某决定代表上海某某公司提出上诉。后徐某某与上海某某公司形成一份《借款协议》，约定上海某某公司向徐某某借款5384元用于缴纳上诉费，利息按同期中国人民银行贷款基准利率计算，落款处徐某某签字，并由其本人加盖了上海某某公司公章。次日，徐某某支付了上诉费。该案二审判决驳回上诉，维持原判。现徐某某诉至法院，请求判令上海某某公司向其返还借款5384元，吴甲对此承担连带清偿责任。吴甲则认为，徐某某和上海某某公司之间不存在借贷关系，《借款协议》是徐某某单方起草并加盖公章，上海某某公司并未同徐某某之间达成借款合意。

## 【案件焦点】

徐某某和上海某某公司之间是否存在借款合同关系，上海某某公司是否应向徐某某返还款项。

## 【法院裁判要旨】

上海市静安区人民法院经审理认为：本案虽然存在《借款协议》和支付凭证，但借款关系的成立不应仅仅符合形式要件，更应具备实质要件，即定约主体的适格、借款合意的达成，以及款项实际的出借。

首先，合同的订立是两方以上当事人为某种权利义务关系，通过协商而于相互之间达成协议的过程，定约主体应当为两方或两方以上。本案中，《借款

协议》载明的主体是徐某某和上海某某公司，但协议签订的过程是徐某某持上海某某公司公章加盖在协议上，不存在另一方参与、磋商协议的过程，因此实际订立协议的主体仅有徐某某一方。

其次，借款合同的成立需要出借人和借款人就借款达成一致的意思表示，各主体之间应当具备借款合意。上海某某公司提起上诉以及向徐某某借款的决定都是徐某某一人所为。徐某某虽然担任上海某某公司法定代表人，在对外的经济交往中，法定代表人以法人名义从事的民事活动，其法律后果由法人承受。但处理对内事宜时，尤其是和法定代表人本人之间发生法律关系时，不能仅以法定代表人的意志作为公司意志。吴甲作为持有上海某某公司100%股权的股东，其同时也是前述案件的当事人，对是否提起上诉亦可做出明确的判断。尤其是对公司是否向徐某某借款一事，更应征得股东吴甲的同意。但在本案中，仅有徐某某一人的意思表示，不存在借款合意。

最后，借款关系的最终达成需要以出借人向借款人实际出借了款项为必要条件。虽然徐某某通过微信支付了上诉费，但是徐某某亦确认上海某某公司的支付宝和微信绑定了其个人账户，公司诸多营收款进入徐某某账户，对于该部分款项的去向徐某某始终未提供相应证据。鉴于上海某某公司和徐某某的个人财产存在极大混同，徐某某用于支付上诉费的款项来源系上海某某公司营收款还是其自有资金存疑，应承担举证不能的后果，即徐某某未证明其已向上海某某公司实际出借了款项。

综上所述，本案借款协议的定约主体仅徐某某一人，借款的意思表示是由徐某某一人作出，不存在借款合意，用于支付上诉费的款项是否为徐某某所有不明确，因此本案不符合借款关系应具备的实质要件，徐某某和上海某某公司之间的借款关系不成立。

上海市静安区人民法院依照《中华人民共和国合同法》第二条第一款、第一百九十六条之规定，作出如下判决：

驳回徐某某的诉讼请求。

一审判决后，徐某某提出上诉，后又申请撤回上诉。

上海市第二中级人民法院依照《中华人民共和国民事诉讼法》第一百七十三条之规定，作出如下裁定：

准许徐某某撤回上诉。

**【法官后语】**

在公司治理机制下，对法定代表人代表权的概括性、限制性讨论应当是建立在对法人外部关系与内部关系作出严格区分的基础之上。在外部关系中，法定代表人有权代表法人对外行使职权，在内部关系中，法定代表人的权限受到法律、章程、法人权力机构等多重限制。

一、法人的意思表示判断标准

公司法定代表人依照公司章程的规定，由董事长、执行董事或者经理担任，并依法登记。法人不同于自然人，其为法律拟制的人，法人在社会经济生活中的一切活动可通过其法定代表人来实施。但对于法定代表人是否为股东，没有相应要求，因此会发生法定代表人仅是意思机关的表达者而非决定者的情形。在处理法人对内关系与对外关系时，对法人"意思表示"的判断标准应有不同。

在对外的经济交往中，法定代表人依登记制度对外公示，交易相对人有理由相信其享有完整的代表权。此时，应以法人意思的"外在表示"即代表权外观作为法人意思的判断标准。法定代表人以法人名义从事的民事活动，其法律后果由法人承受。即使法定代表人从事了越权行为，对于善意交易相对人而言，也应适用表见代表以认定代表行为有效。

而在对内不涉及交易相对人的情况下，应以法人的"内心意思"即有效的决议作为法人意思的判断标准。以尊重法人自治为前提，对法定代表人的越权行为提供有效的内部约束。因为在内部关系中，对法定代表人的权限范围、内部议事流程、决议结果等均有能力知晓，不存在所谓的善意相对人。对法定代表人越权行为的规制和公司治理是更为重要的需要保护的法益。

二、内部借贷关系的实质要件分析

本案的借贷关系便是发生在法人和法定代表人内部之间。借贷关系的成立，不应仅停留在形式上，更应具备实质要件，即定约主体的适格、借款合意的达成，以及款项实际的出借。

本案中，定约主体和借款的意思表示均出自徐某某一人，未通过内部决议，公司股东吴甲对此并不知晓。法定代表人的行为并不能完全等同于法人内部决议。法定代表人可以代表法人对外表达决议，当法定代表人意思表达行为偏离法人内部决议结果，或者未经决议擅自表达时，就会造成公司内在意志与外在意思表达间的不一致。由于法定代表人的多重身份，既代表法人又代表其个人，意思表示冲突发生的原因系由于其本人造成，相应的后果也应由其本人承担。不能仅以法定代表人的意思作为法人的意思表示，否则就会发生与自我代理类似的情形。从借贷关系成立的要件看，不符合定约主体为两方或两方以上、出借人和借款人具备借款合意的构成要件。此外，在经营过程中公司财产和法定代表人个人财产存在极大的混同，在法定代表人未举证证明款项的来源系公司营收款还是其自有资金时，无法确认法定代表人已向公司实际出借了款项。综上所述，本案不符合借款关系应具备的实质要件，双方之间的借款关系不成立。

编写人：上海市静安区人民法院　林彬　李甜甜

11

# 民法典实施后债务加入与保证的区分及适用规则

## ——梁某某诉陶某某民间借贷案

**【案件基本信息】**

1. 裁判书字号

北京市第二中级人民法院（2022）京02民终4973号民事判决书

2. 案由：民间借贷纠纷

3. 当事人

原告（上诉人）：梁某某

被告（被上诉人）：陶某某

【基本案情】

2011年1月5日，梁某某分两笔分别向陶某某转账145万元及5万元。当日，陶某某出具《借条》，载明：今借到梁某某人民币145万元，期限3年，每月按2.1%计算利息支付。落款处为芜湖某公司及陶某某，芜湖某公司在落款处盖章，陶某某签字。

2013年3月20日，陶某某出具《承诺书》，载明：我向梁某某先生保证在2013年5月25日前一次性连本带利还清借款（详见借款凭据），如逾期不能归还，愿为此承担所有法律责任。特此承诺。落款处为芜湖某公司及陶某某，陶某某在落款处签字，芜湖某公司未在落款处盖章。

后芜湖某公司到期未还款，梁某某于2014年6月以上述150万元借款以及其配偶陈某某享有的芜湖某公司的150万元的借款，共计300万元债权，在芜湖某公司以梁某某名义抵扣了价值为386万元的别墅，并备案登记。2016年1月25日，芜湖某公司进入破产清算程序，梁某某及其配偶陈某某按照抵房后的剩余债权141万元进行了债权申报，该公司破产管理人确定了其债权额为1373523元。

梁某某诉至本院，要求判令被告陶某某偿还借款本金1500000元及相应利息。

【案件焦点】

1. 梁某某与陶某某之间是否成立民间借贷法律关系；2. 陶某某于2013年3月20日出具的《承诺书》是否构成保证或债的加入；3. 本案是否超过诉讼时效。

**【法院裁判要旨】**

北京市丰台区人民法院认为：

对于争议焦点之一，梁某某与陶某某之间是否存在民间借贷法律关系。芜湖某公司在《借条》上盖章，且该公司与梁某某签订《商品房买卖合同》来以房抵债，后梁某某及其配偶陈某某均向该公司的管理人申报债权。故梁某某与芜湖某公司之间存在借贷关系，陶某某系职务行为。

对于争议焦点之二，陶某某于2013年3月20日出具的《承诺书》是否构成保证或债的加入。债务加入与保证的本质区别在于债务承担人并非从债务人，而是共同债务人，与原债务人无主次之分，债权人为实现其债权，可以直接选择由债务承担人偿还债务，无须待债务人迟延履行，债务承担人即具有完全清偿债务的义务，其履行的法律效果及于债务人，而保证人则是在主债务迟延履行时方承担责任。陶某某在上述《承诺书》落款处签字，芜湖某公司未盖章确认，《承诺书》中内容系陶某某本人书写，其个人向梁某某保证在2013年5月25日前一次性连本带利还清借款，如逾期不能归还，愿为此承担所有法律责任。故从《承诺书》的内容来看，应系陶某某个人作出的承诺，并非主债务人迟延履行的行为发生之后其才承担还款责任，故该表述的真实意思应系债务加入。

对于争议焦点之三，本案是否超过诉讼时效，上述《承诺书》的作出时间是在2013年3月20日，履行期限是在2013年5月25日，故应当自2013年5月25日起计算诉讼时效。按照当时的法律规定，诉讼时效为两年，且并未存在诉讼时效中止、中断的情形，故本案诉讼时效已过，陶某某不应再承担还款责任。

另，在本案中，梁某某的债权已经通过与芜湖某公司签订购房合同的形式予以折抵，后房屋并未交付应另案解决。综上所述，本院对梁某某的诉讼请求不予支持。

北京市丰台区人民法院判决如下：

驳回原告梁某某的诉讼请求。

梁某某不服一审判决，提出上诉。

北京市第二中级人民法院经审理认为：

本院认为，经本院查明，陶某某在 2011 年 1 月 5 日及 2013 年 12 月 14 日两份《借条》上签名，芜湖某公司均在上述《借条》上盖章。2014 年 6 月 13 日梁某某与芜湖某公司签订《商品房买卖合同》，用 386 万元债权折抵阳光半岛房屋一套，并办理预售登记，结合后续破产债权申报的材料，梁某某及其配偶陈某某均向芜湖某公司的管理人申报债权，借款时，陶某某担任芜湖某公司的资金运营部副部长，从上述事实及证据可以认定梁某某系与芜湖某公司之间形成借贷关系。陶某某通过其个人账户收取款项及偿还利息，系其履行职务的行为，故梁某某与陶某某之间不存在民间借贷法律关系。陶某某于 2013 年 3 月 20 日出具的《承诺书》落款处签字，芜湖某公司未盖章确认，《承诺书》中内容系陶某某以第一人称“我”作主语出具，其个人向梁某某保证在 2013 年 5 月 25 日前一次性连本带利还清借款，如逾期不能归还，愿为此承担所有法律责任。故从《承诺书》的内容来看，应系陶某某个人作出的承诺，故该表述的真实意思应系债务加入。本案是否超过诉讼时效，上述《承诺书》的作出时间是在 2013 年 3 月 20 日，履行期限是在 2013 年 5 月 25 日，故应当自 2013 年 5 月 26 日起计算诉讼时效。按照当时的法律规定，诉讼时效为两年，且并未存在诉讼时效中止、中断的情形，故本案诉讼时效已过，陶某某在一审法院审理期间已经提出诉讼时效抗辩，梁某某要求陶某某承担还款责任的请求，本院不予保护。另，在本案中，梁某某的债权已经通过与芜湖某公司签订购房合同的形式折抵部分债权，后房屋并未交付，梁某某应另行解决。综上所述，梁某某的上诉请求不能成立，应予驳回；一审判决认定事实清楚，适用法律正确，应予维持。

北京市第二中级人民法院依照《中华人民共和国民事诉讼法》第一百七十条第一款第一项之规定，作出如下判决：

驳回上诉，维持原判。

## 【法官后语】

本案主要涉及对债务加入和保证的正确区分认定问题。在审判实践中，债务加入与保证存在诸多相似之处，二者容易混淆。关于债务加入，《中华人民共和国民法典》（以下简称《民法典》）第五百五十二条进行了规定，但该规定过于简单笼统。《最高人民法院关于适用〈中华人民共和国民法典〉有关担保制度的解释》第三十条第二款、第三款作为区分债务加入与保证的思路值得肯定，但面对实践中纷繁复杂的情况，尚需进一步细化区分。

一、债务加入与保证的联系

第一，第三人加入他人债务与第三人为他人债务提供担保，都增加了责任财产的范围，提高了债权受偿的概率，二者发挥的功能相似。

第二，债务加入与保证均体现为在一定条件下，债权人可以请求第三人就债务人的债务承担责任，第三人履行后，原债权、债务关系在相应的范围内消失。

二、债务加入与保证的区别

第一，是否具有从属性不同。保证合同是主合同的从合同；而债务加入系独立的合同，第三人加入债务后成为主债务人之一，债权人对债务加入人享有独立的请求权。第三人加入债务后享有与原债务人同等的债务人地位，只要履行期限届满，债权人即可以要求第三人承担相应的债务。而保证人由于具有从属性，不仅可以享有债务人的抗辩权，还可以基于保证合同对债权人主张抗辩权。

第二，债务履行顺位不同。一般保证中，保证人享有优先抗辩权，债务人不能履行债务时，债权人才可向一般保证人主张权利。连带责任保证中，债务人只要不履行到期债务或者发生当事人约定的情形时，债权人可向连带责任保证人主张权利。而债务加入中，债务加入人与债务人的履行顺位并无法律规定，第三人履行债务不以债务人届期未履行为前提条件。

第三，行使期间的限制不同。债务加入不受保证期间的限制，只受诉讼时效的限制；而保证则需要受到保证期间和诉讼时效的双重限制。

第四，能否向债务人追偿不同。债务加入人不享有清偿债务后对债务人的法定追偿权。保证人承担保证责任后，除另有约定外，有权在其承担保证责任的范围内向债务人追偿。债务加入的第三人履行债务后是否对债务人享有追偿权，法律并未进行明确规定，当事人可以对此进行约定，只有在有约定追偿权的情况下，债务加入的第三人才有权向债务人追偿。

三、区分的具体思路

第一，文意解释为优先。首先，若第三人提供的承诺中含有“保证”“保证人”“保证期间”“担保”等字样的，应首先推定为第三人具有提供保证的意思表示，认定为保证；若第三人明确提出“加入债务人”“作为共同借款（债务）人”“与债务人共同偿还”“承担连带责任”等字样的，应推定为第三人具有债务加入的意思表示。其次，措辞中既有保证又有债务加入表述的，应当综合全文以表意更直接的字样来认定。最后，承诺中无明显标志性词语的，根据第三人承诺的具体事项进行认定。首先分析第三人承诺的核心意思表示，如“一切责任由我承担”“代为偿还债务”等，上述类似的表述究其本意应认定为债务加入；若第三人承诺“在债务人到期不履行时，由其承担责任”，上述类似的表述究其本意应认定为保证。

第二，从第三人所承担的债务与原债务是否具有主从关系上进行认定，若第三人所承担的债务可以独立于原债务存在，债权人对第三人具有独立的请求权，则为债务加入，反之则为保证。

第三，存疑推定为保证。根据《最高人民法院关于适用〈中华人民共和国民法典〉有关担保制度的解释》第三十六条第三款的规定：“前两款中第三人提供的承诺文件难以确定是保证还是债务加入的，人民法院应当将其认定为保证。”若通过文意解释、体系解释等仍不能明确第三人真实意思表示的，应推定为保证。

就本案而言，结合第三人出具的承诺文件的字面意思、愿意承担的债务范围、履行顺位等因素进行综合考虑。陶某某出具的《承诺书》，载明：“我向梁某某先生保证在2013年5月25日前一次性连本带利还清借款（详见借款凭据）如逾期不能归还，愿为此承担所有法律责任。”该内容并未表明在首创公司不能承担债务时才由陶某某承担责任，因此不能认定为一般保证；陶某某也无与芜湖某公司承担连带责任的意思表示。且陶某某为自己所承担的债务限定了履行期限（2013年5月25日前）、债务范围［连本带利还清借款（详见借款凭据）］，系独立的合同，陶某某的意思表示符合民法典第五百五十二条关于债务加入的规定，梁某某作为债权人仅能要求陶某某在其明确愿意承担的债务范围内和债务人承担连带责任。

编写人：北京市丰台区人民法院　亓彩霞

12

## 被执行人与案外人串通虚构债务并获取法院调解书，申请执行人可通过第三人撤销之诉予以撤销

——大连实业有限公司诉李某等第三人撤销之诉案

### 【案件基本信息】

1. 裁判书字号

广东省珠海市香洲区人民法院（2021）粤0402民初25120号民事判决书

2. 案由：第三人撤销之诉

3. 当事人

原告：大连实业有限公司（以下简称实业公司）

被告：李某、刘某、李某1

### 【基本案情】

实业公司是（2020）粤0402执恢1259号执行案申请执行人，刘某、李某1是被执行人。刘某与李某1系夫妻，刘某2为二人女儿。李某1和刘某分别是李某的姑姑、姑父。执行过程中，王某、李某、刘某2先后就刘某、李某1名下房产提起执行异议及执行异议之诉。实业公司的债权多年仍未执行到位。

2020年2月14日，刘某作为借款人出具一份手写《借据》，内容为：本人刘某因年老病重，加上老伴李某1也罹患癌症且病情恶化，我们夫妻俩急需筹钱治病。现刘某向李某借款49万元整，借款期限一个月，我愿拿房屋做担保，如果到期我没有钱，我和老伴名下现有珠海市香洲区某房以及地下车库（以下简称案涉房产）抵债给李某、归李某所有，李某可以卖掉担保房屋，从卖房款里拿回49万元，并按月2%计算利息。2020年3月22日，李某和刘某另签订《以房抵债协议书》一份。

2021年5月7日，李某以刘某、李某1为被告提起民间借贷诉讼。在该案中，法院出具11077号调解书确认：刘某、李某1于2022年7月13日前分两期向李某偿还借款本金49万元。之后李某以11077号调解书为依据申请强制执行。

法院调取的银行流水等证据显示：2020年1月21日，李某名下银行账户现存489800元。2020年2月14日，李某向刘某银行账户转账共计489920元，其中两笔大额转账均备注为“借款”。同日，刘某收到李某上述转款后分三笔向刘某平转账共计49万元。2020年2月18日、19日，刘某平向唐某转账49万元。唐某分别于2020年2月25日、27日各现支5万元，并于2020年2月27日向王某转账39万元。王某上述银行账户于2020年3月2日存现13万元，并于2020年7月11日向刘某2转账52万元。刘某上述银行账户开户日期为2020年2月14日，销户日期为2020年2月26日。刘某开立该银行卡的开卡业务申请书上载有刘某开卡当天在银行网点办卡时的现场照片，刘某还在该申请书上签名确认。

李某自述在澳门做保安，上述存现款项为其工资收入，但庭后未按要求补交收入证据，仅提交补充说明并改变了款项来源的陈述。

**【案件焦点】**

1. 实业公司是否具有提起第三人撤销之诉的主体资格；2. 三被告之间是否存在真实借贷关系。

**【法院裁判要旨】**

广东省珠海市香洲区人民法院经审理认为：一、实业公司具有提起第三人撤销之诉的主体资格。刘某、李某1至今未能向实业公司全额履行生效判决确定的支付义务，而11077号调解书所确认的刘某、李某1对李某所负债务增加了刘某、李某1的对外债务，导致实业公司的债权清偿比例降低，直接影响实业公司的民事权益。因此该调解书的内容与实业公司之间有利害关系，实业公司提起本案第三人撤销之诉主体适格。

二、三被告之间不存在真实借贷关系。理由如下：（一）从款项来源看，李某明显不具备出借能力。1. 李某未能举证证明一次性现金存入的款项来源于自己的原有资金或向他人借用的资金，且对该款的来源做了前后矛盾的虚假陈述。2. 李某的经济收入客观上不具备出借能力，其也未举证证明其还有其他收入来源。（二）从款项流向看，本案的借款原因是虚构的。一方面，李某转账给刘某的款项在短期内先后转入刘某平、唐某、王某账户，最终流入刘某2账户。李某1、刘某拒不到庭应诉，刘某2对此也未作出合理解释。另一方面，三被告未举证证明款项进入刘某2账户后又流向医院用于刘某、李某1治病，也未提交相应日期的医疗费票据证明有大额医疗费发生。（三）从双方关系、经济状况来看，三被告关系密切，刘某、李某1一家经济能力明显优于李某。（四）从《借据》和《以房抵债协议书》的形成时间看，三被告在实业公司债权案件执行期间确认涉案债权的行为直接摊薄了实业公司可获清偿的执行款。

广东省珠海市香洲区人民法院作出如下判决：

一、撤销本院11077号民事调解书；

二、驳回原告实业公司的其他诉讼请求。

判决后，双方当事人均未上诉，本判决现已生效。

**【法官后语】**

本案涉及民间借贷虚假诉讼的典型类型之一，即被执行人与案外人恶意串通，通过有目的地签署借据等债权债务凭证，并有意通过将案涉款项流转多手的形式隐瞒款项来源和真正去向，骗取法院出具调解书确认虚假债权。本案的审理为识别和认定虚假诉讼提供了有益启示。

一、普通债权人有初步证据证明债务人与他人恶意串通提起虚假诉讼并获得法院生效裁判文书确认虚假债权的，有权提起第三人撤销之诉

实业公司作为债权人，其向法院申请强制执行后，债务人刘某、李某1及其关联人员多次通过提起执行异议、执行异议之诉阻却执行，在执行异议和执行异议诉讼均被驳回后，刘某、李某1又和李某通过法院调解确认虚假债权，再由李某持调解书申请执行，并与实业公司一同参与执行分配，摊薄实业公司的债权受偿比例，严重损害了实业公司的合法债权。虽然上述确认虚假债权的民事调解书可通过再审程序撤销，但也并不妨碍实业公司通过提起第三人撤销之诉的路径寻求救济。理由在于：

一方面，债务人和他人恶意串通制造虚假诉讼确认虚假债权，侵害普通债权人合法债权的行为，属于债权人撤销权规范的射程范围，可据此将普通债权人解释为与原错误裁判结果具有法律上利害关系的无独立请求权第三人。根据《中华人民共和国民法典》第五百三十八条、第五百三十九条关于债权人撤销权的规定，当债务人不合理处分其财产或债权，或不正当增加负担，致使其责任财产减少或有减少的风险，影响债权人实现债权时，债权人可以突破债权的相对性，向法院请求撤销债务人与债务人相对人之间的行为。债务人与他人恶意串通，通过虚假诉讼骗取法院出具民事调解书确认他人对债务人的虚假债权，相当于债务人无故为自己设定债务，该行为后果无疑会导致其责任财产减少，影响债权人债权的实现，其行为性质和后果与“通过无偿转让财产方式无偿处分财产权益”无异，比债务人“以明显不合理的高价受让他人财产或者为他人的债务提供担保”更甚，故理应落入债权人撤销权的条文射程范围。据此，债权人虽对债务人与他人之间的前案诉讼标的没有独立请求权，但因债务人和他人通过虚假诉讼确认虚假债权的行为，完全可解释为属于债权人可依法行使撤销权的行为之列，故法院可据此认定此种情形下的债权人与前案的裁判结果具有法律上的利害关系，进而认定此种情形下的债权人属于无独立请求权第三人。

另一方面，实业公司作为普通债权人，其虽是原生效裁判的案外人，但其对执行标的并不享有足以排除强制执行的民事权益，不能根据民诉法第二百三十四条申请再审。在此情况下，若不准许其提起第三人撤销之诉，则其仅能期待法院依职权再审或通过检察院抗诉，而该途径需要严格的限制条件，实践中很难启动，且在民事主体可自行援引适用救济程序来维权时，应优先由民事主体启动救济程序。

二、在第三人撤销之诉案件的审理过程中，法院应采取职权探知主义为主、当事人主义为辅的诉讼模式

前案当事人提交的证据往往能在表面上形成完整的证据链，加之当事人为了达到不法目的故意作虚假陈述，故其行为具有极强的隐蔽性，法院若仅审查当事人提交的证据，则容易被当事人蒙蔽而未能探知其真实意思，形成错误决策。而在第三人撤销之诉中，债权人往往因取证能力有限，仅能提供初步证据证明前案存在虚假诉讼的可能。而且，第三人撤销之诉的规范目的本就在于撤销错误裁判。因此，法院在审理第三人撤销之诉的过程中，不能仅依赖于当事人举证，应转变当事人主义的诉讼模式，改采职权探知主义为主、当事人主义为辅的诉讼模式，加大依职权调查取证力度，且应围绕调取的证据及被告在前案的陈述设计庭审询问问题，重视比对被告在前后案的陈述，以抓住被告在前案提交证据的瑕疵及在前后两案的矛盾陈述，更好地查实虚假诉讼的事实。

在本案审理过程中，实业公司提供的证据仅能证明三被告有相互串通制造虚假诉讼的可能，但并不能证实前案为虚假诉讼。因此，法院加大了依职权调查取证的范围，先后调取了三被告及其他案外关联人员的银行账户流水及刘某接收“借款”的银行卡开户资料，直至发现案涉款项回到刘某、李某 1 家人账户，形成闭环。此外，围绕李某工作收入情况、一次性存现的款项来源、借据所载借款用途是否实际发生、款项流向、参与转款人员的身份关系、借款偿还情况、刘某及李某 1 的还款能力、借款偿还情况、三被告的关系、借据出具当时刘某及李某 1 身体状况等进行询问。通过询问，进一步确信了李某作虚假陈述的事实。

编写人：广东省珠海市香洲区人民法院　蒙秋仲

# 二、夫妻共同债务认定

13

## 夫妻一方举债用于共同生产经营的应当认定为夫妻共同债务

——北京某黄金珠宝公司诉李某、刘某民间借贷案

**【案件基本信息】**

1. 裁判书字号

北京市朝阳区人民法院（2022）京 0105 民初 34555 号民事判决书

2. 案由：民间借贷纠纷

3. 当事人

原告：北京某黄金珠宝公司

被告：李某、刘某

**【基本案情】**

2015 年 9 月 17 日，北京某黄金珠宝公司与李某签订《借款借据》，李某向原告借款 400 万元，借款利率为年利率 12%，借款期限为 12 个月，自 2015 年 9 月 17 日至 2016 年 9 月 16 日。《借款借据》落款处有李某的签字。2015 年 9 月 17 日，北京某黄金珠宝公司向李某账户转账 400 万元。2017 年 9 月 11 日、2018 年 9 月 10 日，李某向北京某黄金珠宝公司出具《借款延期申请》。关于借款资金用途，二被告主张借款资金用于北京 H 公司、北京 Z 公司、北京 L 公司

的经营使用。

北京某黄金珠宝公司主张，本案借款虽系李某个人借贷，但借款资金用于二被告的家庭生活及经营企业使用，应系夫妻共同债务。刘某抗辩称，涉案借款并没有用于夫妻共同生活，其并没有参与公司实际经营，仅为挂名。李某与刘某于2008年2月4日登记结婚，于2019年4月18日在北京市朝阳区民政局婚姻登记处协议离婚。

在本案借款发生期间，李某系北京H公司的股东及法定代表人，并担任公司高管。刘某系北京Z公司、北京L公司的股东及法定代表人。

北京某黄金珠宝公司与二被告经核算确认若按照中国人民银行同期贷款利率计算资金占用期间利息，则截至2019年7月12日，李某尚欠北京某黄金珠宝公司的本金2901821.96元，尚欠利息44125.43元。

另查，北京某黄金珠宝公司的经营范围不包括从事对外发放贷款业务，在未获银行业监督管理机构批准可从事对外发放贷款业务情况下，北京某黄金珠宝公司多次对外出借资金并收取高额利息。

北京某黄金珠宝公司提出如下诉讼请求：李某、刘某共同归还北京某黄金珠宝公司借款本金400万元及支付利息。

**【案件焦点】**

1. 涉案借款合同是否有效及借款利息标准如何认定；2. 本案借款是否应当认定为夫妻共同债务。

**【法院裁判要旨】**

北京市朝阳区人民法院经审理认为：违反法律、行政法规的强制性规定的合同无效。未经国务院银行业监督管理机构批准，任何单位和个人不得设立银行业金融机构或者从事银行业金融机构的业务活动。该强制性规定属于效力性强制性规定，北京某黄金珠宝公司登记的经营范围不包括对外发放贷款业务，在未获银行业监督管理机构批准可从事对外发放贷款业务情况下，多次对外出借资金并收取高额利息，属于在一定期间内多次反复从事有偿民间借贷的行为，因而本案借款合同应当认定为无效。

合同无效或者被撤销后，因该合同取得的财产，应当予以返还；不能返还或者没有必要返还的，应当折价补偿。有过错的一方应当赔偿对方因此所受到的损失，双方都有过错的，应当各自承担相应的责任。鉴于涉案《借款合同》无效，本院酌定将利息标准调整为2019年8月19日前按中国人民银行同期贷款利率标准计算，自2019年8月20日之后按照同期一年期贷款市场报价利率标准计算。原告与二被告核算的截至2019年7月12日，李某尚欠本金2901821.96元，尚欠利息44125.43元，于法有据，本院已确认，结合借款资金占用情况及尚欠的本息，在法律保护范畴内对北京某黄金珠宝公司的诉讼请求作出认定。

夫妻一方在婚姻关系存续期间以个人名义超过家庭日常生活需要所负的债务，不属于夫妻共同债务；但是，债权人能够证明该债务用于夫妻共同生活、共同生产经营或者基于夫妻双方共同意思表示得到除外。双方一致认可借款系用于三家公司的生产经营。在借款发生期间，刘某是北京Z公司、北京L公司的法定代表人、股东，李某是北京H公司的法定代表人、股东，即使刘某不参与公司经营，但其作为公司的股东及高管，可以认定二被告的共同利益与上述三家公司紧密相连、不可分割，刘某作为股东和高管亦可以从公司生产经营中获利。刘某以其未实际参与公司经营以及借款未用于夫妻共同生活为由，否认夫妻共同债务，依据不足，本院不予采纳。

北京市朝阳区人民法院判决如下：

一、李某、刘某于本判决生效之日起十日内共同向北京某黄金珠宝公司返还借款本金2901821.96元；

二、李某、刘某于本判决生效之日起十日内共同向北京某黄金珠宝公司支付资金占用利息；

三、驳回北京某黄金珠宝公司的其他诉讼请求。

判决后，双方当事人均未上诉，本判决现已生效。

## 【法官后语】

夫妻共同之债的认定，特别是夫妻一方与第三人发生债权债务关系的认定，一直是司法实务的难题之一。随着社会经济生活的发展，为追求家庭财富增长而以家庭为单位参与经济活动的现象愈发普遍，婚姻期间夫妻一方与第三人发生债权债务关系的情形日益增多。为防止夫妻双方通过离婚恶意转移财产、逃避债务，侵害债权人利益，最高人民法院不断对夫妻共同债务的认定进行补充和完善。2018年1月，最高人民法院作出了《关于审理涉及夫妻债务纠纷案件适用法律有关问题的解释》，主要明确了在合同类纠纷中，夫妻共同债务的认定标准和规则，民法典吸收了该司法解释内容所作的规定，形成了第一千零六十四条。

依据民法典的规定，夫妻共同之债可以大致分为三种情形：一是基于夫妻共同意思表示所负的债务，其表现形式可以是事前的共同签字，也可以是事后一方的追认，此即所谓“共债共签”制度，这符合民法意思自治原则和合同相对性原理；二是日常家庭生活需要所负的债务，此类债务主要是日常家事代理范畴所负的债务包括衣食住行、子女抚养教育经费、老人赡养费、家庭成员的医疗费等；三是夫妻一方在婚姻关系存续期间以个人名义超出家庭日常生活需要所负的债务，但是，债权人能够证明该债务用于夫妻共同生活、共同生产经营或者基于夫妻双方共同意思表示。对于第三种夫妻共同债务的认定中，夫妻一方形成的经营性债务的认定往往最具有难度。对于夫妻一方形成的经营性债务是否应当认定为夫妻共同之债可以遵循以下两个层次：一是是否形成事后追认的共同意思表示型的夫妻共同之债；二是是否构成夫妻共同生产经营。

关于事后追认，需要注意的是事后追认的形式可以多样，但追认的内容应明确该笔债务属于夫妻共同债务、承诺与举债方共同承担偿债义务、确认该笔借款用于共同生产经营。对于举债人配偶在债权债务关系形成后，直接向债权人偿还借款和利息的情况，不宜直接认定为属于事后追认的情形，仅代表其知晓债权债务关系的存在。具体到本案，刘某作为举债人李某的配偶多次通过其账户向原告还款，并且原告员工多次与其沟通李某借款的还款情况，只能认定为刘某对本案借款的知情，而不宜认定为其对该笔债务的事后追认。

判断生产经营活动是否属于夫妻共同生产经营，要根据经营活动的性质以及夫妻双方在其中的地位、作用等综合判定。具体而言，首先，看夫妻双方的持股情况，特别是非举债方的持股情况，如果非举债方仅少量持股，并且不参与公司经营，则不能直接认定为夫妻双方共同经营，需要结合是否有其他参与经营的行为或者是否从中获益来综合判断。其次，看夫妻双方任职情况，如果夫妻双方均担任公司的董事长、总经理、执行董事、监事等能够直接掌握公司运营的管理职务，则偏向于认定为夫妻双方共同生产经营。最后，还要综合考虑非举债方从配偶举债的获益情况，当举债方的举债行为使其配偶获益时，则配偶应当与举债方共同承担偿债的义务。具体到本案，李某和刘某在三家公司中分别持股和担任公司高管，刘某即使抗辩其并没有实际参与公司经营，仅为挂名，公司实际控制人为李某。但考虑到其在两家公司持有相应的股权，亦可以从李某的借款用于经营公司中获益，因而综合李某、刘某在三家公司的任职和控股情况，法院最终认定本案李某的借款属于夫妻共同生产经营的债务。

编写人：北京市朝阳区人民法院　李增辉　詹焕昱

14

# 民间借贷中夫妻共同债务的认定

## ——丁某某诉成某某、孙某某民间借贷案

**【案件基本信息】**

1. 裁判书字号

江苏省盐城市亭湖区人民法院（2022）苏 0902 民初 3084 号民事判决书

2. 案由：民间借贷纠纷

3. 当事人

原告：丁某某

被告：成某某、孙某某

【基本案情】

2018 年 3 月 12 日，成某某因做生意需要资金向丁某某借款 20 万元，并出具借条一份，当时口头约定年利率 12%。丁某某出借款项后，成某某或者其老婆孙某某按约至 2021 年 3 月每年支付 24000 元利息。2021 年 5 月，孙某某与丁某某就还款进行协商，并表示本利不会少。但成某某、孙某某一直未能履行还款义务。孙某某与丁某某是夫妻关系。丁某某多次催要未果，诉至法院要求成某某、孙某某偿还借款 20 万元并支付利息。

【案件焦点】

成某某借款并出具借条，孙某某作为其妻子是否承担还款责任。

【法院裁判要旨】

江苏省盐城市亭湖区人民法院经审理认为：合法的借贷关系应受法律保护。被告成某某向原告丁某某借款，有借条、银行转账记录为证，结合原告丁某某当庭陈述的借款过程，可以认定原告丁某某与被告成某某双方之间的债权债务关系成立。一、关于本金，应当认定为 20 万元。二、关于利息，虽然借条上没有约定利息，但从原告提供的证据来看，双方在实际履行中，2018 年、2019 年、2020 年、2021 年被告每年支付原告 24000 元，应当认定为是支付借款 20 万元本金的年利息，因此，双方年利息为 12%，且符合法律规定。三、关于被告孙某某是否承担责任的问题。本案中，被告孙某某虽然没有在借条上签名，但从原告提供的证据，被告孙某某对案涉借款属于债务加入，被告孙某某应当与成某某一起承担还款责任。故对原告的诉讼请求符合法律规定，本院予以支持。判决：被告成某某、孙某某应于本判决生效之日起十日内偿还原告丁某某 20 万元及利息（利息的计算标准：以 20 万元为基数），从 2021 年 3 月 12 日起至实际还款之日止，按照年息 12%计付。

判决后，双方当事人均未上诉，本判决现已生效。

## 【法官后语】

民间借贷案件中，借款人出具借条，出借人交付借款，双方的借款合同关系成立。根据合同相对性，借款人理应按约偿还本息。但对于借款人在婚姻关系存续期间的借款，只要出借人能证明该出借款项用于夫妻共同生活、共同生产经营或者基于夫妻双方共同意思表示，就可以依据法律的特别规定，突破合同相对性的限制，主张借款人及其配偶承担共同还款责任。但从平衡保护债权人和未举债夫妻一方的利益角度出发，基于源头控制风险，笔者认为应严格遵守合同原则，从严把握夫妻共同债务的认定标准。

一、有关夫妻共同债务的法律规定变迁

《中华人民共和国民法典》（以下简称《民法典》）第一千零六十四条规定："夫妻双方共同签名或者夫妻一方事后追认等共同意思表示所负的债务，以及夫妻一方在婚姻关系存续期间以个人名义为家庭日常生活需要所负的债务，属于夫妻共同债务。夫妻一方在婚姻关系存续期间以个人名义超出家庭日常生活需要所负的债务，不属于夫妻共同债务；但是，债权人能够证明该债务用于夫妻共同生活、共同生产经营或者基于夫妻双方共同意思表示的除外。"该规定完全吸收了 2018 年《最高人民法院关于审理夫妻债务纠纷案件适用法律有关问题的解释》的规定。但与 2003 年最高人民法院出台的《最高人民法院关于适用〈中华人民共和国婚姻法〉若干问题的解释（二）》有关夫妻共同债务认定标准不同。通过调整举证责任分配，既保护债权人利益、维护交易安全，又保护未举债配偶一方合法权益、维护婚姻家庭稳定。本案中，案涉借款发生于 2018 年，借款人成某某、孙某某付息至 2021 年，此后丁某某多次催要未果，于 2022 年诉至法院。民间借贷发生于民法典施行前，发生纠纷应适用 2018 年《最高人民法院关于审理夫妻债务纠纷案件适用法律有关问题的解释》的有关规定。而《民法典》对有关规定的完全吸收，对举证责任规则的调整，更有利于当事人权益的平衡保护。

二、夫妻共同债务认定标准的界定

从上述有关夫妻共同债务认定标准的变迁，可以看出民间借贷中，在债务形成时，从出借人款项交付前，处于优势地位的考量，强化优势一方对借款过程的介入，加强事前风险防范。结合法律认定标准，笔者对夫妻共同债务作如下介绍。

1.“必然”的共同债务

(1) 夫妻双方共同签名

按照共债共签原则，明确了夫妻双方共同签字，共同作出承诺，由此所负的债务，理应属于共同债务。一方面有利于保障夫妻另一方的知情权和同意权，从债务形成源头上尽可能杜绝夫妻一方被负债的现象发生。另一方面也可以有效避免债权人因事后无法举证证明属于夫妻共同债务，对控险止损，保障安全，具有积极意义。实践中，很多商业银行在办理贷款业务时，对已婚者一般都要求夫妻双方共同到场签字，否则不予贷款，最大限度降低了债务不能清偿的风险。

(2) 夫妻一方事后追认

夫妻一方签订合同后，夫妻另一方事后进行追认，或者积极加入债务之中。可以视为是夫妻的共同意思表示，作出并存的债务承担行为，也应属于共同债务。从债的相对性来看，这样的规定更为合理，也更好地体现了意思自治、合同自愿原则。这也与债权人需要举证证明所负债务基于夫妻双方共同意思表示是一脉相承的。夫妻一方事后追认或者电话、短信、微信等体现共同举债的意思表示的有关证据，恰恰是债权人用于证明债务是夫妻共同债务的有力证据。就本案而言，成某某作为借款人向丁某某借款并出具借条，孙某某作为其妻子承诺肯定会还款等内容，也是对成某某借款的追认，并自愿加入债务之中，应该与成某某一起承担共同还款责任。

(3) 夫妻一方以个人名义为家庭日常生活需要所负的债务

日常家事代理是基于婚姻缔结而产生，属于夫妻相互代理，在行使时不必以被代理人名义，其民事法律行为效果由夫妻双方共同承担。所以夫妻一方为家庭日常开销借款，形成的家庭债务，应视为共同债务。这也是民法典中关于日常家事代理权的规定。考虑到夫妻均为家庭这一共同体的成员，共同生活在一起，在此过程中，双方对家庭负有同等义务。一方为家庭事务做出合理支出，事先不需要另一方的同意，其后果当然及于另一方，所负债务应视为夫妻共同债务。但超出家庭日常生活需要所负的债务，不属于夫妻共同债务。

2.“酌定”的共同债务

（1）债权人证明该债务用于夫妻共同生活

随着我国经济社会的发展，居民家庭财产的结构、类型及数量等发生了很大变化，人们生活水平逐步提高，生活消费日趋多元化，此时的夫妻共同生活支出不应再局限于以前传统的家庭日常生活范围支出，这些支出系夫妻双方共同消费支配，或者用于形成夫妻共同财产，或者给予夫妻共同利益管理共同财产产生的支出，性质也应属于夫妻共有生活的范围。债权人进行举证时，需要拓展夫妻共同生活概念的广度和深度。

（2）债权人证明该债务用于夫妻共同生产经营

夫妻共同生产经营，既包括夫妻共同投资、生产经营的情形，也包括夫妻一方从事生产经营活动但利益归家庭共有的情形。判断生产经营活动是否属于夫妻共同生产经营，要根据投资经营情况，夫妻双方对经营活动参与度等综合认定。该类规定，对债权人举证证明责任要求较高。也是为了避免合同相对性的过度突破，更好地让借款合同在夫妻共同债务中回归到合同本身，切实维护好所有当事人的合法权益。

**编写人：江苏省盐城市亭湖区人民法院　周楷敏　周斌**

15

# 举债方配偶事后还款行为的性质认定

## ——傅某诉韦某等民间借贷案

**【案件基本信息】**

1. 裁判书字号

广西壮族自治区柳州市中级人民法院（2022）桂02民终3118号民事判决书

2. 案由：民间借贷纠纷

3. 当事人

原告（上诉人）：傅某

被告（被上诉人）：韦某、钟某1、宁某某

**【基本案情】**

韦某系钟某2的妻子，钟某1系钟某2的女儿，宁某某系钟某2的母亲。钟某2于2021年10月24日去世。

2021年1月13日，钟某2向傅某出具《借条》一份，载明：今钟某2共向傅某借款80000元。同日傅某向钟某2转款80000元。2021年3月15日，傅某又向钟某2转款70000元，以上转款总计150000元。傅某称钟某2借款用于夫妻双方共同经营的防雷工程项目，且双方口头约定的月利率为2%。

后2021年3月15日、2021年4月15日，韦某的5487账户向傅某分别转款1600元、53000元。

2021年5月3日，傅某通过现金形式向钟某2出借款项98400元，后双方经过结算确认钟某2尚欠原告20万元，于是钟某2再次向傅某出具《借条》一份，载明：今钟某 2 共向傅某借款 120000 元。

后 2021 年 5 月 15 日至 2021 年 10 月 10 日期间，韦某的 5487 账户共计向傅某转款 22000 元。

**【案件焦点】**

韦某的还款行为能否认定为对钟某借款的“事后追认”，进而认定案涉借款属于夫妻共同债务。

**【法院裁判要旨】**

广西壮族自治区柳州市城中区人民法院经审理认为：合法的借贷关系受法律保护。傅某提供的《借条》、银行流水以及银行转款凭证等证据，可以证明傅某与钟某 2 之间存在民间借贷的法律关系。钟某 2 未向傅某偿还借款构成违约，因钟某 2 已去世，故钟某 2 的第一顺序法定继承人韦某、钟某 1、宁某某仍应在继承钟某 2 的遗产价值范围内向傅某承担案涉借款的清偿责任。

关于该笔债务是否是夫妻共同债务，韦某是否应承担共同还款责任问题，根据《中华人民共和国民法典》第一千零六十四条的规定，本案中韦某并未在案涉借条上签字，傅某也并未提供证据证明韦某与钟某 2 共同经营防雷工程项目以及款项用于该项目的经营，韦某虽有还款行为，但还款行为与是否构成夫妻共同债务无必然联系，在傅某无其他证据证明案涉借款是夫妻共同债务的情况下，法院对傅某要求韦某承担共同还款责任的主张不予支持。

综上，广西壮族自治区柳州市城中区人民法院依照《中华人民共和国民法典》第一百七十六条、第一千零六十四条、第一千一百六十一条，《最高人民法院关于审理民间借贷案件适用法律若干问题的规定》第二十五条、第二十八条第二款第二项，《中华人民共和国民事诉讼法》第一百四十七条规定，作出如下判决：

一、被告韦某、钟某 1、宁某某在继承钟某 2 遗产的范围内向原告傅某偿还借款本金 189964 元及支付利息 6907 元（该利息暂计至 2022 年 1 月 3 日，之后利息以尚欠借款本金为基数，按照年利率 15.4%另计至债务实际清偿之日止）；

二、驳回原告傅某的其他诉讼请求。

傅某不服一审判决，提出上诉。

广西壮族自治区柳州市中级人民法院经审理同意一审法院裁判意见，依照《中华人民共和国民事诉讼法》第一百七十七条第一款第一项的规定，判决：

驳回上诉，维持原判。

**【法官后语】**

《中华人民共和国民法典》（以下简称《民法典》）第一千零六十四条第一款关于“夫妻双方共同签名或者夫妻一方事后追认等共同意思表示所负的债务……属于夫妻共同债务”的规定，确立了“夫妻双方共同签字”以及“举债方配偶事后追认”的“夫妻共同意思表示型”夫妻共同债务认定规则。与“夫妻双方共同签字”情形不同的是，“举债方配偶事后追认”需要通过对举债方配偶的事后行为进行法律解释，判断该行为是否具有追认债务的意思表示，进而认定是否属于夫妻共同债务。

本案中值得讨论的问题是举债方配偶的事后还款行为能否认定为举债方配偶以默示方式对借款作出了追认的意思表示。当前审判实践采取“全认或全否”的裁判思路：一是举债方配偶的事后还款行为属于对借款的事后追认，应就全部债务承担共同清偿责任；二是举债方配偶的事后还款行为不属于对借款的事后追认，债权人仍应就借款用于夫妻共同生活、共同生产经营承担举证明责任。第一种裁判思路主要基于保护债权人的合理信赖以及考虑举债方配偶的可归责性。本案采取第二种裁判思路，理由如下：

第一，规范的制定目的在于维护夫妻各方作为独立民事主体所享有的自主权。从《最高人民法院关于适用〈中华人民共和国婚姻法〉若干问题的解释（二）》再到《民法典》，关于夫妻债务的认定规则经历了“原则上推定为夫妻共同债务，例外推定为个人债务”的合意推定论到“夫妻共同意思表示、家庭日常生活需要、夫妻共同生活或共同生产经营”的意思论、用途论的多元化认定过程，同时将举债用途为夫妻共同生活、共同生产经营的举证责任从举债方配偶转移至债权人，在一定程度上是对夫妻个体主义的认可，强调保护举债方配偶的利益，以避免举债方配偶在缺乏真实意思表示的情形下基于其“举债方配偶”的身份承担其不应承担的债务清偿责任。若将举债方配偶的事后还款行为认定为对全部债务的追认，则过于强调夫妻的共同性，忽略了婚姻关系中夫妻各方仍是独立个体，有违平等的婚姻价值观念，也有悖合意型夫妻共同债务认定规则的订立初衷。

第二，在举债方配偶事后还款情形中，仍由债权人承担借款用于夫妻共同生活、共同生产经营的举证明责任未加重其义务。在借贷关系形成之时，债权人作为出借款项的一方处于优势地位，其若想进一步保护自己的利益，完全可以要求举债方配偶以债务人的名字签署债务合同。因此，从权利和义务相一致的角度来看，既然债权人享有在成立借贷关系时可要求举债方配偶共同签字来防范风险的权利，那么在债权人未积极行使上述权利时由其承担借款用于夫妻共同生活、共同生产经营的举证明责任未加重其义务。

第三，若由举债方配偶承担证明其不存在追认债务的意思表示的证明责任，则举债方配偶易陷入举证不能的尴尬境地。由于夫妻关系的特殊性，举债方配偶的事后还款行为也可解读为是对举债方的经济帮助或仅愿意就自己已归还的债务向债权人承担偿还责任，但这并不等同于举债方配偶同意就全部债务进行追认，债务的承担与偶尔的意愿还款是完全不同的概念，举债方配偶通常无法举证证明其不存在追认债务的意思表示。

**编写人：广西壮族自治区柳州市城中区人民法院　黄海玲**

16

# 夫妻共同经营的认定应合理分配债权人和未举债配偶的举证责任

——罗某诉姚某某、李某某民间借贷案

## 【案件基本信息】

1. 裁判书字号

江西省宜春市中级人民法院（2022）赣0924民终2291号民事判决书

2. 案由：民间借贷纠纷

3. 当事人

原告（被上诉人）：罗某

被告：姚某某

被告（上诉人）：李某某

## 【基本案情】

被告姚某某与被告李某某于2014年5月28日登记结婚，2021年3月22日双方办理离婚登记。2015年左右，姚某某从浙江省诸暨市到江西省宜丰县工业园区投资从事蓄电池材料加工。2018年1月9日姚某某与李某某注册成立诸暨市某某贸易有限公司，2020年4月2日注册成立宜丰县某某塑料制品有限公司。对于上述两家公司，姚某某均持股60%，李某某均持股40%，姚某某均为法定代表人，李某某均担任监事。

自2018年起，被告姚某某陆续以生产经营、支付货款等为由向原告罗某借款。罗某按姚某某的要求，将款项通过银行转账、手机银行、微信转账等方式支付给姚某某本人或姚某某的客户。至2021年5月20日，姚某某共向罗某借款526000元，姚某某出具五份借条。李某某曾于2020年年底转给罗某10000元，双方均认可该10000元系归还罗某的借款。相抵后，姚某某尚欠罗某516000元，其中320000元发生在姚某某与李某某婚姻关系存续期间。李某某对此表示否认，辩称姚某某向罗某的借款用于赌博，自己也并未参与企业经营，但未提供充足的证据予以证实。此外，罗某依照姚某某指示，与李某某有其他转账往来。2020年9月22日，罗某转账给李某某200000元；2020年10月20日，罗某向李某某转款100000元。姚某某及公司与李某某及其亲友互相有大额资金来往。

【案件焦点】

姚某某所欠罗某债务是否属于夫妻共同债务。

【法院裁判要旨】

江西省宜丰县人民法院经审理认为：根据《中华人民共和国民法典》第一千零六十四条规定，并结合原、被告的陈述，本案的争议焦点在法律适用层面可转化为：姚某某以个人名义向罗某借款516000元是否用于夫妻共同生活、共同生产经营，原告提交证据的证明力是否达到高度盖然性标准。

本案中罗某是善意借款人：一、尽管被告李某某抗辩债务是姚某某用于赌博，但是本案所涉债务既不是罗某本人与姚某某赌博形成，也不是罗某本人直接转给涉赌集团，据姚某某本人所述罗某本人并不知道他挪用于赌博，原告出于善意借款，不能控制出借款项后的用途；二、被告姚某某以企业生产经营、支付货款等为由向罗某借款，部分借款发生在夫妻关系存续期间，两被告设立J公司和Y公司，共同经营，结合姚某某本人自认，可以认定罗某所借款项部分实际用于支付公司经销商货款。李某某作为J公司和Y公司的股东，与姚某某共同经营，本身也有对公司的经营管理权。企业生产经营的收入一方面成了家庭收入的来源，另一方面也转化为夫妻共同财产，李某某实际上也是受益者。罗某有一个权利外观可以相信上述债务用于夫妻共同生活。三、李某某并非事前事后完全不知情况。据此，原告罗某有理由相信李某某对部分款项知晓。要求债权人能够了解债务人的借款每一笔款项是否被挪用、挪用至何处是有些苛刻的。现在原告提供的证据证明部分债务用于共同生活、共同经营，达到高度盖然性标准；而被告李某某辩称姚某某借款用于赌博，对此负有举证责任，但未提供充分证据以证明其主张的事实和抗辩原告已证明的事实，应当承担举证不能的后果。被告李某某在本案中应当对婚姻关系存续期间的债务320000元承担共同还款责任。离婚后姚某某与罗某另有196000元债务属于个人债务，被告李某某对该部分姚某某个人债务不负共同偿还义务。

综上所述，依照《中华人民共和国民法典》第六百七十五条、第一千零六十四条，《最高人民法院关于适用〈中华人民共和国民法典〉婚姻家庭编的解释（一）》第三十五条，《中华人民共和国民事诉讼法》第六十七条、第一百四十五条，《最高人民法院关于适用〈中华人民共和国民事诉讼法〉的解释》第一百零八条的规定，经本院审判委员会讨论决定，判决如下：

一、被告姚某某应当在本判决生效之日起十日内向原告罗某偿还借款516000元；

二、被告李某某对上述借款中的320000元承担共同清偿责任。

以上第一、二项，限被告姚某某、李某某在本判决生效之日起十日内履行完毕。

被告李某某不服，提起上诉。宜春市中级人民法院经审理后同意一审裁判意见，依照《中华人民共和国民事诉讼法》第一百七十七条第一款第一项规定，判决如下：

驳回上诉，维持原判。

## 【法官后语】

夫妻共同债务的认定是夫妻债务制度的核心内容，事关夫妻双方（尤其是未举债一方）与债权人合法权益的保护，也事关婚姻家庭的稳定与交易市场的安全。为平衡债权人利益与未举债夫妻一方债权人的利益，《中华人民共和国民法典》第一千零六十四条提出了认定夫妻共同债务的三项标准，其中第三项将举证责任科以债权人，以倒逼债权人在建立债权债务关系时尽到审慎的注意义务，最大限度避免夫妻一方与债权人恶意串通损害另一方合法权益的情况。但是，夫妻共同生产经营情况复杂，夫妻采取公司经营、合伙经营、家庭联产责任承包经营、个体工商户经营等形式开展共同经营，形式多样。债权人作为外人，由于条件受限，也难以完全掌握夫妻双方日常生活情况和生产经营情况。因此，对于债权人的举证责任不应当过于严苛。本案审理法院严格遵循法理和情理，合理划分举证责任，审慎认定夫妻共同债务，避免对举债夫妻过度救济导致的显失公平。本案对审理类似案件有重要参考意义。

一、善意债权人的信赖利益保护

善意债权人的信赖利益是认定夫妻共同债务的首要前提。信赖利益，是当事人基于某种信赖关系而引发的合法利益。善意债权人有理由相信借款用于夫妻共同生产经营的，应当被认定为夫妻共同债务。结合本案的具体情形分析如下：

第一，善意债权人尽到借款前的审慎义务和通知义务。被告姚某某以企业生产经营、支付货款等为由向原告罗某借款，为此原告也查看了被告姚某某提供的客户信息与交易情况。而且原告罗某本身也向非举债配偶李某某转过多笔账。被告李某某知道或应当知道款项由来，并不能以简单的不知情抗辩。原告对于夫妻共同举债的事实有信赖利益。

第二，夫妻双方共同经营。两被告共同成立公司，其中李某某还担任较为重要的监事，本身也有对公司的经营管理权，不能简单以未实际参与经营管理为由推卸责任。企业生产经营的收入一方面成了家庭收入的来源，另一方面也转化为夫妻共同财产。原告对于夫妻共同经营的事实有信赖利益。

第三，借款用于经营。被告姚某某以企业生产经营、支付货款等为由向原告罗某借款，为此原告也查看了被告姚某某提供的客户信息与交易情况。被告并不能以简单的事后用于赌博来抗辩，而应当对其主张负有举证责任。原告对于借款实际用于经营有信赖利益。

第四，借款实际已交付。原告罗某已实际交付款项，并非与被告姚某某恶意串通。原告对收回借款有信赖利益。而反观两被告在离婚协议中刻意隐瞒共同财产，将本可供偿还借款的财产转移出去，这会对后续原告申请本案执行造成无财产可供执行的后果，势必给原告信赖利益带来不公平损害。

本案中原告已证明基于被告夫妻共同经营公司的信赖，依夫妻举债一方的指示将款项实际交付至夫妻举债一方本人、公司客户和未举债配偶账户，完成其初步举证。

二、夫妻共同经营的实质认定

共同生产经营虽然强调“共同性”，但“共同性”并不是指形式上夫妻双方实际共同处理经营事务，而应指夫妻双方把经营活动纳入共同意志范围，同时经营收入作为共同家庭收入来源等实质运作。应着重解决如下几个问题：

1. 共同性。共同性是指经营行为系基于夫妻共同意志之意。对共同性不应理解为只有夫妻均直接参与经营管理才构成，而要适当地放宽理解，夫妻一方的正当经营性行为所借款项，应推定为夫妻共同债务。本案中未举债配偶在公司担任重要职务，即便其未参与经营日常活动，也是其家庭内部分工与其自己怠于行使权利的行为，不得对抗善意债权人。

2. 经营性。法律法规关于生产经营并无明确规定，只要其是从事法律允许范围内正当营生，均可认为是经营性行为。本案中夫妻共同成立的公司的收入通过转账方式等流入举债夫妻一方和未举债配偶的银行账户，公司经营收入转化为夫妻共同财产，是认定本案涉案婚姻关系存续期间债务为夫妻共同债务的重要基础之一。

3. 实际用途。对于借款实际用途应当着重审查债权人是否尽到审慎义务，例如借款目的的审查、对未举债配偶的通知等。作为善意债权人，一般是很难把控出借资金的使用的。而从实务中，往往是恶意串通的虚假债权人能够掌握夫妻举债一方日常资金的使用情况。因而对于善意债权人对借款用途的证明标准不应过于严苛。像本案中，债权人在借款前审查了夫妻举债一方的客户相关材料，也将部分款项转给未举债配偶，未举债配偶在债权人追索前一直没有提出异议。可以认定有理由相信借款用于夫妻共同生产经营。

本案中，夫妻共同成立公司，公司经营收入是家庭收入的来源并转化为夫妻共同财产，未举债配偶即便没有直接参与生产经营，但其享受了经营所带来的利益，可认定夫妻共同生产经营。作为实际利益分享者，未举债配偶对其抗辩事由未举证，应自行承担举证不能责任。

编写人：江西省宜丰县人民法院　张镇

17

# 积极清理但未明确认可配偶生前债务的行为不宜径行认定为债务追认

## ——姜某某诉孟某某等民间借贷案

### 【案件基本信息】

1. 裁判书字号

北京市第一中级人民法院（2022）京01民终6481号民事判决书

2. 案由：民间借贷纠纷

3. 当事人

原告（被上诉人）：姜某某

被告（上诉人）：孟某某、杨某1、杨某2、杨某3

### 【基本案情】

杨某1与杨某2系夫妻，杨某4系二人之子，杨某4与孟某某系夫妻，二人育有一女杨某3。杨某4于2021年5月19日因死亡注销户口。2019年5月31日，姜某某向杨某4转账200万元，后姜某某与杨某4签订《借款协议书》，载明杨某4向姜某某拆借资金200万元，借款用途为TOTO代理商产品商业经营，并约定了借款期限和利息。杨某4生前还款12万元，孟某某在杨某4因死亡注销户口后还款32万元。

庭审中，孟某某称其系代实际借款人洪某某还息，并主张款项实际出借人系姜某某之夫宋某某。洪某某对其借款事实予以认可。孟某某另提交了其银行账户明细，显示孟某某向姜某某转账还款当日或之前两日，洪某某均向孟某某有对应等额的转款。另查明，孟某某、杨某1、杨某2、杨某3均表示，作为杨某4之法定继承人，均对杨某4之遗产进行继承。

**【案件焦点】**

1. 案涉债务能否认定为杨某4与孟某某的夫妻共同债务；2. 孟某某是否应在继承遗产范围内承担还款责任。

**【法院裁判要旨】**

北京市石景山区人民法院认为，合法的借贷关系受法律保护，继承人以所得遗产实际价值为限清偿被继承人依法应当缴纳的税款和债务。杨某4向姜某某借款，双方签订《借款协议书》，姜某某向杨某4交付借款，二人已建立民间借贷法律关系。孟某某的还款行为，系对债务的事后追认，可认定双方对负债具有共同意思，故该笔债务应系夫妻共同债务。杨某1、杨某2、杨某3应当在继承杨某4之遗产后，对杨某4之债务在其继承遗产的范围内进行清偿。故判决：

一、孟某某支付2020年6月1日至2021年5月31日期间的逾期利息；

二、孟某某返还本金200万元并支付第一项之外的逾期利息；

三、杨某1、杨某2、杨某3在继承杨某4遗产实际价值的范围内，对第一、二项中未能偿还的部分，承担清偿责任；

四、驳回姜某某的其他诉讼请求。

北京市第一中级人民法院认为，不能仅以案涉还款从孟某某账户转至姜某某账户为由认定孟某某对夫妻债务的事后追认。在案证据亦不能认定案涉借款用于夫妻共同生产经营或夫妻共同生活。案涉借款不宜认定为夫妻共同债务。一审法院认定的出借、借款人无误，一审法院未追加第三人并无不妥之处。根据姜某某的诉讼主张，孟某某应当在继承杨某4遗产后，对杨某4所负债务在其继承遗产的范围内进行清偿。故判决：

一、撤销一审判决；

二、孟某某、杨某1、杨某2、杨某3在继承杨某某的遗产范围内，偿还逾期利息；

三、孟某某、杨某1、杨某2、杨某3在继承杨某某的遗产范围内偿还本金200万元及第二项范围外的逾期利息；

四、驳回姜某某的其他诉讼请求，驳回孟某某、杨某1、杨某2、杨某3的其他上诉请求。

**【法官后语】**

本案是如何处理夫妻一方死亡后死者生前债务的典型案件，涉及的审理要素较为齐全，有一定的示范效应。实践中，这种三方关系的诉讼经常因各自利益不同而呈现出复杂诉讼样态，导致认定夫妻共同债务的切入点往往是较为精细的原初事实，如转账账号的归属、一段聊天记录或通话录音、一笔款项的流水等。在夫妻双方均在世的情况下，双方都有举证、答辩的机会，但如果出现一方死亡的情形，不同利益主体又添加了各继承人，探明该类细节事实的难度陡增。此时需要综合在案证据，持续关注当事人主张、陈述的稳定性，最终形成心证。

通常而言，基于对夫妻可以互相代理民事行为的推定，如果案涉借还款项在夫妻一方的账户中进出，通常可以作为认定夫妻共同债务的有力依据。但本案中并未以该事实作为认定共同债务的依据，主要基于以下两点考虑：一是意思表示中"真意"与私法效果的对应。虽然款项自孟某某的账户转出，但孟某某明确提出了其转款系"代转"行为，与其真实意思呈现出明显不一致的状态。即孟某某出于"代转"的主观意愿，为其所认为的"实际出借人"偿还借款，孟某某也证明了该情节的真实性。从意思表示的规范性来看，该行为产生的私法效果以分开评价为宜：一方面，基于债的相对性及在案其他证据，该情节并不能动摇杨某4系借款人的判断；但另一方面，该情节可以阻却对孟某某事后追认该笔借款的判断，事后追认的意思表示并未达到明确具体的程度。二是价值判断及社会主义核心价值观的体现。孟某某作为杨某4的遗孀，积极清理其生前债务，不仅是诚实守信的体现，也是作为继承人为其公婆子女等其他继承人积极处理身后事、维系家庭和睦的体现。对此不宜径行通过简单判断，令孟某某承担不适当的责任和法律上的非难，这既体现了法律、司法的温度，也体现了个案中秉持以人民为中心、以案结事了为原则的能动司法理念。据了解，杨某4与姜某某夫妻是同窗好友，洪某某与杨某4也是好友，洪某某也并未消极履行。现杨某4突然去世，先行解决继承债务的问题、暂时搁置其他法律关系也可以给各方一个缓冲期间，有利于促进纠纷和谐、妥善、双赢地化解。

**编写人：北京市第一中级人民法院　李国强　太昊**

# 三、借款主体认定

18

## 以常设职能部门名义对外借款构成表见代理的司法认定

——王某、翟某诉建工集团、董某民间借贷案

**【案件基本信息】**

1. 裁判书字号

北京市第二中级人民法院（2022）京02民终8254号民事判决书

2. 案由：民间借贷纠纷

3. 当事人

原告：王某、翟某

被告：建工集团、董某

第三人：襄阳影视文化公司

**【基本案情】**

建工集团国际工程公司（以下简称国际工程公司）为建工集团下属分公司，未进行工商登记。建工集团国际工程公司天津中心（以下简称建工集团天津中心）系国际工程公司内设职能部门。董某系国际工程公司员工，2017年3月23日，董某被任命为建工集团天津中心主任，同时兼任国际工程公司副总工程师。2017年3月28日，国际工程公司与建工集团天津中心签订《2017年度

天津经营中心市场开发目标责任书》，约定：经营中心主任董某作为责任主体，对公司负责，代表公司进行以天津、上海、宁夏区域为主的国内区域市场开发及既有项目的指导工作等。

2018年9月8日，襄阳影视文化公司与建工集团天津中心就合作襄阳市某国际文化村项目签订《战略合作协议书》，约定合作投资襄阳市某国际文化村项目。同日，双方签署会议纪要，会议纪要结论处载明襄阳影视文化公司与建工集团天津中心就襄阳市某国际文化村项目达成合作意向。会议纪要落款建工集团天津中心处有董某、黄某等人签名，会议地点处加盖建工集团天津中心公章。

2018年10月11日，襄阳影视文化公司向王某、翟某出具借据，载明："今借到王某、翟某双方共有《房产证》《土地证》各一套……目的：抵押贷款100万元，用于襄阳影视文化公司与建工集团天津中心启动合作关系等。"10月13日，王某向黄某转账100万元。同日，建工集团天津中心出具收据一份，载明："今已收到襄阳影视文化公司100万元……注：此款由建工集团天津中心委托黄某代为收款转交公司，此款公司无任何理由应全部退还。收款单位：建工集团天津中心。"收据落款处加盖建工集团天津中心公章，经办负责人处有董某签字。

2018年10月28日，董某出具手写情况说明，载明："我代表建工集团天津中心向襄阳影视文化公司（王某）借款壹佰万元，约定借款期为两个月，两个月之后开始计息。"

2019年1月18日，建工集团向天津旅游公司发送"某国际文化村项目2019年一季度工作计划"。

2019年1月29日，国际工程公司人力资源部发布《关于撤销天津经营中心的通知》。同日，国际工程公司发布《关于董某职务调整的通知》，免去董某建工集团天津中心主任职务，仍任国际工程公司副总工程师。2019年4月11日，董某被免去国际工程公司副总工程师职务。

2019年5月5日，建工集团在其网站"新闻动态"栏目刊登了"关于冒用我集团公司名义在某国际文化村项目进行虚假投资的声明”，声明其从未对某国际文化村项目进行投资，从未同意使用我司名义对外进行工程招投标、工程施工、项目融资等事项。同日，建工集团就董某无权代理等事宜向百佳公司、旅游公司邮寄了律师函。

2021 年 1 月 13 日，襄阳影视文化公司向建工集团、董某等邮寄加盖其公章的债权转让通知书。

2021 年 1 月 20 日，建工集团就债权转让通知书向襄阳影视文化公司进行回函，称：“董某以我公司名义对外签署任何合同、收据或其他文件的行为，均未经我公司授权，我公司对此毫不知情，相关文件对我公司不产生约束力；董某的借款属于其个人行为，应当由董某个人承担一切法律后果，请贵公司直接联系董某解决”等。

**【案件焦点】**

董某以建工集团天津中心名义的对外借款行为是否构成表见代理。

**【法院裁判要旨】**

北京市丰台区人民法院经审理认为：首先，在借款发生时，董某系建工集团天津中心主任，同时兼任国际工程公司副总工程师，全面负责建工集团天津区域项目开发和管理，实际持有并管理建工集团天津中心的印章。董某作为负责人总体经营管理建工集团在天津等地区的项目工作，其为项目筹款与其职务在客观外在表现方面具有密不可分的关系。其次，在案涉借款发生之前，建工集团天津中心与襄阳影视文化公司已召开会议并达成共同建设某国际文化村的合作意向，在此情况下，襄阳影视文化公司提供借款并实际将款项转账至参会人员黄某账户中，从借款的实际交付及借款收据形成过程来看，协商借款事宜的场所和人员均并未脱离董某的工作环境，在借款收据上加盖建工集团天津中心公章并由董某签名亦与董某的任职单位和职务相符，不足以令襄阳影视文化公司对其职权范围产生合理怀疑。最后，建工集团天津中心作为建工集团的内设机构，持续开展在津项目，系有着固定办公场所且职能独立的常设机构，其外在的稳定性、独立性亦能强化襄阳影视文化公司对董某有权代表公司从事经济活动的信赖。综合前述理由，襄阳影视文化公司相信董某已获得建工集团有关借款的授权并无明显过错，董某以建工集团天津中心名义向襄阳影视文化公司借款的行为构成表见代理。因建工集团天津中心并非经工商登记的独立民事主体，还款责任应当由建工集团承担。

北京市丰台区人民法院依照《中华人民共和国民法总则》第七十四条、第一百七十二条、第一百七十六条，《中华人民共和国合同法》第六十条、第二百零六条、第二百零七条，《最高人民法院关于适用〈中华人民共和国民法典〉时间效力的若干规定》第一条，《最高人民法院关于审理民间借贷案件适用法律若干问题的规定》第二十八条，《中华人民共和国民事诉讼法》第六十七条之规定，作出如下判决：

一、建工集团于本判决生效之日起十日内偿还王某、翟某借款100万元；

二、建工集团于本判决生效之日起十日内给付王某、翟某利息（以100万元为基数，自二零一八年十二月二十九日起至本金实际清偿之日止，按照年利率3.85%标准计算）；

三、驳回王某、翟某其他诉讼请求。

建工集团不服一审判决，向北京市第二中级人民法院提起上诉。

二审法院裁判意见与一审法院一致，判决驳回上诉，维持原判。

## 【法官后语】

本案中，董某以建工集团天津中心名义向襄阳影视文化公司借款，争议焦点在于是否构成表见代理。《中华人民共和国民法典》第一百七十二条对表见代理行为进行了规定：“行为人没有代理权、超越代理权或者代理权终止后，仍然实施代理行为，相对人有理由相信行为人有代理权的，代理行为有效。”表见代理在实质上属于无权代理，是无权代理不发生效力的例外情况。法律承认表见代理对代理人发生法律效力，是为了保护善意相对人的利益和交易安全。司法实践中，审查表见代理行为时，在明确无权代理行为的基础上，也是以行为人无权代理行为在客观上是否形成具有代理权的表象，以及合同相对人善意且无过失地相信行为人有代理权作为审查要件。

首先，本案行为人是否具有代理权表象。行为人的身份、职务是否与被代理人有关联，是否存在可合理推断的授权关系，会直接影响构成表见代理的证明力。本案中，建工集团天津中心作为固定存在的内设职能部门，具有常设性、稳定性的特征，是建工集团下属分公司的常设职能部门，与其关联密切，且从事该区域经营管理、市场开发。涉案借款发生时，董某系建工集团天津中心主任，同时兼任国际工程公司副总工程师，全面负责建工集团天津区域项目开发和管理，实际持有并管理建工集团天津中心的印章，可推断其享有合法的经营管理职能授权。

其次，行为人借款是否具有履职外观。需要综合考量合同订立过程、交易环境和周围情势等是否与被代理人有关，合同关系的建立方式是否与双方以往的交易方式相符。在涉案借款发生之前，建工集团天津中心与襄阳影视文化公司已召开会议并达成共同建设某国际文化村的合作意向。合作会议在建工集团天津中心召开，与会人员签字并加盖建工集团天津中心公章。而后续襄阳影视文化公司提供借款，从借款的实际交付及借款收据形成过程来看，协商借款事宜的场所和人员均并未脱离董某的工作环境，亦是在建工集团天津中心进行，且实际款项汇至合作会议参会人员黄某账户中，并在借款收据上加盖建工集团天津中心公章并由董某签名，该借款行为亦与董某的任职单位和职务相符，不足以令襄阳影视文化公司对其职权范围产生合理怀疑。

最后，相对人是否善意且无过失。对相对人主观因素的考量亦应当结合合同订立和履行过程中的各种因素，综合判断其是否为善意且无过失，即其在作出相应判断时已尽到合理注意义务，不存在明显的疏忽或懈怠。一般而言，代理权客观表象因素越充分，越能够说明合同相对人主观上善意无过失。董某作为负责人总体经营管理建工集团在天津等地区的项目工作，其为项目筹款与其职务在客观外在表现方面具有密不可分的关系。建工集团天津中心作为建工集团的内设机构，持续开展在津项目，系有着固定办公场所且职能独立的常设机构，其外在的稳定性、独立性亦能强化襄阳影视文化公司对董某有权代表公司从事经济活动的信赖，故襄阳影视文化公司相信董某已获得建工集团有关借款的授权并无明显过错。相对人已尽到合理注意义务。

综上，本案认定董某以建工集团天津中心名义向襄阳影视文化公司借款构成表见代理。

商业交易过程中，交易双方在特定的场合、情境下，可能有理由相信对方具有代理权表象，从而与之进行商业交易活动。但是司法实务中，构成表见代理需要多个因素，需要结合合同订立与履行过程中的各种因素来综合判断，这就需要相对人谨慎审查，提高风险防范意识，避免陷入因不构成表见代理而利益受损的窘境。

编写人：北京市丰台区人民法院　苏洁　于璇

19

## 民间借贷法律关系中实际出借人的认定

——曲某诉陈某等民间借贷案

**【案件基本信息】**

1. 裁判书字号

黑龙江省肇东市人民法院（2022）黑 1282 民初 1461 号民事判决书

2. 案由：民间借贷纠纷

3. 当事人

原告：曲某

被告：陈某、宋某、于某

第三人：楚某志

【基本案情】

原告曲某与冯某（已去世）为夫妻关系，被告陈某与宋某为夫妻关系。2018年6月16日，被告陈某、宋某共同向冯某借款300000元，用于偿还冯某所属工作单位农村信用社的贷款。双方签订借款协议书一份，约定："借款人陈某、宋某向出借人（空白）借款人民币叁十万元（小写：300000元），借款期限1个月，月利率7.5厘，逾期按月利息2分计算，被告于某为连带担保人。"因冯某系该信用社工作人员，信用社规定工作人员不得用个人账户为贷款用户偿还贷款，故双方签订的借款协议书中出借人处为空白。同日，冯某通过第三人楚某志（系该信用社吏夫）的个人账户，将借款分两次转至陈某账户共计300405元，代陈某、宋某还清全部贷款本金300000元及逾期利息405元，履行了出借人借款交付义务。截至2018年9月26日，陈某偿还利息7000元，于某替还利息5000元。此后冯某多次催要借款本金及利息未果。为避免影响，2020年4月26日，冯某持案涉借款协议书与朋友张某河作为共同原告共同诉至肇东市民法院［案号：（2020）黑1282民初3200号］，庭审期间，张某河称不认识陈某、宋某、于某，是冯某向其借款200000元。经案件开庭审理，肇东市人民法院以主体不适格为由，驳回原告冯某、张某河起诉。2020年12月7日，冯某于突发疾病去世后，冯某配偶曲某多次催要案涉借款，陈某、宋某均否认收到借款事实，拒绝偿还案涉借款。2021年5月21日，曲某将三被告诉至肇东市人民法院［案号：（2021）黑1282民初1595号］，肇东市人民法院作出了以诉讼主体不适格驳回曲某起诉的民事裁定。曲某对此裁定结果不服，遂上诉至绥化市中级人民法院，经过开庭审理后，于2021年8月20日作出（2021）黑12民终1772号民事裁定，裁定撤销原审裁定并指令肇东市人民法院重新审理本案。本院另行组成合议庭，开庭审理后，于2022年9月9日作出了（2022）黑1282民初1461号民事判决。

【案件焦点】

民间借贷合同出借人处空白，案涉借款通过第三人转账形式替代借款人偿还案外人债务时，实际出借人的身份该如何认定。

【法院裁判要旨】

黑龙江省肇东市人民法院经审理认为：原告曲某围绕其诉讼请求，提供了多组证据。证据一曲某、冯某的身份证、户口本、结婚证复印件，冯某户口注销证明、火化证明复印件及冯某父母注销户口证明复印件，冯某之女冯某放弃债权继承声明。该组证据证明曲某依法继承了冯某案涉债权，能够作为原告起诉，本案的诉讼主体适格。证据二借据、收条各一份，被告陈某、宋某商服楼产权证、土地使用证复印件，借据和收条上均有三被告签名、捺印。在法庭质证过程中，三被告均不申请对自己签名的字迹进行鉴定。证据三肇东市信用合作联社取款凭条复印件、存款凭条复印件、陈某还款凭证复印件。该组证据证明 2018 年 6 月 26 日，冯某从个人农村信用社账户先后两次共支取 200405 元，冯某又向同事伊某斌借款 100000 元，冯某将上述 300405 元全部转入第三人楚某志银行账户，同日将此款从楚某志账户转到被告陈某账户，代陈某结清拖欠信用社的贷款 300000 元及逾期利息 405 元，从而证明冯某军完成了交付 300000 元借款的义务。证据四肇东市人民法院（2020）黑 1282 民初 3200 号民事案件的起诉状、庭审笔录、民事裁定书。该证据证明本案诉讼时效、担保期限均未超过法定期间。证据五（2021）黑 1282 民初 1595 号民事卷宗庭审笔录第 5~8 页证人伊某斌、付某民出庭作证证人笔录。伊某斌、付某民系冯某同事。伊某斌证明冯某于 2018 年 6 月 26 日向其打电话借款 100000 元，用于代陈某偿还贷款，当天取出此款、用第三人楚某志账户代陈某偿还贷款时，伊某斌均在场。付某民证明借据和收条内容是同一时间书写，三被告分别在借据和收条上签名、捺印。第三人楚某志经本院合法传唤未到庭参加诉讼，亦未提供书面答辩意见，视为其放弃答辩和质证的权利。

本案中，虽然借据中出借人一栏为空白，代借款人偿还贷款人与实际出借人不一致，被告陈某、宋某亦在庭审中辩称原告持假借据起诉，但二被告对于原告提交借据与收条中本人签名均明确表示不申请司法鉴定，原告曲某提交的多组证据亦可以相互佐证，能够证明被告陈某、宋某向原告配偶冯某借款的事实。双方达成的借贷合意，系双方当事人真实意思，未违反国家法律和行政法规的强制性规定，应属有效，双方当事人均应履行各自的义务。故原告曲某要求三被告承担还款责任的诉讼请求，本院予以支持。

黑龙江省肇东市人民法院根据《中华人民共和国合同法》第二百零五条、第二百零六条、第二百零七条，《最高人民法院关于适用〈中华人民共和国担保法〉若干问题的解释》第三十二条第二款，《最高人民法院关于审理民间借贷案件适用法律若干问题的规定》第二十八条第一款、第三十一条第二款，《最高人民法院关于适用〈中华人民共和国民法典〉时间效力的若干规定》第一条第二款，《中华人民共和国民事诉讼法》第六十七条第一款，《最高人民法院关于适用〈中华人民共和国民事诉讼法〉》第九十条之规定，判决如下：

一、被告陈某、宋某于本判决生效之日起十日内偿还原告曲某借款本金300000元及利息212116元；

二、被告于某对被告陈某、宋某上述借款本息债务承担连带保证责任。

判决后，双方当事人均未上诉，本判决现已生效。

## 【法官后语】

民间借贷中的借款交付人与实际出借人通常是一致的，因此，法庭调查的方向主要是审核借款总额、利息、还款等问题。然而，在司法实践中也存在借款支付人即名义出借人与实际出借人不一致的情况。此时，借款人通常会以“与实际出借人不存在直接的款项交易记录”“起诉的实际出借人与其不存在借贷合意”等理由进行抗辩，要求驳回实际出借人的诉讼请求。此种情况下，如何认定实际出借人的身份，是庭审的重点问题。

要点一：实际出借人与借款人之间是否达成借贷合意

笔者认为，在民间借贷中当借款合同中出借人处空白、实际出借人与借款支付人不一致时，往往因民事诉讼主体资格上引发争议，既不利于案件事实查清，也增加了当事人诉讼成本，更浪费了宝贵的司法资源。审理此类案件关键在于找出案件核心法律关系，即实际出借人与借款人之间是否存在民间借贷法律关系。

在审查民间借贷法律关系时，应重点审查案件实际出借人与借款人之间是否达成了借贷合意。根据民法典第六百六十七条规定，借款合同是借款人向贷款人借款，到期返还借款并支付利息的合同。从法条的文义表述上可以分析出，借款合同成立与否在于借贷双方是否就借贷行为达成合意。民间借贷中借款人有借款的意思表示，而出借人又有同意提供借款的承诺，就可以认定借贷双方达成了合意。只要实际出借人所举证据能够证明其与借款人达成借款合意，就应认定实际出借人为民间借贷纠纷的出借人。

要点二：实际出借人与借款支付人之间是否存在委托合同法律关系

笔者认为，根据（2018）最高法民申3112号民事裁定中："一方将留有空白内容的合同交予合同相对方的，应视为对合同内容事项的无限授权。"借款人作为完全民事行为能力人，在出借人留有空白的借据上进行签章，说明借款人对出借人的任意性以及可能发生的变更均持有放任的态度。当借款支付人认可其是受实际出借人委托向借款人支付款项，在不损害借款人利益，不加重借款人负担情况下，可认定实际出借人与借款支付人之间存在委托合同关系。

要点三：持条起诉人与实际出借人的身份

笔者认为，民间借贷中借款合同出借人处为空白，持条起诉人与实际出借人身份认定一致是关键。持条起诉人要提交证据的证明力标准至少达到其是实际出借人高度盖然性之可能，此标准仅靠单一借款合同原件不能排除对其身份的合理怀疑，要形成相互佐证的证据链证实持条起诉人是实际出借人合理推论，否则就会陷入虚假诉讼的可能。

综上，民间借贷中出现借款支付人和实际出借人不一致的情况，通常会伴随多种法律关系出现，亦会形成多方民事主体。实际出借人的举证责任较以往双方借贷法律关系会有所不同，更趋向证据链条完整性和证明案件事实合理性。审判者要梳理案涉多种法律关系，结合提交的证据把握好民间借贷关系认定要件，亦要做好虚假诉讼的防范工作，立足于民商事审判的基本原则，做到以理服人。

编写人：黑龙江省肇东市人民法院　李旭东　王岳

20

# 公司法定代表人利用个人账户接收公司资金的定性

## ——刘某诉青岛某实业有限公司等民间借贷案

### 【案件基本信息】

1. 裁判书字号

山东省青岛市中级人民法院(2023)鲁02民终4318号民事判决书

2. 案由:民间借贷纠纷

3. 当事人

原告(被上诉人):刘某

被告(上诉人):青岛某实业有限公司、储某

被告(被上诉人):吴某

### 【基本案情】

2014年6月6日,原告刘某与被告青岛某实业有限公司签订《借款协议》,约定被告向原告借款280万元,期限自2014年6月7日至2014年12月6日,利率为月息1.5%,每次利息42000元。2014年6月3日刘某通过尾号5623账户向储某尾号5979账户转账150万元,2014年6月9日刘某向储某5979账户转账130万元。2014年12月6日,双方又签订《借款协议》,约定被告向原告借款300万元,期限自2014年12月7日至2015年6月6日,利率为月息1.5%,每次利息45000元。2014年12月5日刘某5623账户向储某5979账户转账20万元。2014年11月28日,双方再次签订《借款协议》,约定青岛某实业公司向原告借款100万元,期限自2014年11月28日至2015年5月27日,利息为月息1.5%,每次利息15000元。2014年11月28日刘某5623账户向储

某5979账户转账100万元。

2014年12月19日，刘某5623账户向吴某尾号为6178账户转账150万元，2014年12月30日吴某6178账户向刘某5623账户转账30万元。2015年2月2日，刘某5623账户向吴某6178账户转账94000元，2015年2月2日吴某6178账户向刘某5623账户转账34000元。2015年5月11日，刘某5623账户向吴某尾号为5170账户转账30万元。

2021年11月30日青岛市中级人民法院作出（2021）鲁02民终12906号民事判决书，记载一审法院认定存在以刘某向青岛某实业公司出借的借款本金180万元抵顶刘甲购房款180万元的事实。二审法院认为，根据查明的事实刘甲与青岛某实业公司已对180万元借款抵顶涉案购房款予以实际履行。

另查明，青岛某实业有限公司成立于1993年6月17日，法定代表人为储某，股东为储某和葛某，持股比例分别为99.8%和0.2%，储某系总经理，吴某系监事。

**【案件焦点】**

公司法定代表人利用其个人账户，多次接收他人转账借款，并以公司名义签订借款合同，是否可定性为人格混同。

**【法院裁判要旨】**

山东省青岛市市北区人民法院经审理认为：关于人格混同，公司应当使用在银行开立的单位账户对外开展经营，不得以个人名义开立账户存储公司资产。被告储某通过其个人开立的5979账户多次接收原告刘某向青岛某实业公司出借的款项，被告吴某账户接收原告刘某向青岛某实业公司出借的款项后，向被告储某5979账户多次转账，被告将本应存入青岛某实业公司账户的借款存入个人账户，并由青岛某实业公司出具借款协议，被告青岛某实业公司、被告储某既未对公司借款为何汇入被告个人账户做出合理解释，也未提供证据对款项的使用予以证明，且被告青岛某实业公司拖欠原告借款多年未进行偿还，严重损害了债权人的利益，被告储某应对被告青岛某实业公司的涉案借款承担连带清偿责任。据此，依照《中华人民共和国合同法》第六十条、第一百零七条、第二百零五条、第二百零六条、第二百零七条，《中华人民共和国公司法》第二十条，《最高人民法院关于审理民间借贷案件适用法律若干问题的规定》第二十五条、第二十八条、第三十一条规定，判决：

一、青岛某实业有限公司于本判决生效之日起十日内偿还原告刘某借款本金3760000元，并支付原告刘某利息（以5560000元为基数，自2015年12月7日起至2019年4月5日止及以3760000元为基数，自2019年4月6日起至2020年8月19日止，按照月利率1.5%计算的利息，以及以3760000元为基数，自2020年8月20日起至实际清偿之日止按照年利率14.6%计算的利息）；

二、储某对上述第一、二项债务承担连带清偿责任；驳回原告刘某的其他诉讼请求。

宣判后，青岛某实业有限公司、储某提出上诉。

山东省青岛市中级人民法院作出民事判决，驳回上诉，维持原判。

**【法官后语】**

本案主要涉及公司法定代表人利用其个人账户，多次接收他人转账借款，并以公司名义签订借款合同，是否可定性为人格混同的问题。

公司人格独立和股东有限责任是公司法的基本原则，但存在例外情况，即法人人格否认制度，又称“揭开公司的面纱”或“刺破公司的面纱”，系为阻止公司独立法人人格的滥用和保护公司债权人利益，就具体法律关系中的特定事实，否认公司与其背后股东各自独立的人格及股东的有限责任，由滥用公司法人独立地位和股东有限责任的股东对公司债务承担连带责任，以实现公平正义目标而设立的法律制度。《全国法院民商事审判工作会议纪要》（以下简称《九民纪要》）明确指出，在审判实践中，要准确把握《中华人民共和国公司法》（2018年）（以下简称《公司法》）第二十条第三款规定的精神。一是只有在股东实施了滥用公司法人独立地位及股东有限责任的行为，且该行为严重损害了公司债权人利益的情况下，才能使用。损害债权人利益，主要是指股东滥用权利使公司财产不足以清偿公司债权人的债权。二是只有实施了滥用法人独立地位和股东有限责任行为的股东才对公司债务承担连带清偿责任，而其他股东不应承担此责任。三是公司人格否认不是全面、彻底、永久地否定公司的法人资格，而只是在具体案件中依据特定的法律事实、法律关系，突破股东对公司债务不承担责任的一般规则，例外地判令其承担连带责任。四是《公司法》（2018年）第二十条第三款规定的滥用行为，实践中常见的情形有人格混同、过度支配与控制、资本显著不足等。

实践中，对于公司法定代表人个人账户收付公司款项是否构成人格混同的认定，应根据不同情形和证据综合判断：

1. 法定代表人或股东有正当理由的代收款行为，或涉款项经审理查明系用于公司经营，或能够提供公司财务会计报告、记账凭证，以证明公司财产独立于个人财产，或转账行为次数少，金额小，未影响债权人债权的实现等情形，可综合全案证据不作为人格混同处理。如北京市朝阳区人民法院（2019）京0105民初70739号民事判决，认为即使存在被告公司股东陈某以个人账户代重庆某公司支付部分款项的情形，系经营过程中存在不规范的情形，但不能就此认定陈某滥用公司法人独立地位和股东有限责任，逃避债务，也不能就此得出陈某与重庆某公司人格混同的结论。

2. 具备举证能力，却怠于提供记账凭证、财务账簿等材料，应承担举证不能的责任，构成人格混同。如辽宁省营口市中级人民法院（2021）辽08民终2869号民事判决，认为韩某作为长沙某科技有限公司法定代表人、控股股东，完全有可能也有义务对长沙某科技有限公司是独立法人、拥有独立财产、能够独立承担民事责任和举证责任。现韩某拒绝提供其个人完整的、全部的银行卡对账单及长沙某科技有限公司的财务凭证、企业明细账等资料，无法证明长沙某科技有限公司的财产独立于韩某的个人财产，无法体现该公司具有独立意思和独立人格，且韩某与长沙某科技有限公司存在大量资金往来，又无法证明其用途，鉴定报告中也体现了“有部分应用于公司的资金往来收支”，故韩某应当承担举证不能的责任。

3. 法定代表人或实际控制人向个人账户转款系个人意志的体现，无证据证明公司财产独立于个人财产时，系滥用法人独立地位，应承担连带清偿责任。如青岛市中级人民法院（2021）鲁02民终1656号民事判决，认为于某虽主张某公司向于某个人账户转付的多笔款项均是偿还于某之前向该公司的出借款，但该公司和于某并未举证证明于某之前曾向某公司出借过资金；而于某持有某公司99%的股份，是某公司的实际控制人，某公司向其个人账户转款体现其个人意志，故某公司银行交易流水备注"还款"不足为凭。在某公司和于某未能提交切实充分的证据足可证明其两方之间确存在借贷合同关系的情况下，认定于某滥用公司法人独立地位和股东有限责任，严重损害某公司债权人利益，从而应对某公司债务承担连带清偿责任。

4. 对账户资金的进出无法做出合理解释和证明，无法证明个人财产与公司财产相互独立，构成人格混同，承担连带清偿责任。如福建省高级人民法院（2016）闽民终983号民事判决，认为公司法定代表人未对工程款为何汇入其个人账户作出合理解释，也未对该笔款项的去向作出说明，上述事实足以让人对福建某公司与陈某财产是否相互独立产生合理怀疑。陈某作为法定代表人、控股股东，完全有可能也有义务对福建某公司是独立法人、拥有独立财产，能够独立承担民事责任承担举证责任。现记账凭证不规范，也不能体现陈某收取的工程款是否进入公司账户并用于公司经营开支，无法证明福建某公司的财产独立于陈某个人财产，故法定代表人应对福建某公司债务承担连带责任。

本案中，被告储某系青岛某实业有限公司的法定代表人及持股99.8%的股东，自2014年至2015年通过其个人账户多次接收原告刘某向青岛某实业公司出借的款项，被告吴某账户接收原告刘某向青岛某实业公司出借的款项后，向被告储某个人账户多次转账，被告储某将本应存入青岛某实业公司账户的借款存入其个人账户，并由青岛某实业公司出具借款协议。被告储某作为法定代表人、控股股东，有能力对青岛某实业公司财产与储某个人财产相独立的情况进行举证，但审理过程中被告青岛某实业公司、被告储某既未对公司借款为何汇入被告个人账户做出合理解释，也未提供证据对款项的使用予以证明，且被告青岛某实业公司拖欠原告借款多年未进行偿还，严重损害了债权人的利益，因此，被告储某应对被告青岛某实业公司的涉案借款承担连带清偿责任。

综上，对于公司法定代表人利用其个人账户，多次接收他人转账借款，是否认定为公司与法定代表人构成人格混同，可依据公司是否具有独立意思和独立财产作为判断标准，审查公司的财产与股东或法定代表人的财产是否混同且无法区分。另外，对于公司有无规范财务账簿以及公司及股东账户相关资金往来用途等证据的审查，也是判断公司与股东、法定代表人是否构成人格混同的重要因素。同时，还应从频率上和后果上严格把握，滥用行为往往具有持续性、多次性，且因为公司法定代表人或股东的滥用行为对债权人造成的损害也必须达到严重的程度。正确把握公司人格混同的司法认定，在充分尊重市场自治的基础之上进行审慎干预，有利于保持公司平稳运行，保护债权人合法利益，平衡公司、股东和债权人三方利益，为切实维护资本市场秩序和安全保驾护航。

编写人：山东省青岛市市北区人民法院　朱颜新

21

# 借名借款情形下，名义借款人和实际用款人之间的法律关系认定

——王某某诉吴某某民间借贷案

【案件基本信息】

1. 裁判书字号

浙江省温州市中级人民法院（2022）浙03民终5895号民事判决书

2. 案由：民间借贷纠纷

3. 当事人

原告（被上诉人）：王某某

被告（上诉人）：吴某某

**【基本案情】**

王某某与吴某某于2019年6月发展为情侣关系。后，吴某某因需向王某某借款，双方约定由王某某以其名义向银行办理循环借款，由吴某某负责偿还借款本息。王某某于2020年4月28日与案外人浙江温州鹿城农村商业银行股份有限公司（以下简称鹿城农商行）签订了《在线个人循环借款合同》，合同约定：本合同项下的借款额度为120000元；借款期限自2020年4月28日起至2023年4月27日止，在上述期限内，借款人可循环使用上述借款额度；借款用途为日常消费；本合同借款利率为年利率6.98%；借款人将借款资金划入借款人指定的个人银行结算账户，户名王某某，账号623××4322；本合同约定还款方式为按月付息，每月20日为结息日，次日为付息日，逾期付息视为违约，本金至借款期限届满时一次性归还，利随本清；为及时偿还借款本息，借款人应在借款人处开立账户，户名王某某，账号623××4322，作为本合同项下借款的指定还款账户。后，王某某又于2020年6月16日与案外人浙江温州瓯海农村商业银行股份有限公司（以下简称瓯海农商行）签订了《在线个人循环借款合同》，合同约定：本合同项下的借款额度为128000元；借款期限自2020年6月16日起至2023年6月15日止，在上述期限内，借款人可循环使用上述借款额度；借款用途为住房装修；本合同借款利率为年利率6.98%；借款人将借款资金划入借款人指定的个人银行结算账户，户名王某某，账号623××0079；本合同约定还款方式为按月付息，每月20日为结息日，次日为付息日，逾期付息视为违约，本金至借款期限届满时一次性归还，利随本清；为及时偿还借款本息，借款人应在借款人处开立账户，户名王某某，账号623××0079，作为本合同项下借款的指定还款账户。2020年4月28日，原告账户（623××4322）上互联网放款120000元，账户显示余额120000元，同日王某某向吴某某转款120000元，显示余额为0元；2021年4月20日，吴某某向王某某623××4322账户转款120000元，同日互联网放款120000元到王某某623××4322账户上，王某某又于当日转款120000元给吴某某。2021年6月16日，王某某账户（623

××0079）上互联网放款110600元，显示余额111511.40元，同日王某某向吴某某转款111511元，当日王某某账户（623××0079）上互联网又放款5000元，王某某又于当日转款5000元给吴某某；2021年6月23日，王某某账户（623××0079）上互联网放款12400元，显示余额12711.49元，同日王某某转款12700元给吴某某；2020年12月21日，王某某（账户为623××0079）转款4000元给吴某某。其间，吴某某陆续支付两笔循环借款利息共计27100元。后，吴某某未再按约偿付借款本息，经王某某多次催讨后，吴某某仍未偿付，故王某某诉至法院。

【案件焦点】

原告王某某与被告吴某某之间是否系民间借贷关系以及应承担何种法律责任。

【法院裁判要旨】

浙江省瑞安市人民法院经审理认为：虽然双方存在婚外情侣关系，但不能以此就推定为双方之间所有的经济往来都属于互相赠与或是共同生活、日常往来开销，应根据实际情况予以区分。原告王某某与被告吴某某之间形成的民间借贷关系，系双方当事人的真实意思表示。案涉248000元系原告套取信用借款转贷的行为，属于《中华人民共和国民法典》第一百五十三条规定的情形，故双方该民事法律行为无效。根据《中华人民共和国民法典》第一百五十七条之规定，民事法律行为无效后，行为人因该行为取得的财产，应当予以返还；不能返还或者没有必要返还的，应当折价补偿。有过错的一方应当赔偿对方由此所受到的损失；各方都有过错的，应当各自承担相应的责任。原告套取信用借款转借被告，该转借行为因违反法律规定而无效。故被告吴某某因该无效民事法律行为而取得的财产，应当予以返还。双方约定转借的同时约定该两笔借款产生的“应付银行的利息”由被告承担，该约定属于原、被告之间民间借贷关系中的约定部分，该约定同样无效。从银行套取的款项，通过原、被告之间的违法转贷，实际由被告吴某某使用，被告吴某某是受益人，由此产生的银行借款利息本应由被告承担。鉴于与银行建立借贷关系的相对主体是原告王某某，按合同相对性原则，王某某因此对银行负有支付利息义务，也就是说被告因此无效民事法律行为受益而造成了原告的损失。综合考虑该无效民事法律行为中原、被告双方的过错程度，本院酌定由被告按年利率 6.98% 自 2022 年 1 月 22 日起开始计算至判决确定履行之日止。

另，被告未对款项往来及其用途进行合理解释说明，在本院多次释明之下，对关键事实问题的回答、陈述依旧含混不清，且被告未提供充分证据用以证明原告主张的在 2020 年 4 月 28 日至 2021 年 6 月 23 日期间通过银行转账款项共计 493211 元全部用于双方共同生活开销。原告所主张的在 2020 年 4 月 28 日至 2021 年 6 月 23 日期间款项除 2020 年 12 月 21 日的 4000 元、2021 年 6 月 16 日的 5000 元之外，数额均在万元以上，且还有一次性给付 120000 元、111511 元、50000 元、70000 元的情况，如此数额并不符合日常生活开销的情况，加之款项来源于银行借款，每个月需要支付银行利息，随用随取，就算用于两人日常生活开销，亦无须一次性支取如此大额款项，且被告称其为原告所租赁的房屋每月租金仅 300 元，而被告亦未提供证据证实这些款项都用于双方感情维系支出，也未提供证据证实系原告的赠与。原告已经提供了相应的证据予以证明，且进行了合理说明，被告在未尽到合理解释说明又未提供充分证据证实其抗辩意见的情况下，应由被告承担举证不能的不利后果。其中 2020 年 7 月 1 日被告支付给原告的 40000 元，本院进行多次释明，对该笔款项的用途被告未尽合理说明且存在前后矛盾的陈述，原告认可其中 22800 元用于偿还案涉借款，系有利于被告的自认，本院予以认定。

关于被告第三项抗辩意见，原告除认可被告赠与原告一台价值 2000 多元手机外，对其他跟原告诉称主张无关的款项往来均不予认可，且陈述称系被告另向原告的借款，说明双方对被告抗辩称的债权债务关系存在争议，故不宜在本案中进行抵扣，被告可另行主张。关于被告第四项抗辩意见，跟本案无关。综上，原告的部分诉讼请求于法有据，本院予以支持。

据此，依照《最高人民法院关于适用中华人民共和国民法典时间效力的若干规定》第一条第三款，《中华人民共和国民法典》第一百五十三条、第一百五十七条，《最高人民法院关于审理民间借贷案件适用法律若干问题的规定》第二十八条、第三十一条，《中华人民共和国民事诉讼法》第六十七条第一款之规定，判决如下：

一、被告吴某某于本判决生效之日起十日内返还原告王某某借款本金225200元并赔偿利息损失（以225200元为基数，从2022年1月22日起按年利率6.98%计算至判决确定履行之日止）；

二、驳回原告王某某的其他诉讼请求。

吴某某不服一审判决，提起上诉。浙江省温州市中级人民法院审理认为：人民法院应当按照法定程序，全面、客观地审核证据，依照法律规定，运用逻辑推理和日常生活经验法则，对证据有无证明力和证明力大小进行判断，并公开判断的理由和结果。本案中，双方在交往期间形成频繁的财务往来，但在分手时仍存在案涉二笔银行借款尚未归还。该二笔借款虽由王某某借款，但借款发放后直接转由吴某某支配使用，转贷资金来源及付息均由吴某某负担，可以认定案涉借款系王某某转借给吴某某使用，结合吴某某在双方分手前的微信聊天中确认由其负责偿还银行借款，故一审法院认定双方存在借款关系，判令吴某某偿还王某某借款本金225200元并按年利率6.98%计算利息损失，处理并无不当，予以维持。吴某某抗辩其受赠案涉借款，与事实不符。结合双方财务往来时间、金额等综合因素，除一审法院确认的扣减王某某自认购车款22800元外，吴某某对双方其他款项往来亦主张扣减，依据不足，且与其在微信中确认承担借款偿还责任相悖，应不予认定。综上所述，吴某某的上诉请求不能成立，应予驳回；一审判决事实认定基本清楚，适用法律正确，应予维持。

依照《中华人民共和国民事诉讼法》第一百七十七条第一款第一项之规定，判决如下：

驳回上诉，维持原判。

**【法官后语】**

本案双方当事人曾系婚外情侣关系，因身份关系方面的特殊性，一定程度上增加了事实认定的难度，但正因如此，本案才更具有探讨的典型意义，本案虽涉及多个焦点可延展讨论，例如举证责任分配等，但本文旨在借由该案例，探讨借名借款情形下，实际用款人和名义借款人之间的法律关系，以期助力解决实务困境。

借名借款，顾名思义，即“名”“实”不相符的借贷行为。借名借款，一般涉及三个主体，即出借人、实际用款人、名义借款人。出现借名借贷的主要原因有多种，例如实际用款人欠缺借款资质、实际借款人身份特殊不愿披露、实际借款人为了规避相关法律和政策规定等。实务界对于出借人与实际用款人、名义借款人之间的法律问题研究在此之前也有不同的意见，始终没有形成较为统一的认识。但在实务中，容易发生争议的在于实际用款人并不认可自己系“实际用款人”的身份，以此抗辩不应该由己方承担偿还责任。而名义借款人在借名借款中是作为主动与出借人建立借贷关系的一方，根据合同相对性原则，特别是在金融借款体系中，仍应从严根据合同相对性原则确立权利义务关系。就出借人作为原告的诉讼案件中，法律关系和责任问题不难认定，实际用款人和名义借款人之间系何种法律关系，在借名借款中承担何种法律责任，才系该类案件中的核心争议焦点。

但目前在实务中，对于实际用款人和名义借款人之间的法律关系认定却仍存在不同看法，分歧较大。第一种观点认为双方系不当得利，理由在于若因未按约偿还银行的借款本息而导致违约情况，那么将造成实际用款人获益，名义借款人利益受损，而这种获益无法律上的依据。第二种观点认为双方系委托合同关系，最高人民法院刘贵祥专委在《关于金融民商事审判工作中的理念、机制和法律适用问题》一文中指出，名义借款人与实际用款人之间存在着委托借款的合意，应当根据商业银行在订立合同时是否知道实际用款人的存在分别适用民法典第九百二十五条、第九百二十六条规定的间接代理制度。一是商业银行在签订借款合同时知道实际用款人和名义借款人之间的代理关系的，该借款合同直接约束商业银行和实际借款人，名义借款人不承担还本付息的合同责任，实践中简单适用民法典第一百四十六条规定的做法，将名义借款人签订的合同认定为虚伪表示、将实际借款人签订的合同认定为隐匿行为，并判令名义借款人承担缔约过失责任，既不符合法理，社会效果也差。二是商业银行在订立合同时不知道委托借款关系的，名义借款人在诉讼中以应当由实际用款人承担责任作为抗辩事由的，人民法院应当追加实际用款人参加诉讼，并向商业银行释明其有权选择相对人，商业银行选定实际用款人作为合同相对人的，人民法院不得判令名义借款人承担还款责任；商业银行选定名义借款人作为合同相对人的，人民法院应当释明名义借款人在本案中向实际用款人提出权利主张，在判令名义借款人承担责任的同时，判令实际用款人向名义借款人承担责任，实现纠纷的一次性解决。[①] 第三种观点认为双方系民间借贷关系，若实际借款人是以向名义借款人借款为由让名义借款人去向银行贷款，那么双方的法律关系则应是民间借贷关系。借贷关系是否成立，则应当重点审查两个构成要件：一是双方是否达成借贷合意，二是款项是否已经交付。出借人放贷款项至名义借款人账户上，名义借款人再将款项交付给实际用款人，那么借贷合同成立并生效。综合上述三种观点，笔者认为最重要的是确立当事人之间的真实意思表示为何。意思表示是民事法律关系的核心内容，即当事人是否达成合意、达成合意的内容如何，是决定当事人之间的法律关系是否成立、成立何种法律关系的核心要素。无论是委托合同关系、不当得利，还是民间借贷关系，都需要围绕当事人的意思表示进行判断。

就本案而言，二笔贷款虽由王某某出面向银行贷款，但贷款发放后直接转由吴某某支配使用，转贷资金来源及付息均由吴某某负担，可以认定案涉贷款系王某某转借给吴某某使用，结合吴某某在双方分手前的微信聊天中确认由其负责偿还银行贷款，故认定双方存在的是借款关系，判令吴某某偿还王某某借款本金225200元并按年利率6.98%计算利息损失。

编写人：浙江省瑞安市人民法院　陈丽霞　李进

---

① 刘贵祥：《关于金融民商事审判工作中的理念、机制和法律适用问题》，载《法律适用》2023年第1期。

22

# 名义借款人与实际借款人不一致时还款责任承担问题分析

——董某 1 诉董某 2 民间借贷案

## 【案件基本信息】

1. 裁判书字号

浙江省台州市中级人民法院（2022）浙 10 民终 2001 号民事判决书

2. 案由：民间借贷纠纷

3. 当事人

原告（被上诉人）：董某 1

被告（上诉人）：董某 2

第三人：董某 3、潘某

## 【基本案情】

2014 年 6 月，董某 2 经过董某友介绍向董某 1 借款。当月 17 日，董某 2 让其外甥潘某代写借条，署名董某 2，落款日期 2014 年 6 月 17 日，约定月利率 1%。次日，董某 2 与董某 1 相约台州银行，董某 1 因自身资金不足，向林某东借款用于出借，并约林某一同到台州银行交付借款。后董某 2 母女、董某 1、林某东一起在台州银行碰面，董某 2 将事先写好的借条交给董某 1，并将董某 3 的账号交给林某东，林某东将董某 1 出借的 50000 元现金存入台州银行账户连同账户内的 120000 元合计 170000 元汇出给董某 3。2015 年 6 月 29 日、2016 年 9 月 5 日，董某 3 指示潘某向董某 1 支付 170000 元借款的利息，潘某通过其父亲潘甲账户汇出 2 年利息。2020 年 1 月 21 日，董某 1 向董某 3 催讨并将银行账号发给董某 3，董某 3 未回复，后董某 1 向董某 2 催讨，董某 2 向董某 3 催讨，同月24日，董某3向董某2微信转账10000元，款项备注董某1利息，同日，董某2将收到的10000元利息微信转账给董某1。2020年7月30日，董某1向董某3催讨，董某3通过微信转账支付利息5000元，后董某1向董某2催讨，并于2020年11月25日将借条照片发送董某2，董某2未提出异议。2021年董某1又向董某3、董某2催讨，未果。

**【案件焦点】**

借款合同的相对方的认定，即借款应当由名义借款人还是实际使用人偿还。

**【法院裁判要旨】**

浙江省临海市人民法院认为：本案争议焦点是借款合同的相对方是董某3还是董某2，借款应当由名义借款人还是实际使用人偿还，关键要看讼争170000元借款的借贷合意如何形成。董某1持有潘某代写的署名为董某2的借条，其对借条持有的原因、经过的陈述合情合理且与证人林某东、董某友作证内容前后衔接、相互印证，应该认定董某2在台州银行向董某1交付借条的事实存在。董某2向董某1交付了署名为自己的借条，能够证明董某2以自己的名义向董某1借款，虽款项由董某3实际使用，但借款合同应当遵从合同的相对性原则，借款的实际用途不影响合同主体的确定。董某2、董某3亦未提供证据证明订立合同时董某1与董某3之间存在借贷合意或董某2在借款时向董某1充分披露了实际借款人系董某3，故董某1与董某3之间不存在借贷合意。综上，根据合同相对性原则，应当由名义借款人董某2对款项承担还款责任。董某2、董某3提供董某1向董某3催讨以及董某3支付利息的证据不足以证明董某1同意董某3承担还款责任或各方之间达成债务转移的合意。对于出借人，其有接收还款的义务，而没有义务去审查款项的来源，第三人自愿代付利息的行为不能认定为形成借贷合意。

临海市人民法院判决如下：

一、董某2于本判决发生法律效力之日起十日内归还董某1借款本金170000元并支付利息（按照月利率1%从2018年3月17日起算至履行完毕之日止)；

二、驳回董某1的其他诉讼请求。

董某2不服一审判决，提出上诉。浙江省台州市中级人民法院经审理认为：本案二审的主要争议焦点是上诉人董某2是否需要对涉案借款承担还款责任。董某2上诉认为涉案借款的实际借款人是原审第三人董某3，其与被上诉人董某1之间不存在借贷关系，故不需要承担还款责任。本院认为，涉案借款有原审第三人潘某代写的署名为董某2的借条为凭，被上诉人董某1对如何持有借条的原因、经过的陈述符合常理且与一审证人林某东、董某友作证内容前后衔接，能够相互印证，可以认定上诉人董某2在台州银行向董某1交付借条的事实存在。上诉人董某2向董某1交付了署名为自己的借条，可以说明其以自己名义借款并承担还款责任的意思表示。至于涉案借款由谁使用，并不能否定合同的相对性。上诉人董某2称其只是介绍人或中间人，但未提供证据证明订立合同时董某1与董某3之间存在借贷合意或董某2在借款时向董某1充分披露了实际借款人系董某3。董某3与董某2系亲兄妹关系，董某2帮董某3借款，并以自己名义出具借条具有较高可能性，且董某1已向董某3实际交付了涉案借款。若各方均认为涉案借款应由董某3归还，那董某3应当直接向董某1归还10000元借款利息，无须先将10000元款项汇给董某2，再由董某2向董某1归还。另外，董某1于2020年11月25日将《借条1》发送给董某2，董某2也未提出异议。一审法院根据合同相对性原则，判决由上诉人董某2对涉案借款承担还款责任，并无不当。

浙江省台州市中级人民法院依照《中华人民共和国民事诉讼法》第一百七十七条第一款第一项规定，判决如下：

驳回上诉，维持原判。

**【法官后语】**

一般情况下，与出借人签订借款合同，或向出借人出具借条、借据的人既是借贷关系的当事人，又是借款的实际使用人，二者合二为一。但现实中，由于资质、信用、碍于情面等种种原因，常会出现实际借款人与名义借款人不一致的情况。借款人为了满足出借人要求的借款条件或者规避借款限制性条件，往往会找一个完全符合借款条件的人作为名义借款人，出现此种“借名借款”的情况时，将面临由名义借款人还是实际借款人承担还款责任的问题。司法实践中，对这一问题的认定存在以下几种不同的看法。

一、一律由名义借款人承担还款责任

民间借贷关系是合同关系的一种类型，因此，应当严格遵守“合同相对性”的基本原则。所谓“合同相对性”原则，是指合同只对缔结合同的当事人具有法律约束力，对合同之外的人没有约束力。这一原则是民法意思自治原则的必然逻辑结果，因为合同是当事人意思表示一致的结果，那么这一结果理所当然地只能约束作出意思表示的人，而不能约束他人。基于此，无论举债发生之际，债权人是否知晓名义借款人与借款的实际使用人不一致，都应当以名义借款人为案件当事人。基于相同的理由，在名义借款人与借款的实际使用人不一致的情形下，他们双方之间存在何种法律关系，均与作为第三人的债权人无关，债权人有权要求名义借款人偿还借款。当然，如果借款的实际使用人在借款合同、借据、借条上以借款人地位签字、盖章的情形下，其实际上是作为共同借款人的身份出现的，此时，其应当与另一借款人承担共同还款责任，至于其与并未实际使用借款的借款人之间的关系，则属于另外的法律关系，与出借人无关。

二、由实际借款人与名义借款人共同承担还款责任

一般而言，借据上的署名借款人即是实际借款人、用款人，还款责任当然由借据借款人承担。但若署名借款人与实际借款人不一致时，根据“民事活动应当遵循公平原则”的民法基本原理，当事人之间设立的相互的权利与义务应当是平衡的，当事人承担民事责任也应当是平衡的。署名借款人是借据出具者，与贷款人形成合同法上的债权债务关系，作为债务人理当承担还款的民事责任。而实际借款人是借款的实际应用、支配者，在署名借款人的帮助下，获得借款“利益”，揭开面纱，其亦应作为债务人与署名借款人共同承担还款责任。只有这样才能最大限度地保护贷款人债权的实现，也才能避免署名借款人与实际借

款人之间义务的失衡，不致对一方造成损害，显失公平。

三、区分名义借款人与实际借款人承担还款责任的情形

（一）名义借款人承担还款责任的情形

借款人与实际借款人不一致的，应当按照“合同相对性”原则，以向出借人出具借条、借据的人为诉讼当事人，并由其承担还款义务。借款人与借款的实际使用人之间的关系应当另案处理，名义借款人在承担还款责任后，可依法向实际借款人进行追偿。若名义借款人并非自愿以其名义向外借款，如借款系被其他人诈骗取得，被他人冒用名义作为借款人，不存在真实的委托借款关系，名义借款人实际并未接受、使用借款，借款人不能要求名义借款人还款，应通过刑事案件程序追回借款。

（二）实际借款人承担还款责任的情形

民法典第九百二十五条规定，受托人以自己的名义，在委托人的授权范围内与第三人订立的合同，第三人在订立合同时知道受托人与委托人之间的代理关系的，该合同直接约束委托人和第三人；但是，有确切证据证明该合同只约束受托人和第三人的除外。借款人若主张其为名义借款人，并不是实际借款人，不应承担还款责任，则应证明其在借款时向出借人披露过其与实际借款人之间存在委托借款的事实。如果借款人能够举证证明在借款时出借人已知晓实际借款人，则应突破合同相对性，由实际还款人承担还款责任。若名义借款人无法提供证据证明上述事实，则不能突破借款合同相对性，仍由名义借款人承担还款责任。

本案裁判思路认同上述第三个观点，关于借名借款的主体认定，如果出借人和名义借款人签订借款合同，实际交由第三人使用的，根据合同相对性原则，名义借款人为借款合同的相对人，应由名义借款人承担偿还责任。如果名义借款人向出借人披露了实际使用人，各方的真实意思表示仅为借名义借款人的名义，名义借款人不实际参与借款关系的履行活动，也不享受借款活动的利益的，则应认定实际使用人为实际借款人，由实际使用人承担偿还责任。

编写人：浙江省临海市人民法院　冯妃　章巧燕

# 四、债务偿还认定

23

## 多个债权人指定同一收款账户时债务人清偿行为的认定

——王某诉薛某1、薛某2民间借贷案

### 【案件基本信息】

1. 裁判书字号

福建省厦门市思明区人民法院（2022）闽0203民初4654号民事判决书

2. 案由：民间借贷纠纷

3. 当事人

原告：王某

被告：薛某1、薛某2

第三人：张某

### 【基本案情】

2017年6月19日，薛某1出具一份《借据》，载明薛某1向王某借款200万元，借款期限十二个月，月利率1.8%，款项支付至薛某2名下尾号为6979的中信银行厦门莲前支行账户。当日，王某向薛某2上述收款账户转账200万元。薛某2收款当日向案外人吴某转账200万元。2019年8月1日，张某作为甲方（债权人代表）与乙方（借款人）薛某1、薛某2签订《还款协议书》，约定乙方向张某及介绍的第三方进行资金融通，双方对账确认，截至2019年8月1日，乙方尚欠甲方5815万元，其中2815万元分四期偿还，月利率1%，3000万元分三期偿还，月利率1.5%，还款付息均应支付至张某名下尾号为7773的农业银行账户。《还款协议书》附件为《债权人明细》，显示债权人共计14人，债权金额共计5815万元，其中王某债权金额记载为1962400元。张某名下尾号为8913的银行账户于2019年2月1日至2019年7月15日合计向王某转账1117822元。张某名下尾号为7773的银行账户自2019年10月17日至2020年6月24日向王某合计转账1000219元。张某名下账号为7773的农业银行账户自2019年8月1日至2019年12月31日收到薛某1转账支付合计12023633元。2019年7月30日，王某等14位《债权人明细》所记载的债权人共同出具一份《委托书》，委托张某就与本案四被告的民间借贷，代为签订还款协议书、代为提起诉讼等。薛某1辩称，还款协议书系受胁迫签字，对载明的金额不认可，案涉债务已全部还清；张某才是本案实际出借人，借款由张某提供，其不认识王某，本案款项也足额转至吴某账户。薛某2未作答辩，张某未作陈述。

**【案件焦点】**

薛某1对多个不同债权人负有的债务共同结算，债权人指定同一收款账户，薛某1的给付行为应如何认定。

**【法院裁判要旨】**

福建省厦门市思明区人民法院经审理认为：合法的借贷关系受法律保护。首先，王某主张其向薛某1、薛某2出借200万元，并提供案涉《借据》、银行转账凭证以及《还款协议书》为证，薛某1抗辩张某系本案实际出借人，但案涉《借据》载明的债权人系王某，薛某1亦收到王某转账支付的200万元借款，薛某1上述抗辩意见缺乏事实和法律依据，本院不予采信。虽案涉《借据》仅有薛某1作为借款人签字，但《还款协议书》载明借款人为薛某1、薛某2，薛某1抗辩《还款协议书》系受胁迫所签字，但未提供相应证据予以证明，本院不予采信。故本院认定王某与薛某1、薛某2之间存在合法有效的借贷关系。其次，王某确认其作为债权人之一委托张某签署案涉《还款协议书》，《还款协议书》载明还款付息均应支付至张某名下尾号为7773的农业银行账户，可以认定王某授权张某上述账户为收款账户。王某主张《还款协议书》签订于2019年8月1日，上述主张与《还款协议书》载明双方对账截至2019年8月1日的内容可相互印证，本院予以采信。最后，从在案流水来看，2019年8月1日之后薛某1向张某前述尾号为7773的收款账户转账多笔款项，截至2019年12月31日金额已达千万元以上。张某作为王某的受托人，未到庭就其收取款项如何在各债权中进行分配的原则进行说明。王某以其收到张某向其转账支付的款项作为还款，缺乏事实和法律依据。在薛某1转账至张某收款账户的金额足以覆盖王某本案债权的情况下，王某应承担举证不能的法律后果。薛某1关于其已清偿本案借款本息的抗辩意见，有事实和法律依据，予以采信。现王某要求薛某1偿还借款本金1575212.75元与利息及因实现本案债权所产生的保全费、保险费、律师费、公告费，缺乏事实和法律依据，不予支持。依照《中华人民共和国民事诉讼法》第六十七条第一款、第一百四十七条规定，作出如下判决：

驳回原告王某的全部诉讼请求。

判决后，双方当事人均未上诉，本判决现已生效。

**【法官后语】**

本案涉及不同债权人对同一债务人的多笔债权一并结算并指定同一收款账户，债务人向指定账户给付的行为认定问题。下面将围绕本案情形，对审判实践中的难点问题进行分析阐述。

一、结算协议项下是否属于按份债权

本案还款协议书载明了债权总额，亦载明各自债权金额，各债权人对债务人均享有独立的债权，均可就其享有的债权单独向债务人提起诉讼。本案符合《中华人民共和国民法典》第五百一十七条“债权人为二人以上，标的可分，按照份额各自享有债权的，为按份债权”的情形。

二、能否按债权比例进行清偿

本案所涉情形参照《最高人民法院关于适用〈中华人民共和国民事诉讼法〉的解释》第五百一十条规定按比例清偿的前提是，每个债权人的债权金额是确定的。虽各债权人通过结算协议明确了截至协议签订时的债权金额，但未载明每笔债权借款支付、还款时间金额、利息约定等情况，实践中存在的砍头息、利息约定超出法律规定等，均会导致结算协议上载明的债权金额并非实际债权金额。

三、是否需追加其他债权人作为第三人

实践中有观点认为，应当追加结算协议项下其他债权人作为第三人，以查明各债权人债权金额。首先，追加第三人的目的系查明各债权人债权金额，对各债权金额的认定将对后续第三人就其享有的债权作为原告起诉债务人的诉讼产生影响，应当赋予第三人上诉权。但第三人仅对其债权金额的认定有异议，对原被告双方争议的诉讼标的并无异议，上诉后将导致原被告双方的权利义务长期处于不确定状态，不利于纠纷的快速解决。其次，本案所涉情形，追加第三人相当于将数个独立的诉放在同一案件中进行处理，系诉的合并。但根据《中华人民共和国民事诉讼法》第五十二条第一款规定，诉的主体合并需经当事人同意，若债权人之一不同意或下落不明，则查明各债权人的债权金额以确定清偿份额的目的将无法实现。

四、收款人所确认的分配原则是否具有法律效力

结算协议指定的收款人作为第三人参加诉讼，其在诉讼中所确认的分配原则是否具有法律效力，应结合具体案情予以认定，主要考量点在于收款人在债权债务关系中所处的地位，以及其接受债权人委托处理债权债务的权利范围。结合本案，王某作为债权债务的履行以及结算情况均不清楚，在案证据可以证明结算协议项下债权债务均由张某经手，张某清楚了解每笔债权债务的履行情况。在债务人薛某1无法就其给付行为的指向予以明确时，张某作为各债权人的受托人，其确认的还款分配原则具有法律效力。但本案依法追加张某为第三人后，张某未到庭参加诉讼。

五、能否由债务人指定清偿

当债务人对多个债权人负有债务时，在不违反法律规定的情形下，其当然可自行选择清偿顺序。《中华人民共和国民法典》第五百六十条将同一债权人的指示给付严格限定在给付时，本案债务人面对的系多个债权人，基于债务人对所要清偿债务的选择权，债务人的意思表示不应限定于给付时。结合本案，薛某1虽未明确清偿的系何笔债务，但根据前述指定清偿的分析，其已提出清偿全部债务的抗辩意见，自然包括本案债务，在薛某1还款金额远超王某的债权时，应驳回王某的全部诉讼请求。

编写人：福建省厦门市中级人民法院　张颖

24

## 借款人对外归还借款后能否向其他共同借款人追偿

——季某某诉罗某某追偿权案

**【案件基本信息】**

1. 裁判书字号

重庆市沙坪坝区人民法院（2021）渝0106民初17466号民事判决书

2. 案由：追偿权纠纷

3. 当事人

原告：季某某

被告：罗某某

第三人：李某某

**【基本案情】**

重庆市沙坪坝区人民法院经公开审理查明：2015年3月3日，季某某、罗某某共同向案外人郑某某借款。郑某某于是向季某某转款 8.9 万元、向罗某某转款 11.1 万元。季某某收到转款后将该 8.9 万元转账给罗某某。当日，季某某、罗某某共同向郑某某出具借条，载明借款20万元，借期1年，到期还款24万元。2016 年 3 月，季某某、罗某某共同向郑某某承诺，因工程款未结清，借款期限延展至 2017 年 11 月底。借款期限届满后，季某某、罗某某仅归还了部分利息，其中，季某某归还利息 4 万元、罗某某归还利息 4.5 万元。郑某某遂于 2019 年 3 月 19 日诉至法院，要求二人还款。最终法院调解由季某某、罗某某共同归还郑某某 19.5 万元。之后，季某某和罗某某各自向郑某某归还了 9.75 万元。现季某某认为，自己并非实际借款人也没有使用借款，基于连带义务以及公平原则其有权向罗某某进行追偿，遂起诉至法院要求罗某某支付其代为偿还的借款本息 13.75 万元及相应资金占用损失。重庆市沙坪坝区人民法院以法律并未规定共同借款人之间系连带责任或可以行使追偿权，季某某、罗某某也未约定可以行使追偿权为由，判决驳回季某某的诉讼请求。季某某不服，提起上诉，重庆市第一中级人民法院审理后，撤销一审判决，发回重审。

重审期间另查明，季某某、罗某某、李某某三人曾就承包香河县某工程建立合伙关系，拟定合伙进行项目施工，并由罗某某进行现场管理，季某某曾几次与罗某某一起去催收香河县的工程款。

## 【案件焦点】

季某某对外偿还借款后能否向共同借款人罗某某追偿。

## 【法院裁判要旨】

重庆市沙坪坝区人民法院经审理认为，法律并未规定共同借款人之间系连带责任或可以行使追偿权，季某某、罗某某也未约定可以行使追偿权，判决驳回季某某的诉讼请求。季某某不服，提起上诉，重庆市第一中级人民法院审理后，撤销一审判决，发回重审。

重庆市沙坪坝区人民法院重审认为，部分借款人归还借款后能否向其他共同借款人追偿与借款人之间存在何种法律关系、借款用途等关键事项密切相关。

人民法院应当查清共同借款人之间的关系及借款用途等事实，据此判定当事人应当承担的法律后果。现查明季某某与罗某某系合伙关系，故季某某、罗某某共同向郑某某所借款项就属于二人的合伙出资。既是借款来作为合伙出资，季某某将收到的借款又转账给负责现场管理的合伙人罗某某，就符合常情常理，也就不能据此认定实际借款人只有罗某某。既是共同借款作为合伙出资，也就理应由借款人季某某、罗某某共同承担还款责任。合伙人在没有约定又协商不成且无法确定比例时，由合伙人平均分担。现季某某、罗某某是将借款共同作为合伙出资，无法区分比例，故季某某、罗某某应平均分担为用于合伙出资而进行的借款。季某某、罗某某向郑某某借款后已偿还了本息共计28万元，季某某还款是13.75元，罗某某还款是14.25万元。因季某某的还款未超过其应当承担的份额，故季某某无权向罗某某进行追偿。综上，原告季某某的诉讼请求，法院不予支持。重庆市沙坪坝区人民法院判决：

驳回季某某的诉讼请求。

**【法官后语】**

共同借款人对借款负有共同偿还的义务，审判实践中，因两个以上借款人共同向出借人借款，借款到期后仅由部分借款人归还，承担还款义务的借款人向其他共同借款人主张追偿的案件大量存在。在共同借款人对此有约定的情形下，行使追偿权当无异议。但在无约定的情形下，共同借款人之间是否具有追偿权呢？审判实践中，对此类案件的处理情况不一，有的以应当推定为连带责任，支持追偿；有的以法无规定为由，不支持追偿；有的依据公平责任，判决平均分担。笔者认为，因法律未规定共同借款人之间具有追偿的权利，故共同借款人之间原则上无追偿权，但基于此类案件数量较多，从实质公平及一次性解决纠纷的角度，法院宜对共同借款人之间的法律关系以及借款的用途等进行实质审查并据此做出裁判。

一、追偿权来源于法律规定或当事人约定

追偿权一般指债务人对外履行债务后，对内向其他债务人或者约定承担债务之人追偿的权利，是一种债权请求权。从《最高人民法院民事案件案由规定》来看，追偿权纠纷属于合同纠纷项下的二级案由，一般包含两类情况，一是担保责任追偿权纠纷；二是合伙债务追偿权纠纷。此外，追偿权也大量存在于侵权关系之中。民法典共25个条文涉及“追偿”问题，分析这25个条文可知，法律规定享有追偿权的情况可以归纳为两类，一类是连带责任下的追偿权，另一类是存在终局责任人的情形。

1. 连带责任下的追偿权

连带责任是指依照法律的直接规定或者当事人的约定，两个以上的责任主体向权利人连带承担全部赔偿责任，权利人有权要求连带责任中的一人或数人承担全部赔偿责任，而一人或数人在承担全部赔偿责任后，将免除其他赔偿责任的民事责任形态。[①] 我国对连带责任下的追偿问题有明确规定，原民法通则第八十七条规定：“债权人或者债务人一方人数为二人以上的，依照法律的规定或者当事人的约定，享有连带权利的每个债权人，都有权要求债务人履行义务；负有连带义务的每个债务人，都负有清偿全部债务的义务，履行了义务的人，有权要求其他负有连带义务的人偿付他应当承担的份额。”现民法典第一百七十八条第二款规定：连带责任人的责任份额根据各自责任大小确定；难以确定责任大小的，平均承担责任。实际承担责任超过自己责任份额的连带责任人，有权向其他连带责任人追偿。从法理上看，连带责任是一种加重责任，只能由法律规定或当事人明确约定，而不能采取推定的方式予以确立。[②] 民法典第一百七十八条第三款规定：“连带责任，由法律规定或者当事人约定。”第五百一十八条第二款规定：“连带债权或者连带债务，由法律规定或者当事人约定。”差异的地方是民法典总则编的用词是“连带责任”，合同编的用词是“连带债务”。债务指应为一定给付的义务，责任指强制实现此项义务的手段，虽然二者在概念上应予以区别，无责任之债务及无债务之责任亦属有之，但终属

① 参见最高人民法院民法典贯彻实施工作领导小组主编：《中华人民共和国民法典总则编理解与适用》，人民法院出版社2020年版，第888~889页。

② 王利明：《我国民法典保证合同新规则释评及适用要旨》，载《政治与法律》2020年第12期。

例外。[①] 基于此，连带债务分为法定连带债务和意定连带债务。所谓法定连带债务，即法律明确规定各个债务人对某一债务承担连带责任的债务。目前主要包括以下几类：第一，侵权关系中的连带债务，如：共同实施的侵权行为情形等；第二，代理中的连带责任，如：代理人承担连带责任等；第三，承揽合同中共同承揽人对定作人承担连带责任、运输合同中以同一运输方式联运的两个以上承运人对损失承担连带责任等。所谓意定连带债务，即依照当事人之间的约定所产生的连带债务，典型的是连带责任保证。[②] 综上，两个以上的债务人对外承担责任后，对内并不必然产生追偿权。只有在有约定或者法律规定的情形下才产生连带债务，进而依据民法典第一百七十八条第二款产生追偿权。

2. 终局责任人下的追偿权

终局责任人下的追偿权基础在于终局责任人自身可归责性。任何人对自己的行为造他人民事权益损害，应当自己承担民事责任。任何人对于其负责之人的行为，或者由其管领之物造成他人民事权益损害的，应当承担民事责任。[③] 例如，民法典第七百一十九条关于次承租人代为求偿权的规定、民法典第一千一百九十一条“用人单位承担侵权责任后，可以向有故意或者重大过失的工作人员追偿”的规定等。这些规定究其根本，都是源于终局责任人原则。在这种情况下，法律或法理赋予履行了债务的当事人向终局责任人追偿的权利，是故构成追偿权来源之一。

二、共同借款人之间原则上无追偿权

对于共同借款人之间是否有追偿权的问题，笔者认为，追偿权的行使须有明确的法律规定或者当事人约定，在法律并未规定共同借款人之间可追偿的情形下，应以否定共同借款人内部追偿权为原则，肯定其追偿为例外，理由如下：

---

① 参见韩世远：《合同法总论》，法律出版社 2018 年版，第 739~740 页。

② 最高人民法院民法典贯彻实施工作领导小组主编：《中华人民共和国民法典合同编理解与适用》，人民法院出版社 2020 年版，第 392~393 页。

③ 杨立新：《民法总则民事责任规定之得失与调整》，载《比较法研究》2018 年第 5 期。

1. 共同借款人内部法律关系并不必然等同连带债务

因法律未直接规定共同借款人之间可以行使追偿权，故实践中很多法官依据原民法通则第八十七条或者民法典第五百一十九条来作出共同借款人之间享有追偿权的裁判。在民法典出台前，我国法律虽未明确界定连带责任，但即便根据原民法通则第八十七条前半段“债权人或者债务人一方人数为二人以上的，依照法律的规定或者当事人的约定，享有连带权利的每个债权人，都有权要求债务人履行义务”之规定，也应当理解为连带债务要么基于法律直接规定，要么基于当事人的约定，追偿的前提是两个以上债务人属于连带债务。故在法律未规定且当事人亦无约定共同借款人之间为连带债务关系的情形下，赋权实际承担还款义务的借款人追偿权，缺乏法律依据。此外，民法典第五百一十九条适用的前提是“连带债务人之间”，而对于连带债务，民法典第五百一十八条第三款进行了明确的限制“连带债权或者连带债务，由法律规定或者当事人约定”。而法律未规定共同借款人之间系连带债务，故从文义解释的角度出发，无法将共同借款人之间的法律关系直接等同于连带债务处理，无法得出追偿的结论。

2. 认定共同借款人之间享有追偿权与民法典的精神相悖

第一，如上所述，在民法典实施前，无论是民法通则、合同法，还是相关司法解释，都未规定共同借款人之间可享追偿权；民法典实施后，虽然在25个条文中规定了追偿权，但也未包含共同借款人的情形。虽然共同借款人似乎可以套用民法典对连带债务情形下追偿问题的规定，但民法典对连带债务又进行了明确限制，必须有法律规定或当事人约定。第二，类比共同保证人之间追偿问题，原担保法第十二条有“已经承担保证责任的保证人，有权向债务人追偿，或者要求承担连带责任的其他保证人清偿其应当承担的份额”，但民法典第七百条却删除了该规定，在一定程度上体现了立法对共同保证人之间相互追偿的否定态度。《最高人民法院关于适用〈中华人民共和国民法典〉有关担保制度的解释》第十三条明确，担保人之间仅有两种情形下可以行使追偿权，一是担保人之间约定相互追偿及分担份额，或者约定承担连带共同担保，或者约定相互追偿但是未约定分担份额的；二是担保人之间未对相互追偿作出约定且未约定承担连带共同担保，但是各担保人在同一份合同书上签字、盖章或者按指印的。第三，原物权法第一百七十六条对混合担保人间的追偿问题作了否定回答，除有约定外担保人之间不能相互追偿。[①] 2019 年 9 月 11 日，《全国法院民商事审判工作会议纪要》第五十六条对混合担保中担保人之间的追偿权也持否定立场。民法典第三百九十二条与物权法第一百七十六条的内容除一处“要求”改为“请求”的文字修改外，其余内容完全相同。由此可以看出，立法者对于担保人之间行使追偿权的态度一直是谨慎的，仅限于当事人的约定和法律规定的特殊情形。比较而言，共同借款人承担的是必然的还款义务，而担保人承担的则是或然债务。承担或然债务的担保人行使追偿权尚且有严格条件限制，更何况本就必然要承担还款义务的共同借款人呢。

3. 公平原则不应滥用

公平责任原则的基础是扶贫济弱的传统思想，目的在于弥补社会保障制度之不足，在法律规则对某一问题有具体规定的情况下应优先适用法律规则，只有在无法律规则或者法律规则不明确时才适用法律原则。在共同借款人内部追偿问题上，基于禁止向一般条款逃逸的原则，公平原则本就不应优先适用。退一步而言，适用公平原则的前提至少是借款全部由某一借款人使用，但对此的举证责任应由主张追偿的当事人承担，若当事人举证不能，不利后果应由主张追偿者承担。从反面论证而言，否定共同借款人的追偿某种程度上正是公平原则的体现。因为在无其他特别约定时，足额承担还款责任是借款合同的应有之义。如果共同借款人希望避免这种还款后不能追偿的风险，就应当在共同借款时进行特别约定，而不是在无约定情况下直接依据公平原则主张追偿。

三、共同借款人内部追偿案件的审理思路

共同借款人之间的关系可以概括为对外和对内两方面的关系。在对外关系上，共同借款人作为一个整体共同向出借人承担还款责任，这也是共同借款人在借款合同、借条等权利凭证上作为借款人签字的必然法律后果。在对内关系

---

① 参见胡康主编：《中华人民共和国物权法释义》，法律出版社 2007 年版，第 381~382 页。

上，共同借款人之间的法律关系、借款的用途及实际使用情况等，对共同借款人能否进行内部追偿以及追偿的数额具有紧密的联系，鉴于此类案件大量存在且当事人往往难以证明追偿约定的存在，因此，法院宜尽可能查明上述事实，实质性解决纠纷。

首先，查明共同借款的事由。共同借款人在借条等权利凭证上签字的原因很多，例如合伙、担保、债的加入等，是多因导致的一果。在法律未明确规定共同借款人之间系连带债务或可行使追偿权的情况下，查明共同借款的具体事由，对于判定共同借款人之间的基础法律关系具有重要意义。本案中，向郑某某提出借款的是季某某，季某某当时表明的借款原因是其与罗某某在合伙做工程。借款不能偿还而需要延期时，季某某、罗某某共同出具的《说明》中载明的原因也是工程款尚未收回。并且，季某某确有多次与罗某某一起去催收工程款的事实，故双方共同借款的事由应系合伙做工程。而合伙关系中追偿权则系法律直接规定的情形，故季某某可以基于合伙关系向罗某某追偿。

其次，查明借款的用途。若有证据证明借款确系其他共同借款人全部使用，还款人并未实际使用借款，也未从此笔借款中获得任何利益，那么基于公平原则或终局责任人原则，还款人可以向借款的实际使用人主张追偿，故查明借款的最终用途，对于认定追偿权的认定亦有重要意义。本案中，季某某举证证明其将从郑某某处所借款项全部转账给罗某某，拟证明20万元借款的实际使用人系罗某某一人。在无其他证据的情形下，季某某可以基于公平原则或终局责任人原则向罗某某主张追偿。但本案的特殊之处在于，罗某某举证证明了双方系工程合伙，共同借款系用于合伙出资，因罗某某系合伙工程的现场负责人，故季某某将所借款项转账给罗某某是符合常理的，因此不能据此认定实际借款人只有罗某某。

最后，基于共同借款人之间的基础法律关系作出裁判。债的产生总归有一定事由，共同借款人共同向出借人借款总归有一定原因。在查清共同借款的事由及用途后，共同借款人内部追偿问题便迎刃而解。本案中，因季某某与罗某某是合伙关系，故季某某、罗某某共同向郑某某所借款项就属于二人的合伙出资，也就理应由借款人季某某、罗某某共同承担还款责任。合伙人在没有约定又协商不成且无法确定比例时，由合伙人平均分担。现双方已偿还本息共计28万元，其中，季某某还款13.75万元，罗某某还款14.25万元。因季某某的还款未超过其应当承担的份额，故季某某无权向罗某某进行追偿。

本案原审、重审的结果虽然一致，但论证路径明显不同。原审以法律未规定、当事人亦未约定共同借款人之间可行使追偿权为由直接驳回原告季某某诉讼请求。重审在原审的基础上进一步查明双方共同借款的事由系合伙做工程，借款亦用于合伙出资，因此明确双方内部的法律关系为合伙，再以季某某还款未超过其作为合伙人应承担的份额为由驳回季某某诉讼请求。比较而言，重审的审理逻辑更周延，增强了裁判结果的可接受性，更有利于纠纷实质性解决。

编写人：重庆市沙坪坝区人民法院　王福林

# 五、利息与违约金认定

## 25

## 民间借贷利率的司法保护上限

——柳州小企业金融服务中心诉宾某金融借款合同案

**【案件基本信息】**

1. 裁判书字号

广西壮族自治区梧州市中级人民法院（2021）桂04民终1261号民事判决书

2. 案由：金融借款合同纠纷

3. 当事人

原告（被上诉人）：柳州小企业金融服务中心

被告（上诉人）：宾某

**【基本案情】**

2017年3月21日，被告宾某填写《柳州银行消费时贷申请书》向原告申请贷款。2017年3月27日，原告作为贷款人（甲方）与作为借款人（乙方）的被告签订了一份《个人消费性借款合同》，主要约定：1. 乙方向甲方申请消费性借款，甲方同意发放借款。2. 本合同项下借款金额为人民币20万元。3. 借款用途为家具。4. 借款期间自2017年3月27日起至2021年3月27日止。5. 本合同项下借款利率为月利率11‰，在借款期间内，该利率保持不变。6. 乙方未按本合同约定用途使用借款的，罚息利率为本合同约定的借款利率水平上加收100%；本合同项下借款逾期的罚息利率为本合同约定的借款利率水平上加收50%；对逾期未按本合同约定用途使用的借款，从逾期或未按本合同约定用途使用借款之日起，按罚息利率计收利息，直至清偿本息为止。对不能按时支付的利息，按罚息利率计收复利。7. 本合同项下借款乙方采用自主支付方式使用，乙方不可撤销地授权甲方将借款资金直接划至以下账户，即为甲方已依约履行向乙方发放借款的义务，户名：宾某，存款户账号0013，开户银行：柳州银行。8. 乙方自愿按等额本息还款法归还借款本息，按月还款，乙方第一期还款日为借款实际到账后次月的20日，从第二期起按月还款时，每期还款日为当月20日，最后一期还款在借款期限届满时清偿。9. 乙方不可撤销地授权甲方在本合同约定的还款日直接从乙方在甲方开立的账户中扣收借款本息和补偿金(如有)，户名：宾某，存款户账号0013，开户银行：柳州银行。10. 乙方不履行本合同或怠于履行本合同的，视为乙方违约。11. 乙方发生违约情形，甲方有权按本合同约定计收罚息及复利，要求乙方承担违约责任，并赔偿甲方因此而遭受的任何损失和产生的任何费用和开支（包括但不限于律师费、诉讼费、仲裁费、鉴定费、财产保全费、执行费、公证费、评估费、拍卖费等）。原告在《个人消费性借款合同》甲方处加盖印章，被告在乙方处签名并捺印。

2017年3月27日，原告向被告发放了20万元借款。借款后，被告按合同约定向原告归还了部分借款本息即归还了借款本金174949.41元、利息57191.50元、罚息464.06元、复利34.71元。截至2021年6月21日，被告尚欠借款本金25050.59元、逾期利息876.02元、罚息2128.73元、复利84.23元。2021年2月19日原告与广西顺景律师事务所签订《委托代理协议》，委托其指派律师作为诉讼代理人提供法律服务，并支出律师代理费1000元。

**【案件焦点】**

宾某应当支付的利息罚息是否过高。

【法院裁判要旨】

广西壮族自治区梧州市长洲区人民法院经审理认为：原、被告签订《个人消费性借款合同》，双方成立金融借款合同关系，该《个人消费性借款合同》系当事人真实意思表示，没有违反法律法规的强制性规定，是合法有效的，双方当事人均应按照合同约定履行各自义务。本案中，原告依照合同约定向被告发放了借款 20 万元，被告应按依约履行还款义务，现借款期限已届满，被告未能按照合同约定向原告归还全部的借款，已构成违约。根据原告提供的活期账户交易明细单及拖欠本息明细清单，被告拖欠原告借款本金 25050. 59 元未偿还，故原告诉请要求被告偿还借款本金 25050. 59 元，合法有据，该院予以支持。利息、罚息、复利方面，该院认为原告主张的利息、罚息以及复利符合双方合同的约定，亦未违反相关法律的规定，故该院对原告主张的尚欠利息 876. 02 元、罚息 2128. 73 元、复利 84. 23 元（利息计至 2021 年 3 月 27 日，之后不再计算利息，罚息、复利计至 2021 年 6 月 21 日，之后的罚息、复利按照《个人消费性借款合同》的约定计至本息实际清偿之日止）予以支持。被告作为借款人，应对上述尚欠的本金、利息、罚息及复利承担偿还责任。

关于原告要求被告支付律师费的问题。根据《个人消费性借款合同》中关于“借款人发生违约情形，贷款人有权要求借款人承担违约责任，并赔偿贷款人因此而遭受的任何损失和产生的任何费用和开支（包括但不限于律师费、诉讼费、仲裁费、财产保全费、执行费等）”的约定，现原告要求被告支付因本次诉讼而支出的律师代理费 1000 元，合理合法，该院予以支持。

广西壮族自治区梧州市长洲区人民法院依照《中华人民共和国民法典》第五百零二条、第五百零九条、第五百七十七条、第六百七十四条、第六百七十五条、第六百七十六条规定，判决：

一、被告宾某于本判决生效之日起十日内向原告柳州小企业金融服务中心偿还借款本金 25050. 59 元并支付利息 876. 02 元、罚息、复利（计至 2021 年 6 月 21 日，罚息为 2128. 73 元、复利为 84. 23 元，此后罚息、复利按照《个人消费性借款合同》的约定计至本息实际清偿之日止）；

二、被告宾某于本判决生效之日起十日内向原告柳州小企业金融服务中心支付律师代理费1000元。案件受理费528元，减半收取计264元（原告柳州小企业金融服务中心已预交177元），由被告宾某负担。

宾某不服一审判决，提出上诉。广西壮族自治区梧州市中级人民法院经审理认为本案争议焦点是原审判决认定上诉人应当支付的利息罚息是否过高的问题。根据《中国人民银行关于人民币贷款利率有关问题的通知》规定，对于不能按时支付利息的复利及逾期贷款的罚息，均按合同约定利率水平上加收30%~50%的标准计收。本案中，双方签订的《个人消费性借款合同》载明“本合同项下借款逾期的罚息利率为本合同约定的借款利率水平上加收50%；对不能按时支付的利息，按罚息利率计收复利”。由此可见，涉案合同约定的罚息并未超过法律的相关规定。由于上诉人构成迟延支付利息及迟延归还贷款的违约，被上诉人在上述规定的幅度内主张罚息，并不违反法律规定。据此，上诉人称本案罚息过高的主张缺乏法律依据，本院不予支持。另外，因《个人消费性借款合同》明确约定借款人违约时应赔偿贷款人律师费，故上诉人存在违约事实的情形下，原审判令上诉人承担1000元律师费并无不当，本院予以维持。

综上所述，上诉人的上诉主张因缺乏理据，本院予以驳回。一审判决认定事实清楚，适用法律正确，本院予以维持。梧州市中级人民法院依照《中华人民共和国民事诉讼法》第一百七十条第一款第一项规定，判决：

驳回上诉，维持原判。

**【法官后语】**

2020年8月20日，新修订的《最高人民法院关于审理民间借贷案件适用法律若干问题的规定》，其中第二十六条规定，以中国人民银行授权全国银行间同业拆借中心每月20日发布的一年期贷款市场报价利率（LPR）的4倍为标准确定民间借贷利率的司法保护上限，取代了原来“以24%和36%为基准的两线三区”的规定。司法实践中存在借款利率司法保护上限即为4倍LPR的观点。然而，最高人民法院《关于新民间借贷司法解释适用范围问题的批复》明确，从2021年1月1日起，由地方金融监管部门监管的七类地方金融组织（小额贷款公司；融资担保公司；区域性股权市场；典当行；融资租赁公司；商业保理公司；地方资产管理公司）属于经金融监管部门批准设立的金融机构，因从事相关金融业务引发的纠纷不适用新民间借贷司法解释，对外借款不受4倍LPR的限制。本案争议焦点是原审判决认定上诉人应当支付的利息罚息是否过高的问题，本案柳州小企业金融服务中心属于经金融监管部门批准设立的金融机构，其因从事相关金融业务引发的纠纷，不适用新民间借贷司法解释，该公司对外借款约定罚息不受4倍LPR的限制。根据《中国人民银行关于人民币贷款利率有关问题的通知》规定，对于不能按时支付利息的复利及逾期贷款的罚息，均按合同约定利率水平上加收30%-50%的标准计收。本案中，双方签订的《个人消费性借款合同》载明“本合同项下借款逾期的罚息利率为本合同约定的借款利率水平上加收50%；对不能按时支付的利息，按罚息利率计收复利”。由此可见，涉案合同约定的罚息并未超过法律的相关规定。由于上诉人构成迟延支付利息及迟延归还贷款的违约，被上诉人在上述规定的幅度内主张罚息，并不违反法律规定。

笔者认为，在之前的司法实践中，部分法院判定金融借款合同利率是否过高时，参照了民间借贷利率的司法保护上限。同时，有部分法院引用了最高人民法院于2017年8月4日印发的《关于进一步加强金融审判工作的若干意见》第二条第二款的有关规定，该规定将金融机构的利率上限界定为24%，与过去24%的民间借贷利率重叠，因此也就有了金融机构的利率不能超过民间借贷利率的说法。虽然金融审判意见中的24%出自民间借贷利率的司法保护上限，但民间借贷新规出台后并未修改金融审判意见的规定。因此，在不随意扩大民间借贷新规利率上限的适用范围的前提下，仍应以金融审判意见中的24%的标准调减金融借款合同本金之外的融资费用。相较于民间借贷的合同主体，金融借款合同的融资主体需一定资质与条件，其承担风险的能力更强。因此，在民间借贷新规出台后，金融机构的放贷利率不受其限制而由金融审判意见调整，具备合理性。虽然经金融监管部门批准设立的金融机构银可以不适用于4倍LPR的限制，但小贷公司是适用的。小贷公司从事的就是“金融服务”，如果金融机构利率高于4倍LPR，那么小贷公司的利率就会更低，对客户更有吸引力。从长期趋势来看，金融机构也会依照市场规律将贷款利率压降至“4倍LPR利率上限”，从这个角度来讲，未来金融机构是否使用民间借贷新规的意义也就不会那么大了。

编写人：广西壮族自治区梧州市中级人民法院　陈露桦

26

# 以中介服务费为名行收取高额利息之实的“民间借贷中介服务费协议”之效力认定

——潘某诉罗某、黄某民间借贷案

## 【案件基本信息】

1. 裁判书字号

广西壮族自治区柳州市鱼峰区人民法院（2022）桂0203民初3531号民事判决书

2. 案由：民间借贷纠纷

3. 当事人

原告：潘某

被告：罗某、黄某

第三人：覃某

## 【基本案情】

二被告是夫妻关系。原告与被告罗某经案外人覃某介绍认识。第三人覃某与原告此前为同事关系，本案借款发生时，第三人覃某并不认识被告罗某。

2017年12月15日，被告罗某因资金周转需要向原告借款200000元，并出具《借条》一份，主要载明：向潘某借款200000元，借款月利率为借款总额的2%，即每月利息8000元。此借款先付息后使用。如不按期支付利息，逾期每日支付100元的违约金……同日，原告通过银行转账的方式向被告罗某银行账户转账支付200000元。被告黄某在前述《借条》借款人落款处签名、捺印。收到前述原告转账支付的借款200000元后，被告罗某当即向原告转账支付18000元。当日，原告还与二被告及第三人覃某签订一份《民间借贷中介服务费协议》一份，约定：第一条，经三方协商一致，原告同意将200000元现金借给被告罗某；第二条，第三人覃某接受原、被告共同委托就双方借款事宜提供中介服务；第三条……；第四条，中介服务费每月按被告罗某借款额的2%收取，先付中介费后用款，该笔中介服务费自三方签订合同之日至该笔借款还清利息及违约金止……除借款当日被告罗某向原告支付18000元外，截至2021年2月10日被告罗某陆续向原告偿付293600元（具体情况判决中附有列表）。

本案庭审中，原告、被告罗某及第三人覃某分别作出如下陈述：1. 原、被告罗某均认可双方系通过案外人覃某介绍认识；2. 第三人覃某认可并未为二被告提供中介服务，原告及第三人覃某均认可第三人覃某所起主要作用是协助原告向二被告催款；3. 原告及第三人覃某均认可，案涉“中介服务费及借款利息”均由被告罗某向原告支付，原告再通过现金的方式按照月利率2%的标准支付给第三人覃某；另查，1. 从原告庭前提交至法庭的证据《网银转账截图》空白处，原告记载2017年12月15日至2018年1月15日，已收利息160000元（此处应为笔误），多转2000元；2. 庭前原告向本院提交的证据中，原告自己计算的手稿《罗某尚欠借款记录》显示，“罗某：尚欠借款本金100000元，利息已付至2020年8月15日，尚欠利息2020年8月15日-2021年11月15日，10万×4%×15个月=60000元”；3. 本案起诉时，全国银行间同业拆借中心于2022年7月20日授权公布的一年期贷款市场报价利率（LPR）为3.7%。

**【案件焦点】**

关于本案利息及中介服务费性质及《民间借贷中介服务费协议》效力的认定。

**【法院裁判要旨】**

广西壮族自治区柳州市鱼峰区人民法院经审理认为：从本案各方当事人的陈述及证据来看，案涉《借条》虽然记载借款月利率为2%，但又约定了借款利息为每月8000元（即月利率4%），同时在原告自行计算的手稿中也是按照月利率4%来进行核算，被告罗某亦表示其系按照8000元/月（即月利率4%）的标准向原告支付借款利息，且结合原告、被告罗某、第三人覃某的陈述，第三人覃某并不认识被告罗某，事实上也并未给原告提供任何中介服务，其所提供的中介服务主要就是协助原告向二被告催款。因此，本院有理由相信本案原、被告双方约定的借款利息实为月利率4%，原、被告及第三人覃某签订的《民间借贷中介服务费协议》并非三方的真实意思表示，目的在于规避我国相关法律、司法解释对民间借贷借款利率的限制性规定，因此《民间借贷中介服务费协议》属于无效合同，对合同各方当事人并不具备法律约束力，据此被告罗某支付给原告的款项均应为双方约定的“借款利息”。另，根据《中华人民共和国民法典》第六百七十条的规定，原告虽然在2017年12月15日确系将借款全额200000元支付给了被告罗某，但是当日随即又收取了被告罗某支付“利息”18000元，此种利息支付方式与预扣利息并无实质区别，故本案的借款本金应为182000元。再，根据《中华人民共和国民法典》第五百六十一条并参照《最高人民法院关于审理民间借贷案件适用法律若干问题的规定》（2021年1月1日起实施）第三十一条的规定，本院对于被告罗某已经支付的从2017年12月15日至2020年6月24日期间的借款利息在年利率24%范围以内的部分予以支持；2020年8月20日之后的借款利息，按原告起诉时全国银行间同业拆借中心于2022年7月20日授权公布的一年期贷款市场报价利率（LPR）3.7%的四倍即年利率14.8%的标准计付，超出部分视为归还借款本金。又，结合被告罗某的抗辩意见及其提交的2022年8月24日《说明》，被告罗某主张借款本息分两段抵扣，时间段分别为2018年5月（截至2018年5月26日）、2020年6月（截至2020年6月24日），经计算，被告罗某所偿付的款项已经足以清偿所欠原告全部借款本息。

广西壮族自治区柳州市鱼峰区人民法院依照《中华人民共和国民法典》第五百零九条、第五百六十条、第六百七十条，并参照《最高人民法院关于适用〈中华人民共和国民法典〉时间效力的若干规定》第一条、《最高人民法院关于审理民间借贷案件适用法律若干问题的规定》第二十六条第一款及《最高人民法院关于审理民间借贷案件适用法律若干问题的规定》第二十五条、第三十一条的规定，判决如下：

驳回原告潘某的全部诉讼请求。

判决后，双方当事人均未上诉，本判决现已生效。

【法官后语】

民间借贷利率上限从“四倍银行同类贷款利率红线”标准，到“二线三区”，再到“合同成立时一年期LPR四倍红线”，每一次民间借贷利率上限的变动均是国家为了契合国际国内经济环境发展的需求，而目前实行的合同成立时一年期LPR四倍保护上限相较于此前的“二线三区”有了明显的压缩，这也是网络高利贷、套路贷、校园贷、职业放贷等社会问题不断凸显的必要产物。然而，一些出借人企图联合并不提供真实中介服务的第三人通过收取高额中介服务费的手段达到收取高额利息，以实现规避我国法律、法规关于民间借贷利率的限制性规定的目的。法院在审理此类案件可结合两个方面来判断中介服务合同（协议）的效力：

中介人（居间人）是否属于“中间媒介人”、是否客观上向委托人提供了“中介服务”。根据《中华人民共和国民法典》第九百六十一条规定，中介服务合同（协议）是指中介人向委托人报告订立合同的机会或者提供订立合同的媒介服务，委托人支付报酬的合同。因此中介人并非委托人与他人订立合同的当事人（如实际上为共同出资人的“中介人”则不属于中介人），也不是任何一方的代理人，而是向委托人提供介绍订约劳务的“中间媒介人”。本案中，中介人为第三人覃某，委托人为二被告，然此前第三人覃某并不认识二被告，其是在原、被告案外人覃某介绍达成借贷合意后再经原告推荐成为借贷关系的“中介人”，其成为“中介人”后所提供的“服务”仅仅是协助原告向二被告催款，据此本院认定第三人覃某不符合前述法律规定“中介人”，亦没有履行中介人报告机会或者提供媒介服务的义务。

中介服务的报酬支付对象是否为“中间媒介人”，中介服务的收费标准是否存在明显不合理。中介服务合同（协议）中，中介服务费的实际收取方应当是“中间媒介人”。一般情况下，中介人一旦向委托人提供了订约机会劳务促成与他人建立合同关系就已经履行完毕合同义务，委托人应当按照约定向“中介人”支付报酬，至于委托人与他人签订合同后能否顺利履行合同则不在中介人合同义务范围之内。本案中，虽然中介人为第三人覃某，但中介服务费却是由二被告直接支付给原告，原告又并无证据证明其已经将其代收的中介服务费实际支付给了第三人覃某，且该中介服务费是按照月利率2%的标准按月收取，该收费标准已经与中介人所促成的民间借贷出借人收取的利息持平、数额很大程度上依赖于借款时间的长短、中介服务费的收取全程贯穿于原告与二被告的借贷关系中，据此本院认定第三人覃某并不是真正的中介服务报酬收取方，案涉月利率2%的“中介服务费”并非基于第三人覃某作为中介人所得的劳务报酬，实质上三方是以形式上达成中介服务费协议掩盖民间借贷合同中利率超过国家规定的限制性规定，属于《中华人民共和国民法典》第一百四十六条规定的无效民事行为。

另，在审理民间借贷案件时，法官应当保持对出借人代收的或者借款人按出借人指示向案外人支付的“高额中介服务费”相应的警惕，如经审查该“高额中介服务费”为出借人变相收取的高额利息，因法院对“高额中介服务费”的认定事实上会涉及案外“中介人”的利益，故有必要根据当事人申请或者依职权追加“中介人”作为第三人参与诉讼以查明事实，将出借人、借款人、中介三方权利义务在一个案件中得以解决。

编写人：广西壮族自治区柳州市鱼峰区人民法院　谭丽娜

27

# 利息分段计算的依据认定

## ——方某诉上官某某民间借贷案

**【案件基本信息】**

1. 裁判书字号

福建省厦门市集美区人民法院（2022）闽 0211 民初 1872 号民事判决书

2. 案由：民间借贷纠纷

3. 当事人

原告：方某

被告：上官某某

**【基本案情】**

上官某某归还欠款本金 50000 元整，按照银行同期利率计算利息（按照 2011 年当时整存十年利息，从 2011 年 6 月 4 日起计算到实际还款之日，暂计利息 21175 元整），以上本息暂计 71125 元整；2. 诉讼费由被告承担。庭审时，上官某某当庭变更诉讼请求为：1. 被告归还方某欠款本金 47500 元整并支付上官某某利息（以本金 47500 元为计算基数，利息标准由法院按照法律规定的标准计算，自 2011 年 6 月 4 日起计算至实际还清之日止）；2. 本案案件受理费和公告费 260 元由被告承担。

**【案件焦点】**

利息分段计算的依据。

**【法院裁判要旨】**

福建省厦门市集美区人民法院经审理认为：合法的借贷关系受法律保护。关于本案借款金额的问题。根据《最高人民法院关于审理民间借贷案件适用法律若干问题的规定》（2020年12月23日最高人民法院审判委员会第1823次会议通过）第二十六条规定："借据、收据、欠条等债权凭证载明的借款金额，一般认定为本金。预先在本金中扣除利息的，人民法院应当将实际出借的金额认定为本金。"上官某某向方某借款50000元，方某自认其扣除砍头息2500元后向上官某某支付47500元，故本院予以确认本案借款金额为47500元。方某依约提供借款，上官某某负有按期还款的义务。现还款期限已经届满，故方某要求上官某某偿还借款，于法有据，应予支持。关于偿还借款本息数额的问题。根据《最高人民法院关于审理民间借贷案件适用法律若干问题的规定》（法释〔2015〕18号）第二十六条规定："借贷双方约定的利率未超过年利率24%，出借人请求借款人按照约定的利率支付利息的，人民法院应予支持。借贷双方约定的利率超过年利率36%，超过部分的利息约定无效。借款人请求出借人返还已支付的超过年利率36%部分的利息的，人民法院应予支持。"与《最高人民法院关于审理民间借贷案件适用法律若干问题的规定》（2020年12月23日最高人民法院审判委员会第1823次会议通过）第二十五条规定："出借人请求借款人按照合同约定利率支付利息的，人民法院应予支持，但是双方约定的利率超过合同成立时一年期贷款市场报价利率四倍的除外。前款所称'一年期贷款市场报价利率'，是指中国人民银行授权全国银行间同业拆借中心自2019年8月20日起每月发布的一年期贷款市场报价利率。"第二十八条第二款第二项规定："约定了借期内利率但是未约定逾期利率，出借人主张借款人自逾期还款之日起按照借期内利率支付资金占用期间利息的，人民法院应予支持。"以及第三十一条第一款、第二款规定："本规定施行后，人民法院新受理的一审民间借贷纠纷案件，适用本规定。2020年8月20日之后新受理的一审民间借贷案件，借贷合同成立于2020年8月20日之前，当事人请求适用当时的司法解释计算自合同成立到2020年8月19日的利息部分的，人民法院应予支持；

对于自2020年8月20日到借款返还之日的利息部分，适用起诉时本规定的利率保护标准计算。”根据案涉借条及方某的陈述，本案借贷双方约定借款利息为月利率5%，超出了法律规定标准。上官某某分别于2011年7月3日支付利息2500元、于2011年8月1日支付利息2500元，故截至2011年8月1日，上官某某尚欠方某借款本金为45232.8元。综上，上官某某应向方某偿付借款本金45232.8元及利息（以45232.8元为基数，自2011年8月2日起按照月利率2%的标准计至2020年8月19日，并自2020年8月20日起按照同期一年期贷款市场报价利率4倍的标准计算实际还款之日止）。方某主张的诉请超出部分，于法无据，本院不予支持。

福建省厦门市集美区人民法院于2022年9月8日作出（2022）闽0211民初1872号民事判决书：被告上官某某经本院合法传唤未到庭参加诉讼，视为其主动放弃诉讼权利，本院在查明事实后，可依法径行判决。依照《中华人民共和国民法典》第五百零九条第一款、第六百七十四条、第六百七十九条，《最高人民法院关于审理民间借贷案件适用法律若干问题的规定》（法释〔2015〕18号，2015年6月23日最高人民法院审判委员会第1655次会议通过）第二十六条，《最高人民法院关于审理民间借贷案件适用法律若干问题的规定》（2020年12月23日最高人民法院审判委员会第1823次会议通过）第二十五条、第二十六条、第二十八条第二款第二项、第三十一条，《中华人民共和国民事诉讼法》第六十七条第一款、第一百四十七条，《最高人民法院关于适用〈中华人民共和国民事诉讼法〉的解释》第九十条之规定，判决：

一、被告上官某某应于本判决生效之日起十日内偿还原告方某借款45232.8元并支付利息（以45232.8元为基数，自2011年8月2日起按照月利率2%的标准计至2020年8月19日，并自2020年8月20日起按照同期一年期贷款市场报价利率4倍的标准计算实际还款之日止）；

二、驳回原告方某的其他诉讼请求。

判决后，双方当事人均未上诉，本判决现已生效。

【法官后语】

随着经济的发展，资金往来越来越频繁，随之而来的是借贷关系的活跃。符合贷款条件的借款人通常选择去银行进行融资，而发生在金融机构以外的一些金融主体，包括自然人、法人之间的资金借贷行为也即我们通常所说的民间借贷案件，因其事实与证据的复杂多变，其认定具有一定的难度。民间借贷是民间资本的一种流通方式，其本质上是一种金融行为模式，也应受到法律法规的约束。根据《最高人民法院关于审理民间借贷案件适用法律若干问题的规定》，民间借贷是指“自然人、法人和非法人组织之间进行资金融通的行为”。民间借贷的成立往往有以下几个步骤：借款人有借款的意思表示，出借人产生出借款项的承诺，双方达成合意后，出借人向借款人交付出借款项，借款人书写借款凭证。

一、借贷关系的认定条件

1. 需要主体适格。基于借贷主体的不同，具体可以分为以下几种形式：一是发生在自然人之间的借贷，二是发生在自然人与经济组织之间的借贷，三是发生在经济组织之间的借贷，上述经济组织又包括法人及非法人组织。

主体问题是区分民间借贷与其他法律关系的首要环节，明确具体的法律关系才能更好把握案件的定性，进而做出合法合理的裁判。如果是发生在熟人之间的借贷往往比较容易查证，熟人之间资金往来一般有迹可循，联系相应的借款时间及资金流动容易进行认定。但现实生活中还容易发生借款人向出借人以外的第三人借款，再由该第三人向出借人支付借款的情形，对于这种情形，应如何认定？笔者认为可以从审查出借人、借款人、第三人之间的身份关系来进行基础认定，审查出借人、借款人、第三人之间是否存在朋友、亲戚关系，若存在上述关系，基于信任出借人有将借款经第三人之手转借给借款人的可能性，再结合相关证据如微信聊天记录、借款到达借款人的时间、转账凭证等因素，可以认定出借人的出借行为及其债权人的地位。但上述认定需要警惕明为出借人、实为职业放贷人的情形，对于一年内同一出借人在同一基层法院内民事诉讼10件以上、借条格式统一的民间借贷案件，需要进行关联性审查，确认是否属于职业放贷人。若发现出借人的行为涉嫌刑事犯罪的要及时移送公安、检察机关。

2. 需要出借人与借款人之间达成借贷的合意。借款人要有向出借人借款的意思表示，出借人亦要有向借款人出借款项的承诺，双方意思表示真实有效才能形成借贷的合意。

3. 需要出具借款凭证。常见的是“借条”，借条虽然是民间借贷关系成立的重要证据之一，但并不是唯一证据，民事上的证据既要合乎法律范畴内的要件，又要合乎日常生活习惯、交易习惯及常理。

在审查借款合同、借条等债权凭证时，不仅要审查证据形式上的真实性、合法性、关联性、还应当根据证据的取得方式、证据的形成方式、证据提供者与案件的关联性等，对证据的证明效力进行全面的审查和判断。日常生活中，人们在对待不同的借贷金额时，采取的注意程度往往存在差异，对于借贷金额不大的，在资金交付及借款凭证的出具上随意性较强，在这类案件的审查上，如果出借人主张借款是通过现金方式支付给借款人的，在审查借条等债权凭证后，若借款人没有相反的证据来推翻借贷关系，则可以认定借款事实。日常生活中对于较大金额的借贷，出借人一般不会采用现金交付的方式，银行转账、微信转账等方式较为常见，对于这种借贷通常应当结合出借人银行资金往来、出借人经济实力等因素综合判断。《最高人民法院关于审理民间借贷案件适用法律若干问题的规定》第二条第一款规定：“出借人向人民法院提起民间借贷诉讼时，应当提供借据、收据、欠条等债权凭证以及其他能够证明借贷法律关系存在的证据。”第十六条规定：“原告仅依据金融机构的转账凭证提起民间借贷诉讼，被告抗辩转账系偿还双方之前借款或者其他债务的，被告应当对其主张提供证据证明。被告提供相应证据证明其主张后，原告仍应就借贷关系的成立承担举证责任。”

4. 需要证明出借款项的交付。对于出借款项交付的审查，一般应当对交付的方式、交付时间、交付地点、交付情形等进行综合认定。如果是借贷金额较小的，出借人主张现金交付的，结合借条等证据可以认定已完成实际交付。对于出借人主张以现金交付的方式出借较大金额款项的，则应通过对出借人的经济实力审查、出借人银行流水明细分析、借条出具时间、有无相关证人证言等情形进行全面审查，进而认定借款是否实际交付到借款人手中。

借贷款项的实际交付是民间借贷关系成立的最后一步，若只有借款凭证而没有完成实际交付，则无法认定民间借贷关系的成立。司法实践中也发生过仅凭借条等债权凭证就起诉并胜诉的案件，这种案件往往需要法官对案件事实及案件细节进行深挖，探寻案件的真相，不能仅凭一纸借条就草草结案。

二、民间借贷审查中证据规则的运用

1. 对于出借人仅依据转账凭证提起的民间借贷案件，是否存在借贷合意应遵循以下举证顺序：首先，由出借人提交转账凭证，证明款项已经实际交付给借款人；其次，若借款人提出抗辩，则由借款人对抗辩事由提供相应的证据；最后，出借人进一步证明存在借贷合意。

2. 对于出借人仅凭“借条”等债权凭证提起的民间借贷案件，出借人是否完成款项的交付应遵循以下举证规则。首先，核实出借人的资金能力，结合借条出具的时间查看出借人银行账户、支付宝账户等在借条载明的时间内是否有出借款项的流出；其次，结合交易习惯、交易方式等来认定款项是否已到达借款人账户，从而认定出借人完成了实际出借义务。

三、民间借贷认定条件之外的审查

1. 注意区分民间借贷与合伙关系。

在笔者参与办理的多起民间借贷案件中，出现了一方当事人主张出借的款项是借款，双方应当是民间借贷关系，一方当事人主张出借的款项是股金或者合伙资金，双方应当是合伙关系的情形。对于如何区分应从以下几方面来综合分析：首先，判断当事双方之间形成的是借贷的合意还是合伙的合意，合伙关系一般会共同出资、有共同的经营项目、有参与合伙经营的行为，且双方会签订合伙协议，有就合伙关系成立的沟通协商。其次，审查支付款项的性质，如果是民间借贷，支付的款项在到达一方当事人后即完成了支付行为，后续借款人对出借款项的支配多发生在自己、亲朋好友之间，或者是为了偿还贷款、进行消费等行为。如果是合伙关系，在支付的款项到达一方当事人后，该款项往往会流入特定的账户，比如合伙经营账户、固定投资的股票债权账户、特定的第三人等。最后，合理分配举证责任，如果当事人持有书面的合伙协议、投资协议、投资转账等证据，在综合审查合伙金额与支付款项金额是否一致、时间是否吻合等情况后，则认定当事人之间成立合伙关系。但有些情形应认定为民间借贷：一是当事人之间签订合伙协议是为了保证债权的实现，这种情形下当事人之间真实的法律关系是债权债务关系，而不是合伙关系，应认定为民间借贷。二是当事人之间虽然签订了合伙协议，但合伙协议中约定出资人不参与实际经营，只分红而不承担亏损风险，这种情形属于用合伙的形式掩盖借贷关系，应认定为民间借贷。如果当事人持有借条、转账证明等证据，出借人并未参与实际经营，也不享受分红等利益分配，则认定当事人之间成立民间借贷关系。

2. 注意民间借贷中的虚假诉讼行为。

民间借贷中的虚假诉讼行为是指在民间借贷案件中，当事人之间恶意串通，采取虚构借贷关系、捏造借贷事实提起民事诉讼，侵害他人合法权益、谋取非法利益的行为。对于这类案件首先要核查各方当事人之间的关系，如果当事人之间存在关联关系或人员混同的情形，可以认定当事人之间存在恶意串通虚假诉讼；其次，审查出借款项的流出是否存在出借人-借款人-出借人，如果存在这种情形，也可以认定当事人之间存在恶意串通虚假诉讼；最后，加强出借人的举证责任，出借人要对出借资金的来源、出借时间地点、出借前的沟通等情形举证，对于存在合理怀疑的证据要求出借人进一步举证，通过上述方法来验证借贷事实是否存在、是否合理、前后是否有逻辑矛盾，能否构建起唯一的证据链，进而来认定是否存在虚假诉讼。

在进行资金流转的过程中，各方当事人需要提升风险防范意识，提高自己的证据意识，妥当保存好相关凭证等证据，切实维护自身合法权益。

编写人：福建省厦门市集美区人民法院　李科研

28

# 逾期利息、违约金或其他费用总计不得超过合同成立时一年期贷款市场报价利率四倍

——张某诉刘某、李某民间借贷案

## 【案件基本信息】

1. 裁判书字号

福建省厦门市中级人民法院（2022）闽02民终3775号民事判决书

2. 案由：民间借贷纠纷

3. 当事人

原告（被上诉人）：张某

被告（上诉人）：刘某、李某

## 【基本案情】

刘某、李某共同出具一张《借条》载明："本人（借款人）刘某借到（出借人）张某人民币（大写）肆万元整，小写40000元。借款期限自2021年5月25日起至2021年8月25日，共3个月，全部本息于2021年8月25日一次性还清。借款人提前还款的，需征得出借人同意，否则视为无效。违约责任：借款人逾期未还款，需支付借款总额百分之十的违约金；同时出借人有权私自出售与借款人有关的任意资产或股份用于追回借款，需通过上诉法院解决的，借款人承担额外产生的一切费用。同时查明，张某与律师事务所于2021年11月25日签订一份《委托代理合同》，张某委托律师事务所律师为其与刘某、李某民间借贷纠纷一案的一审代理人，代理费用5000元。庭审中，张某陈述，其与两被告均为老乡，两被告系夫妻关系，一个在经营美甲，一个在做工地，两被告因经营缺乏资金周转，

借条格式也是两被告拿来的，当时微信支付31000元，现金支付9000元，口头约定有赚钱就多少支付一点利息。

【案件焦点】

1. 双方既未约定借期内利息也未约定逾期利息，但约定了违约金的情况下，张某主张逾期利息和违约金，能否支持；2. 是否受合同成立时一年期贷款市场利率的四倍限制；3. 律师费是否属于其他费用。

【法院裁判要旨】

福建省厦门市同安区人民法院经审理认为：刘某向张某借款40000元，李某提供担保，有刘某、李某共同出具的一张《借条》为据，对此，刘某、李某并未提出异议并提交相应证据，故该借款事实予以确认。《借条》中明确约定，借款期限三个月，逾期未还款应承担违约责任即支付违约金4000元及因上诉法院所产生的额外费用即律师费5000元；故张某要求刘某偿还借款40000元及支付违约金4000元、律师费5000元，李某对此承担担保责任的诉讼请求，于法有据，予以支持。至于利息部分，因双方已经约定逾期还款违约金4000元，且张某未能举证证明借款有约定利息，故其对利息部分的诉求，可以从张某向主张权利之日起算至实际还款之日止，按全国银行间同业拆借中心公布的一年期贷款市场报价利率的四倍标准计算。

福建省厦门市同安区人民法院依照《中华人民共和国民法典》第五百零九条第一款、第五百七十五条、第五百七十六条、第五百七十七条、第六百九十一条，《最高人民法院关于审理民间借贷案件适用法律若干问题的规定》第二十八条，《中华人民共和国民事诉讼法》第六十四条第一款、第一百四十七条之规定，作出如下判决：

一、刘某应于本判决生效之日起三日内偿还张某借款人民币40000元及利息（利息以本金40000元为基数，自2022年1月14日起算至实际还款之日止，按全国银行间同业拆借中心公布的一年期贷款市场报价利率的四倍标准计算）；

二、刘某应于本判决生效之日起三日内支付张某的违约金人民币4000元、律师费人民币5000元；

三、李某对刘某的上述第一、二项承担连带清偿责任；

四、驳回张某的其他诉讼请求。

刘某、李某不服一审判决，提出上诉。福建省厦门市中级人民法院经审理认为：案涉《借条》并未约定利息，但约定了借款总额10%的违约金。根据《最高人民法院关于审理民间借贷案件适用法律若干问题的规定》（法释〔2020〕17号）第二十九条："出借人与借款人既约定了逾期利率，又约定了违约金或者其他费用，出借人可以选择主张逾期利息、违约金或者其他费用，也可以一并主张，但是总计超过合同成立时一年期贷款市场报价利率四倍的部分，人民法院不予支持。"一审法院既支持了逾期利息又支持了违约金，总计超过法定上限，予以纠正，故利息应以本金40000元为基数，自2021年5月25日起计至实际还款之日止，按一年期贷款市场报价利率的四倍计算，不再支持张某关于违约金的诉讼请求。关于律师费，因《借条》对律师费进行了约定，且张某亦提供了《委托代理合同》及律师代理费发票，故一审支持张某关于律师费的主张具有事实和法律依据，予以支持。

福建省厦门市中级人民法院依照《中华人民共和国民事诉讼法》第一百七十七条第一款第二项规定，判决如下：

一、撤销福建省厦门市同安区人民法院（2022）闽0212民初322号民事判决；

二、刘某应于本判决生效之日起三日内偿还张某借款人民币40000元及利息（利息以本金40000元为基数，自2021年5月25日起计至实际还款之日止，按全国银行间同业拆借中心公布的一年期贷款市场报价利率的四倍标准计算）；

三、刘某应于本判决生效之日起三日内支付张某律师费人民币5000元；

四、李某对刘某的上述第二、三项承担连带清偿责任；

五、驳回张某的其他诉讼请求。

【法官后语】

逾期利息，又称罚息，指由于借款人未按规定期限归还借款，应当就尚未归还的借款向出借人支付的处罚利息。民法典第六百七十六条规定："借款人未按照约定的期限返还借款的，应当按照约定或者国家有关规定支付逾期利息。"逾期利息着眼点在于"利息"，衡量的是资金成本问题，即使当事人没有约定，按照《最高人民法院关于审理民间借贷案件适用法律若干问题的规定》（以下简称《规定》）第二十八规定，出借人仍然可以主张资金占用期间利息或者逾期付款违约责任。违约金着眼点在于"担保"，目的是担保合同的履行。根据《规定》第二十九条，对于逾期利息、违约金或其他费用，无论出借人是主张其中一项、两项还是一并主张三项，最终结果都要受到限制，即总计不得超过合同成立时一年期贷款市场报价利率四倍。

本案在双方并未约定借期内利息及逾期利息的情况下，张某主张利息缺乏依据，但依据《规定》第二十八条规定，既未约定借期内利息又未约定逾期利息，可以主张借款人自逾期还款之日起参照一年期贷款市场报价利率标准计算的利息，该利息实际上是逾期利息。而一审法院支持了张某按一年期贷款市场报价利率的四倍标准计算的利息，缺乏法律依据。一年期贷款市场报价利率的四倍实际上是受保护的利率上限，借期内利息和逾期利息都受该利率上限的规制。在双方没有约定逾期利息，但约定了违约金的情况下，出借人仍主张逾期利息和违约金，笔者认为可以支持逾期利息，但只能参照一年期贷款市场报价利率，且与违约金相加，总计不能超过一年期贷款市场报价利率四倍的利率上限。所以，张某虽主张了利息和违约金，但仅能支持借贷发生时一年期贷款市场报价利率四倍的利息，不支持违约金，就是因为受利率上限的限制。

另外，《规定》第二十九条中的"其他费用"是否包含律师费不明确，导致实践中虽借款合同约定为实现债权而产生的律师等由违约方承担，但对于利息已达一年期贷款市场报价利率的四倍，当事人主张违约方另行支付律师费是否应当支持，存在争议。笔者认为，律师费不属于《规定》的"其他费用"。本条规定的本意是控制借款成本，防止出借人为规避利率保护上限规定而以费用名义来收取利息。“其他费用”主要指服务费、咨询费、管理费等，属于借款人为获得借款而支付的成本。律师费是出借人为保护自己合法权益而发生的费用，不属于借款人为获得借款而支付的成本，所以，律师费不属于“其他费用”，不受一年期贷款市场报价利率四倍的限制。在借款合同有明确约定并有实际支付的凭证的情况下，应当支持律师费。

编写人：福建省厦门市中级人民法院 王欣欣 张明梅

29

# 自然人借贷中利息约定不明的认定标准

## ——吕某诉祁某、邵某民间借贷案

**【案件基本信息】**

1. 裁判书字号

安徽省芜湖市中级人民法院（2022）皖02民终1427号民事判决书

2. 案由：民间借贷纠纷

3. 当事人

原告（被上诉人）：吕某

被告（上诉人）：祁某

被告：邵某

第三人：黎某、来某

**【基本案情】**

2020年1月，祁某因资金周转需要，通过黎某、来某介绍，向吕某借款200万元。2020年1月18日，祁某向吕某出具借条，载明：今因续贷周转于2020年1月19日向出借人吕某借到人民币贰佰万元整；借款期限为一个月，到期还本付息（先息后本），借款利息利率为1.5%；如到期未还清，借款人愿承担出借人向借款人追索债权产生的一切费用包括但不限于律师费、诉讼费、保函费、保全费等。祁某在该借条“借款人”处签名并按印，且在“共同借款人”处签署其母亲邵某的名字。2020年1月19日，吕某通过其徽商银行账户分两次向祁某的徽商银行账户转账共计200万元。2020年6月17日，祁某从其徽商银行卡转账200万元至吕某徽商银行卡。

吕某起诉请求判令祁某、邵某共同偿还欠付的借款本金151000元，并自2020年6月18日起按月利率1.5%支付利息至2020年8月19日，自2020年8月20日起按照LPR四倍（即年利率15.4%）计算利息至本清之日止，同时承担本案律师费、保函费、保全费、诉讼费。

**【案件焦点】**

双方当事人均为自然人，案涉借条载明“借款利息利率为1.5%”，但未载明计算利息的周期，能否依据《最高人民法院关于审理民间借贷案件适用法律若干问题的规定》[①]（以下简称《民间借贷司法解释》）第二十四条第二款规定，认定双方当事人对利息约定不明，吕某关于利息的主张是否应当得到支持。

**【法院裁判要旨】**

安徽省芜湖市鸠江区人民法院经审理认为：案涉借条载明借款期限为一个月，借款利息利率为1.5%，到期还本付息（先息后本）。虽然借条上并未明确载明该利率是月利率，但考虑到借贷双方约定的借款期限为一个月，且祁某亦当庭陈述其已向黎某转账支付案涉借款利息13万元，综合在案证据及庭审情况，结合民间借贷的交易习惯，借条上载明的利率1.5%应为月利率，故按照月利率1.5%计算案涉借款利息。安徽省芜湖市鸠江区人民法院判决：

---

① 《最高人民法院关于审理民间借贷案件适用法律若干问题的规定》第二十四条第二款规定：自然人之间借贷对利息约定不明，出借人主张支付利息的，人民法院不予支持。除自然人之间借贷的外，借贷双方对借贷利息约定不明，出借人主张利息的，人民法院应当结合民间借贷合同的内容，并根据当地或者当事人的交易方式、交易习惯、市场报价利率等因素确定利息。

祁某于判决生效之日起十日内归还吕某借款本金 151000 元及逾期利息（以 151000 元借款本金为基数，按月利率 1.5%的标准向吕某支付自 2020 年 6 月 18 日起至 2020 年 8 月 19 日止的利息，按年利率 15.4%的标准向吕某支付自 2020 年 8 月 20 日起至实际清偿之日止的利息）。

祁某不服一审判决，提起上诉。

安徽省芜湖市中级人民法院经审理认为：《中华人民共和国合同法》第二百一十一条第一款关于“自然人之间的借款合同对支付利息没有约定或者约定不明确的，视为不支付利息”的规定中关于“借款合同对支付利息没有约定或者约定不明确”的表述，以及《民间借贷司法解释》第二十四条第二款关于“自然人之间借贷对利息约定不明，出借人主张支付利息的，人民法院不予支持”的规定中有关“自然人之间借贷对利息约定不明”的表述，均系指借贷双方当事人之间对“是否支付利息”约定不明的情形。虽然案涉借条仅记载“借款利息利率为 1.5%”，未记载该利率的计算周期，但结合案涉借条关于借款期限的约定，可以认定已明确约定了案涉借款须支付利息，双方当事人争议的仅是借款利率是否约定明确的问题。二审法院同意一审法院裁判意见。祁某关于案涉借款利息约定不明的上诉主张不能成立，依法应予驳回。

安徽省芜湖市中级人民法院依照《中华人民共和国民事诉讼法》第一百七十六条第一款、第一百七十七条第一款第一项规定，作出如下判决：

驳回上诉，维持原判。

**【法官后语】**

民间借贷纠纷中，利息系贷款人因出借款项从借款人处获得的额外收益，为保障当事人之间借贷关系的稳定，促进市场经济交易安全，法律要求利息约定要“明确”。碍于人情往来或基于信赖利益，自然人之间的借贷关系成立时具有随意性，出具的借款凭证不规范，尤其是对利息的约定不清晰、不明确，而利息约定“不明确”会产生“不支付利息”的法律后果。如何在审判中准确把握自然人借贷中利息约定不明的认定标准，是本案探讨研究的核心问题。

一、厘清“利息约定不明”的法条释义

《民间借贷司法解释》第二十四条第二款关于“对利息约定不明”与《中华人民共和国合同法》第二百一十一条关于“对支付利息没有约定或者约定不明确”的规定，两者在文字表述上存在差异，但结合《民间借贷司法解释》第二十四条第二款的“出借人主张支付利息的，人民法院不予支持”完整表述，两者对于利息约定不明确实质上均是指借贷双方当事人之间对“是否支付利息”约定不明的情形。“支付”代表着借贷双方给付利息的意思合意，因此，不能单凭是否出现“利息”二字，作为认定利息是否约定明确的标准，而是要探究当事人背后的真实意思表示，充分尊重民事主体的意思自治。

《中华人民共和国合同法》废止后，2021年1月1日施行的《中华人民共和国民法典》，作为上位法和最新生效的法律，沿用了“支付利息”的表述，进一步明确了审判实践中认定利息约定不明应当以是否达成“支付合意”为标准。

本案中，祁某向吕某出具的借条虽然没有载明“利息”二字，但是明确写明“先息后本”，祁某亦当庭陈述已支付案涉借款利息，可见，借贷双方对于支付利息已然达成合意，并非约定不明。

二、定位“支付合意”的判断标准

意思表示是民事主体将内心意欲产生法律效果的意思向外部表明的行为，自然人借贷双方关于利息的“支付合意”体现在双方通过具体约定事项对当事人产生给付利息的法律效果，“约定”利息最终目的是实现“支付”利息。而民间借贷中利息计算公式为利息=本金×利率×期限，依据该公式，本金、利率、期限在计算利息时缺一不可，通过前述三要素的约定，明确利息的计算标准和方式，最终得以计付利息。若三要素不全或难以明确，无法计算利息，自然也难以认定对于支付利息约定明确，这是界定利息是否约定明确的必要条件，亦是定位“支付合意”的判断标准。

本案中，祁某向吕某出具的借条对于本金200万元、借款期限一个月均有明确约定，虽载明“借款利息利率为1.5%”，但结合借款期限和交易习惯的约定，可以认定该1.5%系月利率，当事人显然已对利息作出明确约定。

三、把握“利率”的合理界定

本案双方当事人的争议焦点实质上系借款利率是否约定明确。利率根据计算的期限不同，分为年利率、月利率、日利率，是计算利息高低的关键因素，正因如此，实践中产生了利率约定不明等同于利息约定不明的认知，毕竟利率不明确会导致利息无法计算，也就无法实现支付利息。但通过前文论述，利率的约定实际上正是当事人之间达成“支付利息”合意的体现，否则没有利息何来利率，审判实务中需要把握的是关于“利率”的合理界定。

自然人借贷成立的借款合同系典型合同之一，应当在充分尊重当事人意思表示的前提下，若当事人对于利率无法达成一致意见，则结合合同相关条款、当事人的交易方式和交易习惯等因素来确定。本案正是综合在案证据及庭审情况，结合借条一个月的还款期限和当事人的交易习惯，法院合理界定1.5%为月利率，并以此为依据计算案涉借款的利息。

《中华人民共和国民法典》对于自然人借贷支付利息约定不明确的规定做出修订，由原先的视为“不支付”利息修改为视为“没有”利息。这一变化基于人民群众维权意识有效提升和法治观念不断增强，旨在促进自然人借贷对于“支付利息”合意的约定务必要清楚、明确，有利于定分止争，促进社会和谐稳定。

**编写人：安徽省芜湖市中级人民法院　江飞　李庆欢**

# 六、债权转让与债务承担

30

## 第三人承诺还款构成债务加入，应对债务承担连带清偿责任

——黄某诉彭某、实业公司民间借贷案

**【案件基本信息】**

1. 裁判书字号

广西壮族自治区钦州市中级人民法院（2022）桂07民终1623号民事判决书

2. 案由：民间借贷纠纷

3. 当事人

原告（被上诉人）：黄某

被告（上诉人）：彭某

被告：实业公司

**【基本案情】**

被告彭某是被告实业公司的法定代表人，原告黄某曾是被告实业公司的员工。2019年7月29日，原告（乙方）与被告实业公司（甲方）签订《借款协议书》，约定乙方将150000元借给甲方使用，月利率为借款额的2%，乙方要提前取回借款则必须提前30天通知甲方等。原告于2019年7月28日至30日

分三次共150000元转账至被告彭某名下账户。2019年10月18日，被告实业公司向原告偿还本金50000元。出借款项后至本案一审庭审结束时，被告实业公司共向原告支付了17199元利息。之后未能按时支付利息，原告多次向被告彭某追讨未果。另查明，原告提供的证据录音材料中显示，2021年年底，黄某明与被告彭某的通话中，彭某表示对于黄某明及黄某的借款，彭某、邓某不管公司亏损或失败，都要把黄某明及黄某的钱还完。

**【案件焦点】**

彭某承诺还款是否构成债的加入，是否承担债务连带清偿责任。

**【法院裁判要旨】**

广西壮族自治区钦州市钦北区人民法院经审理认为：原告黄某与被告实业公司之间的借款关系明确，意思表示真实，原告履行了出借款项的义务，被告实业公司应按约定向原告归还款项。关于被告彭某是否承担本案债务清偿责任的问题。根据《中华人民共和国民法典》第五百五十二条“第三人与债务人约定加入债务并通知债权人，或者第三人向债权人表示愿意加入债务，债权人未在合理期限内明确拒绝的，债权人可以请求第三人在其愿意承担的债务范围内和债务人承担连带债务”的规定，本案中，被告彭某在通话录音中表示无论公司亏损或失败，其都要将原告的借款还完，有债的加入的意思表示，且本案借款由被告彭某进行商谈，借款亦转入被告彭某的个人账户，故本院对原告主张被告彭某连带偿还本案债务予以支持。

综上，广西壮族自治区钦州市钦北区人民法院依照《中华人民共和国民法典》第五百五十二条、第六百七十五条，《最高人民法院关于审理民间借贷案件适用法律若干问题的规定》第二十五条、第三十一条，《中华人民共和国民事诉讼法》第六十七条、第一百四十七条之规定，作出如下判决：

一、被告实业公司向原告黄某偿还借款本金100000元及支付利息（利息的计算方法：2019年8月1日至2019年10月18日期间，以150000元为基数，按月利率2%计算；2019年10月19日至2020年8月19日期间，以100000元为基数，按月利率2%计算；自2020年8月20日起，以100000元为基数，按全国银行间同业拆借中心公布的一年期贷款市场报价利率4倍计算至清偿之日止，但应扣减已付的利息17199元)；

二、被告彭某对上述第一项债务承担连带清偿责任。

彭某不服一审判决，提起上诉。

广西壮族自治区钦州市中级人民法院经审理认为：关于上诉人彭某是否对本案的借款本金及利息承担连带责任的问题，合法的借贷关系受法律保护。本案的借款由上诉人彭某进行商谈，且借款转入彭某的个人账户，但本案《借款协议书》甲方为实业公司，且彭某的个人账户系实业公司在使用，借款用于实业公司支付工程项目投标保证金、项目设计费等经营开支，同时被上诉人在出借款项时知悉借款将用于实业公司的经营，因此本案借贷关系的主体系被上诉人黄某和实业公司，一审认定正确，本院予以确认。实业公司应承担返还借款本金及支付利息的义务。根据《中华人民共和国民法典》第五百五十二条“第三人与债务人约定加入债务并通知债权人，或者第三人向债权人表示愿意加入债务，债权人未在合理期限内明确拒绝的，债权人可以请求第三人在其愿意承担的债务范围内和债务人承担连带债务”的规定，债务加入是指原债务人不脱离合同关系，而由第三人加入合同关系当中，与债务人共同承担合同义务的债务承担方式。本案上诉人彭某在通话录音中表示无论公司亏损或失败，其都要将被上诉人的借款还完等，存在与实业公司共同承担债务的意思表示，彭某系完全民事行为能力的主体，其要对其民事行为承担相应的法律后果。彭某的行为构成债务加入，应承担连带偿还责任。一审认定正确，本院予以维持。关于尚欠本金及利息问题，一审对于实业公司所欠被上诉人的借款本金认定及利息计算均依据相关事实及法律法规，且本案三方当事人均没有对本金及利息提出异议，本院对于一审认定的本金及利息予以确认。

综上，上诉人上诉请求不成立，本院不予支持。一审认定事实清楚，适用法律正确，应予维持。根据《中华人民共和国民事诉讼法》第一百七十七条第一款第一项规定，判决如下：

驳回上诉，维持原判。

【法官后语】

债务加入，是指原债务人没有脱离原债务关系的同时，第三人加入原债务关系中，与债务人共同承担债务。债务加入的构成要件主要包括：(1) 原债权债务关系有效存在。(2) 第三人加入债务后，原债务人债务并不减免，第三人加入债务只是在原债务人的基础上增加一个新的债务人，在性质上具有担保债权实现的功能。(3) 第三人加入债务，虽不需债权人同意，但应当通知债权人或者第三人向债权人表示愿意加入债务，债权人在合理期限内未明确拒绝的。(4) 第三人在其愿意承担的债务范围内与债务人承担连带清偿责任。《中华人民共和国民法典》第五百五十二条规定了两种债务加入的情形：第一种，第三人与债务人约定加入债务并通知债权人；第二种，第三人向债权人表示愿意加入债务，债权人未在合理期限内明确拒绝。第三人加入债务的时间既可以是债权人和债务人的债务产生后，也可以是债务产生之前。债务加入产生的效果是在原债务人的基础上，新增加一个独立的债务清偿主体，与原债务人构成并列的关系，双方承担共同还款责任。若第三人表明履行还款义务的意思后，即使债权人没有明确表示同意，但只要没有明确表示反对或者没有以行为表示反对，仍应当认定为债务加入成立，债权人可以依照债务加入关系向第三人主张权利，第三人应与债务人对债务承担连带清偿责任。

具体到本案，彭某作为实业公司的法定代表人，其与彭某商谈借款事项以及其与黄某明在通话录音中表示无论公司亏损或失败，其都要将被原告黄某的借款还完等，构成债务加入。《中华人民共和国民法典》第五百五十二条规定，第三人向债权人表示愿意加入债务，债权人未在合理期限内明确拒绝的，债权人可以请求第三人在其愿意承担的债务范围内和债务人承担连带清偿责任。根据该条，“第三人向债权人表示愿意加入债务”应当理解为：第三人作出了加入债务的意思表示，债权人对该意思表示明知，且未在合理期限内明确拒绝，而无须第三人直接向债权人作出该意思表示。本案中，虽然彭某未向黄某直接作出表示，但黄某对其加入债务的意思表示明知，并没有明确拒绝，因此构成债务加入。彭某明确承诺履行还款义务，积极加入黄某和原债务人实业公司的债权债务关系中，作为完全民事行为能力的主体，其要对其民事行为承担相应的法律后果，对实业公司的债务承担连带清偿责任。债务加入成立时，债务人对债权的实现会产生合理的预期，可能据此作出相应的安排，如第三人不承担责任，则有违权利保障的宗旨，亦不利于诚信社会的构建。通常情况下，作为一般理性第三人，系基于其与债务人之间的基础法律关系而加入债务，即使其承担债务，在法律上其权益并不会无辜减损，因此，承认第三人的债务加入有利于平衡各方利益。

编写人：广西壮族自治区钦州市钦北区人民法院　曹雪妃

31

# 不负有返还义务出具借条行为构成债务加入纠纷

——袁某诉徐某、合肥市某某房地产营销策划有限公司债务加入案

## 【案件基本信息】

1. 裁判书字号

安徽省肥东县人民法院（2021）皖0122民初2586号民事判决书

2. 案由：债务加入纠纷

3. 当事人

原告：袁某

被告：徐某、合肥市某某房地产营销策划有限公司

## 【基本案情】

徐某是合肥市某某房地产营销策划有限公司的员工，2017年10月31日在合肥市某某房地产营销策划有限公司协调下，袁某与董某及合肥市某某房地产

营销策划有限公司签订了一份《房屋买卖合同》，合同约定，案外人董某将其301室出卖给袁某，房价款为630000元，并约定了付定金、购房款、办证、贷款及违约责任等，至此双方成立房地产居间关系。当日，袁某依约向合肥市某某房地产营销策划有限公司支付1万元定金。事后，袁某按约定提供了所需的所有材料，但因案涉房屋房龄长无法办理银行按揭贷款，导致所订立的合同至今不能履行，袁某与董某解除房屋买卖合同。在解除合同时，袁某之母刘某要求徐某赔偿损失，徐某承诺赔偿袁某损失8000元。在徐某承诺赔偿袁某损失，并于2018年10月12日向刘某出具一张8000元的借条的情况下，袁某与董某解除房屋买卖合同，注明两个月内还清，并在借条上签字。经肥东县人民法院（2020）皖0122民初194号民事判决书和合肥市中级人民法院（2020）皖01民终8926号民事判决书认定，该房屋买卖合同非袁某原因导致房屋无法履行，但合肥市某某房地产营销策划有限公司作为房地产中介单位，应在了解案涉房产状态是否可以办理按揭手续的情况下促成案涉房屋买卖合同的签订，故因徐某、合肥市某某房地产营销策划有限公司原因造成违约而赔偿袁某的损失18000元。

袁某提出如下诉讼请求：1. 合肥市某某房地产营销策划有限公司赔偿袁某房屋买卖定金损失10000元；2. 徐某在房屋买卖合同解除时自愿承担袁某房屋买卖损失8000元，要求徐某继续承担债务责任；3. 本案诉讼费用由徐某、合肥市某某房地产营销策划有限公司承担。

**【案件焦点】**

债权人未在合理期限明确拒绝的，债权人可以请求第三人在其愿意承担的债务范围内和债务人承担连带责任。

**【法院裁判要旨】**

本案中，徐某并未收取袁某10000元购房定金，对袁某不负有直接返还义务，却就袁某方主张的定金或首付款占用损失向袁某方出具了8000元借条，并向实际收取定金的董某出具“今卖方董某与买方袁某无任何经济纠纷”的说明，由此可以推定徐某具有加入债务、承担给付义务的意思表示，故袁某现要求徐某承担8000元损失并无不当。徐某虽抗辩其是被强制出具的借条，但未提供相应证据，故不予采信。

关于合肥市某某房地产营销策划有限公司的责任承担。在合肥市某某房地产营销策划有限公司未收取定金的情况下，徐某以个人名义向袁某方出具借条的行为，相应法律后果不应由合肥市某某房地产营销策划有限公司承担。且合肥市某某房地产营销策划有限公司作为袁某与董某房屋买卖的中介人，无证据表明其故意隐瞒重要事实或者提供虚假情况，故袁某要求合肥市某某房地产营销策划有限公司赔偿10000元定金损失缺乏依据。

综上所述，对袁某的诉讼请求中合理有据的部分本院予以支持。依照《中华人民共和国民法典》第一百七十一条、第五百五十二条、第九百六十二条规定，判决如下：

一、徐某应于本判决生效之日起十日内支付袁某8000元；

二、驳回袁某其他诉讼请求。

判决后，双方当事人均未上诉，本判决现已生效。

**【法官后语】**

所谓债务加入，也称并存的债务承担，是指第三人与债务人约定加入债务，或者第三人向债权人表示愿意加入债务，作为新债务人和原债务人一起向债权人负有连带债务。《中华人民共和国民法典》第五百五十二条第一次在法律上规定了债务加入制度，弥补了合同立法的不足，但由于该制度与保证具有相似性且在实践中第三人做出的意思表示经常模糊不清，从而给法律适用带来了极大的困难。最高人民法院认为："判断一个行为究竟是保证，还是并存的债务承担，应根据具体情况确定。如承担人承担债务的意思表示中有较为明显的保证含义，可以认定为保证；如果没有，则应当从保护债权人利益的立法目的出发，认定为并存的债务承担。"

本案双方当事人对案件性质并没有提出异议。在第一次庭审过后，法庭经过初步庭审，认定该案案由房屋买卖合同纠纷应该为债的加入纠纷。法院围绕双方当事人争议焦点，按照合同约定的内容作出裁判。正常情况下法院应当对案件性质作出认定，案件定性是正确适用法律的前提，法官将法律作为大前提，案件性质及案件事实作为小前提，通过三段论逻辑推理得出裁判结论。案件定性并不是法官凭其对案件的主观感受随意得出的结论，而是依赖案件的定性方法，结合案件的相关情况，运用逻辑推理得出的结果。

第三人虽然表示愿意代债务人履行义务，但其意思表示究竟是提供保证，还是债务加入，往往模糊不清。法院在作出推定前，首先要进行意思表示解释，而在具体如何解释第三人的意思表示时，则应当注意：

第一，债务的履行对第三人是否具有实际经济利益关系。在判断具体案件是否是债务加入时，应当考虑第三人对债务的履行是否具有自己的利益。一般而言，要解释为债务加入，要求债务人必须是基于自身经济上或法律上的利益，是因为这些自身利益促使加入者愿意加入债的关系。如果第三人不具有上述经济上的利益，则可能将其解释为保证。在复杂交易中，认定究竟是债务加入还是保证，要考虑其在整体交易中的具体情形。例如，父亲为女儿的借款向银行致函，表示愿意代女儿履行债务，此种情形下，由于当事人之间具有特殊的利益关系，这也决定了其不仅是纯粹地提供担保，而应当是债务加入。之所以作出上述解释，主要是在债务加入中，债务加入人对债务的履行通常具有经济上的利益关系，而保证则一般是一种利他行为，保证人对债务人债务的履行通常不具有经济上的利益。

第二，当事人之间是否有共同实际履行的行为。通常，如果第三人没有实际参与相关交易活动，则可能应将其认定为保证，但如果第三人深度参与到交易过程中，则可能应认定为债务加入。第三人虽然没有明确表达其究竟是提供保证还是债务加入，但如果第三人和债务人共同实际清偿了债务，或第三人虽然只是清偿了一部分债务，即在债权人尚未向其提出请求时，其就已经清偿了部分债务，此时应当认定为债务加入。

第三，第三人与债务人的义务是否具有履行顺序。因为在一般保证中，保证人保证责任的承担具有一定的顺序，即通常仅在债务人无法履行债务时，债权人才能请求保证人承担保证责任。而在债务加入中，债务加入人的责任并不具有此种顺序，加入人应当与债务人共同向债权人承担连带责任，而不存在先后顺序。因此将独立性承诺解释为债务加入是合理的。

第四，第三人的责任承担是否具有不确定性。第三人明确地、肯定地表示要为债务人履行债务，此种确定性承诺更可能被认定为债务加入。因为在一般保证中，债务人无法履行到期债务时才承担保证责任，但是债务加入人则要承担连带责任，只要债务到期，债务加入人就应当承担责任，即在履行期间届满时，债权人可以直接请求债务加入人履行债务。如果第三人的责任具有不确定性，则应当将其解释为保证。

本案中，徐某明确向原告袁某表示承担损失，并向袁某母亲刘某出具一张8000元的借条，以此为前提袁某解除与董某的购房合同，董某退还定金10000元。由此可见，徐某虽然没有为他人还债的意思表示，债务的履行对徐某具有实际经济利益关系，徐某作为房地产公司员工，而袁某作为购房者，由于当事人之间具有特殊的利益关系，这也决定了其不仅是纯粹地提供担保，而应当是债务加入。徐某在袁某的实际履行中获利。徐某与董某的义务并没有履行顺序，徐某的责任承担具有确定性。综上，徐某虽不具有返还义务但出具借条的行为应认定为债务加入。

**编写人：安徽省肥东县人民法院　陈淑艳**

32

# 第三人债务加入意思表示的认定

## ——周某诉江西房地产开发公司、杨某民间借贷案

**【案件基本信息】**

1. 裁判书字号

江西省宜春市中级人民法院（2021）赣09民终1511号民事判决书

2. 案由：民间借贷纠纷

3. 当事人

原告（上诉人）：周某

被告（被上诉人）：江西房地产开发公司、杨某

**【基本案情】**

2016年4月21日，江西房地产开发公司向周某借款并签订了一份《借款协议》，协议约定：江西房地产开发公司向周某借款800000元用于公司投资开支，月利率2%，借款期限一年，半年结一次息。江西房地产开发公司及当时的法定代表人张某在该协议中签字盖章，被告杨某为连带责任担保人。当日江西房地产开发公司通过转账方式获得周某支付的借款。此外，《借款协议》上还注明有："从2017年5月6日起至2019年12月20日止，未付利息计肆拾肆万零伍佰叁拾叁元，合计壹佰壹拾肆万零伍佰叁拾叁元""2017年5月6日以前利息全部结清"。2017年5月6日，江西房地产开发公司曾归还周某借款100000元。2018年9月12日，江西房地产开发公司向周某出具《承诺书》，载明"我公司向周某借款，借款金额为柒拾万元整，由于现阶段公司资金压力大，现承诺，我公司中央豪门项目二期开盘之时将该笔欠款本金全额归还周某，

如若未能及时开盘，我公司承诺将于 2019 年 4 月还清该笔借款。”杨某在《承诺书》上签字。后周某向江西房地产开发公司和杨某催讨上述借款无果，故其将江西房地产开发公司和杨某诉至法院，请求江西房地产开发公司和杨某归还借款本金 700000 元及承担相应的利息。

**【案件焦点】**

杨某于 2018 年 9 月 12 日在江西房地产开发公司出具给周某的《承诺书》上的签字是否属于债务加入而需与江西房地产开发公司承担共同还款责任。

**【法院裁判要旨】**

江西省樟树市人民法院经审理认为，本案的争议焦点为，杨某于 2018 年 9 月 12 日在江西房地产开发公司出具给周某的《承诺书》上的签字是否属于债务加入而需与江西房地产开发公司承担共同还款责任。《承诺书》载明“我公司向周某借款，借款金额为柒拾万元整，由于现阶段公司资金压力大，现承诺，我公司中央豪门项目二期开盘之时将该笔欠款本金全额归还给周某，如若未能及时开盘，我公司承诺将于 2019 年 4 月还清该笔欠款。”很显然这是江西房地产开发公司对还款资金来源及还款时间所作出的承诺，而不是借款协议，杨某本人并没有作出债务加入的意思表示，故杨某在《承诺书》中签字的行为不构成债务加入，其无须与江西房地产开发公司对上述债务共同承担还款责任。

江西省樟树市人民法院依照《中华人民共和国民法总则》第六十二条，《中华人民共和国合同法》第六十条、第一百零七条、第二百零五条、第二百零六条、第二百零七条，《中华人民共和国担保法》第二十六条之规定，作出如下判决：

江西房地产开发公司于本判决发生法律效力之日起十日内一次性归还原告周某借款本金 700000 元及利息 548793 元。

周某不服一审判决，提出上诉。江西省宜春市中级人民法院经审理后同意一审法院裁判意见，作出如下判决：

驳回上诉，维持原判。

## 【法官后语】

在《中华人民共和国民法典》（以下简称《民法典》）出台之前，我国成文法并无债务加入的内容，债务承担制度也是以《中华人民共和国合同法》第八十四条为核心来进行建构的。《民法典》第五百五十二条规定首次将债务加入明确规范于法律之中，进一步对债务承担制度体系进行了完善。本案从对第三人加入债务意思表示的认定出发，结合法院实际查明情况对全案进行综合分析与判断，对法院审理此类债务加入案件具有一定的参考意义。

一、第三人构成债务加入应有明确的债务加入意思表示

债务加入又称并存的债务承担，是指第三人加入债务关系成为债务人，原债务人在不免除债务下，两人并存负同一内容的债务。① 根据债务加入并存的债务承担这一属性，债务加入的意思表示应包括两个方面：一是第三人作为新的债务人加入原存的债的关系中，二是不免除原债务人的债务。《民法典》第五百五十二条规定了债务加入的两种方式，一种是第三人与债务人约定加入债务并通知债权人，另一种是第三人向债权人表示愿意加入债务，债权人未在合理期限内明确拒绝的，债权人可以请求第三人在其愿意承担的债务范围内和债务人承担连带责任。从法条的表述来看，无论是第三人采取与债务人约定加入债务或是向债权人表示愿意加入债务的方式，第三人都必须有明确的债务加入意思表示，否则便不能认定为债务加入。此外，根据《民法典》第一百三十三条"民事法律行为是民事主体通过意思表示设立、变更、终止民事法律关系的行为"之规定，毋庸置疑，债务加入作为民事法律行为，其设立必须要有明确的意思表示，否则便无法设立。即要判断第三人是否构成债务加入，关键在于判断第三人是否作出了债务加入的意思表示，在这点上，《民法典》第一百三十三条与《民法典》第五百五十二条则是一脉相承的。因此，构成债务加入必须有第三人明确的意思表示，同意与债务人共同承担债务。②

---

① ［日］我妻荣：《新订债权总论》，王燚译，中国法制出版社2008年版，第505页。

② 详见（2018）最高法民终59号民事判决书。

二、第三人意思表示不明时应对其意思表示进行解释

在审判实践中，若出现第三人是否作出加入债务的意思表示不明确的情况时，则需要采用意思表示之解释规则，对其作出的意思表示进行解释，以探究第三人的真实意思表示。在选择采取文义解释、目的解释还是体系解释等方法时，有学者指出，意思表示必须借助语言文字来进行表述，文义理解是通达到意思表示真意的第一道关口。[①] 故在个案中，要通过意思表示解释规则来判断第三人是否作出加入债务的意思表示，首先要采取的即为文义解释方法，对承载第三人作出的承诺或约定的协议等文件中所使用的语句进行解释，因为在一般情况下，语句所表达的意思就是当事人的真实意思。例如，假若第三人在承诺函中明确使用了“债务加入”“债务加入人”等词语，在没有特殊情形时，原则上应该按照该词语所表述的内容来认定第三人确作出了加入债务的意思表示，毕竟在进行意思表示时，文义解释的客观性较强，可信度也较高。

因此，在采用意思表示解释规则对第三人的意思表示进行解释时，应以文义解释为基础，并综合运用目的解释、体系解释等方法探究第三人的真实意思表示，进而最终确定其是否作出了债务加入的意思表示进而构成债务加入，此认定方式不仅与《民法典》第一百四十二条第一款的规定是相契合的，同时也是《民法典》中体系效应的一种体现。

三、对第三人意思表示进行解释后仍无法作出准确判断时，应结合其他辅助判断因素进行判断

在个案实践中，出现承载第三人作出的承诺或约定的协议等文件中所使用的语句相对模糊的情况时，意思表示解释规则的局限性便显现出来，因此，仅对第三人的意思表示进行解释往往并不能周延第三人的真实意图。故而，此时需要借助一些其他的判断因素来明确第三人之真实意图。具体可结合以下两个判断因素进行判断：

一是参考第三人加入债的关系是否有实际和直接的利益。史尚宽先生曾指出：“实际上果为保证契约抑为并存的债务承担，应斟酌具体的情势尤其契约

① 朱庆育：《民法总论》，北京大学出版社2016年版，第227页。

之目的定之。具偏为原债务人之利益而为承担行为者，可认为保证，承担人有直接及实际之利益而为之者，可认为并存的债务承担”[①]，即对第三人而言，其加入债的关系一般需要有一定的利益关系，否则其不会加入债的关系。[②] 因此，在当事人意思表示不明时，应斟酌具体情事综合判断，如主要为原债务人的利益而为承担行为的，可以认定为保证，承担人有直接和实际的利益时，可以认定为债务加入。[③] 但是应当注意的是，判断第三人是否作出了债务加入的意思表示时仅以第三人是否具有实际和直接的利益为标准进行判断并不完全准确，因为在债务加入的情形下，第三人并不当然对债务的履行具有实际和直接的利益，即便如此，第三人仍可能明确表示自己加入债务并与债务人共同承担债务。故此，第三人有无实际和直接的利益关系，仅为辅助判断因素而非必要的或独立支撑的要素。

二是考察第三人是否有实际履行行为。通过查阅债务加入的相关案例可以发现，有些法院在作出判决时会将第三人是否对原债务有实际履行的行为作为第三人是否作出了债务加入的意思表示的判断因素。通常，如果第三人没有实际参与相关交易活动，则可能应将其认定为保证，但如果第三人深度参与到交易过程中，则可能应认定为债务加入。[④] 例如在抚顺大商房地产置业投资有限公司、沈阳市房产开发有限公司与江苏某建集团有限公司建设工程施工合同纠纷一案中，裁判要旨中有如下内容：“其后房实公司亦实际支付了大部分工程款，并参与项目后续事宜协商及纠纷处理。房实公司虽不是案涉《建设工程施工合同》的最初缔约方，但其以上述行为作出了债务加入的意思表示，以实际参与施工合同履行的方式成为事实上的共同发包人”，[⑤] 可以看到，法院认为，虽然第三人并非合同成立之初的当事人，但其通过实际履行行为作出了债务加

① 史尚宽：《债法总论》，中国政法大学出版社2000年版，第886页。

② 黄立：《民法债编总论》，中国政法大学出版社2002年版，第626页。

③ 详见（2018）最高法民终867号民事判决书。

④ 王利明：《论“存疑推定为保证”——以债务加入与保证的区分为中心》，载《华东政法大学学报》2021年第3期。

⑤ 详见（2019）最高法民终341号民事判决书。

入的意思表示，成了事实上的共同发包人。因此，在审判实务中，可以结合第三人是否有实际履行行为来对第三人的真实意思进行衡量，判断其是否作出了债务加入的意思表示。

四、穷尽意思表示解释及结合其他辅助判断因素后仍无法作出准确判断时应推定为保证的意思表示

债务加入与保证天然具有相似性，这种相似性尤其表现在意思表示层面。[①]在第三人意思表示不明确，且在穷尽意思表示解释及结合其他辅助判断因素后仍无法确定其是否作出了债务加入的意思表示时，应当如何作出认定？在《民法典》未规定债务加入制度之前，我国司法实践曾确立过"存疑时推定为债务加入"的规则，即判断一个行为究竟是保证，还是并存的债务承担，应根据具体情况确定。如承担人承担债务的意思表示中有较为明显的保证含义，可以认定为保证；如果没有，则应当从保护债权人利益的立法目的出发，认定为并存的债务承担。[②] 但是应当看到，该规则在实际运用中不仅会加重第三人的负担，损害公平的交易环境，降低人们利用债务加入债权债务关系达成交易的预期，而且也不一定符合第三人的真实意思表示，显然这是不利于平衡各方利益的，该规则实不可取。

在第三人意思表示不明确，且在穷尽意思表示解释及结合其他辅助判断因素后仍无法确定当事人真实意思时，则需要援引存疑推定规则，推定行为人作出了保证的意思表示，这与我国《民法典》的基本价值理念也是相一致的。理由在于：其一，从第三人的角度出发，按照《民法典》第六百八十六条第二款"当事人在保证合同中对保证方式没有约定或者约定不明确的，按照一般保证承担保证责任"的立法精神，债务加入人的责任相较于保证责任更重，做有利于第三人的推定更符合立法精神。[③] 其二，从债权人的角度出发，无论是债务

① 王利明：《论"存疑推定为保证"——以债务加入与保证的区分为中心》，载《华东政法大学学报》2021年第3期。

② 详见最高法（2005）民二终字第200号民事判决书。

③ 刘贵祥：《民法典关于担保的几个重大问题》，载《法律适用》2021年第1期。

加入抑或是保证，其都是增加债务人责任财产的一种措施，然而，保护债权人的利益的前提是，债权人对于获得该利益具有合理的信赖。在对第三人的意思表示进行解释和判断后仍无法确定其是否构成债务加入的情况下，不能认为债权人可以合理信赖第三人会承担更重的责任，此时对于债权人的利益保护而言，将第三人的意思表示推定为保证并不会显著减损其权利。因而，即便从债权人利益出发，推定为保证亦未必对其不利。[①] 其三，从对债务人追偿的角度出发，保证人的地位更为有利。在保证中，保证债务是原债务的从债，保证人履行的是主债务人的债务，而非其自身的债务，此外，依据《民法典》第七百条“保证人承担保证责任后，除当事人另有约定外，有权在其承担保证责任的范围内向债务人追偿，享有债权人对债务人的权利，但是不得损害债权人的利益”之规定，保证人在承担保证责任后，其有权向债务人追偿。但在债务加入中，债务加入人履行的债务与原债务人无任何区别，其本质上是在履行自己的债务，因此，除当事人之间另有约定外，债务加入人在向债权人履行债务后，其无权向原债务人追偿，且我国《民法典》也并没有债务加入人可以向其他债务人追偿的规定。由此可见，债务加入中新加入债务人的责任要重于保证人的责任。[②]

综上，债务加入作为一种增信措施，通常对债务加入人设定的履约义务更为严格，对债务加入人的利益影响更大，因此要认定第三人构成债务加入，其必须要有明确的债务加入的意思表示。即使在第三人意思表示不明时，也需采用意思表示解释规则对其意思表示进行解释，同时结合其他辅助判断因素进行判断。若经此仍无法确定第三人的真实意思，则需要援引存疑推定规则，将其作出的意思表示推定为保证，切不可轻易将第三人作出的意思表示认定为债务加入。对第三人的意思表示采取如此认定方式，既充分尊重了当事人的意思自

① 夏昊晗：《债务加入与保证之识别——基于裁判分歧的分析和展开》，载《法学家》2019 年第 6 期。

② 王利明：《论“存疑推定为保证”——以债务加入与保证的区分为中心》，载《华东政法大学学报》2021 年第 3 期。

治，又能从根本上有效平衡各方当事人的利益，对于提升审判质效、贯彻实施好《民法典》关于债务加入的制度也将发挥重要的作用。

编写人：江西省樟树市人民法院　陈思奇

33

# 继承人均放弃继承的，对被继承人的债务仍负有协助执行义务

## ——唐某某诉李某某、卢某民间借贷案

**【案件基本信息】**

1. 裁判书字号

江苏省无锡市中级人民法院（2022）苏02民终6935号民事判决书

2. 案由：民间借贷纠纷

3. 当事人

原告（被上诉人）：唐某某

被告（上诉人）：李某某、卢某

**【基本案情】**

2018年2月2日，蒋某某向唐某某出具结算借条，确认结欠借款本息144000元一年归还，但此后唐某某未再联系上蒋某某。蒋某某在无锡市锡山区惠民护理院养老时，因护理院疏于管理看护导致蒋某某从后门出走后死亡，2020年1月8日注销户口。2020年12月6日，蒋某某女儿卢某、李某某向无锡市锡山区人民法院（以下简称锡山法院）提起生命权纠纷诉讼，要求护理院赔偿死亡赔偿金、丧葬费、精神损害抚慰金、交通费合计1143547.2元，双方于2021年10月20日达成调解，确认护理院向卢某、李某某支付325000元。后唐某某向锡山法院起诉卢某、李某某归还上述借款本息，一审中卢某、李某

某并未明确放弃继承，二审中明确放弃继承。除卢某、李某某外，蒋某某再无其他继承人。

**【案件焦点】**

1. 继承人提起侵权诉讼能否视为接受继承；2. 继承人均放弃继承的，对被继承人的债务如何承担责任。

**【法院裁判要旨】**

江苏省无锡市锡山区人民法院经审理认为：关于借款金额，唐某某提供的借条、银行取款记录及对借款过程的陈述，能够证明蒋某某向唐某某借款94000元。关于利息，唐某某的主张未超出双方的约定，其中部分应予调整。现因蒋某某已去世，依法应由蒋某某的法定继承人卢某、李某某在继承蒋某某遗产范围内对上述债务承担还款责任。卢某、李某某未进行任何抗辩或举证，视为放弃自身权利，应承担对其不利的法律后果。

江苏省无锡市锡山区人民法院依照《中华人民共和国民法典》第一千一百二十二条、第一千一百二十四条、第一千一百六十一条规定，判决如下：

卢某、李某某在继承蒋某某遗产实际价值范围内向唐某某归还借款94000元及利息。

卢某、李某某不服一审判决，提出上诉。江苏省无锡市中级人民法院经审理认为：第一，根据本案现有证据，可以认定蒋某某存在遗产，故应以蒋某某的遗产清偿蒋某某生前所负债务。现有证据可以证明蒋某某向唐某某借款9.4万元，蒋某某负有偿还借款并支付逾期利息的义务。因蒋某某的继承人卢某、李某某放弃继承遗产，故继承人卢某、李某某不承担清偿债务的责任，但以蒋某某的遗产清偿蒋某某的债务这一法律规定仍应得到执行。因蒋某某的继承人是最方便保管遗产的人，因此，卢某、李某某负有保管遗产并协助法院执行遗产的义务。第二，卢某、李某某在锡山法院提起诉讼，是基于蒋某某女儿的身份提起的侵权之诉，并不是作为遗产继承人在主张权利，不能认定为处理遗产、接受继承。

江苏省无锡市中级人民法院依照《中华人民共和国民事诉讼法》第一百七十七条第一款的规定，判决如下：

一、撤销一审判决；

二、确认蒋某某结欠唐某某借款94000元及相应利息，该款以蒋某某的遗产偿还；

三、李某某、卢某应妥善保管蒋某某财产，并协助法院执行遗产；

四、驳回唐某某的其他诉讼请求。

**【法官后语】**

在民间借贷纠纷中，债务人死亡，债权人起诉债务人的继承人在继承债务人遗产范围内承担清偿责任较为常见。以遗产的价值为限清偿死者生前所负债务是继承法确定的规则之一。继承开始后，继承人放弃继承的，应当在遗产处理前，作出放弃继承的表示。没有表示的，视为接受继承。继承人放弃继承的，对被继承人依法应当缴纳的税款和债务可以不负偿还责任。故继承人放弃继承，且尚无证据证明继承人已实际继承遗产的，继承人不承担清偿债务的责任。

本案例讨论了两个涉及特别情况的问题：一是继承人提起侵权诉讼能否视为接受继承、处理遗产？二是继承人均放弃继承的，在遗产管理人制度尚未有效落实的情况下，对被继承人的债务如何承担责任？

第一，继承人提起侵权诉讼不能视为接受继承、处理遗产。被侵权人死亡的，其近亲属有权请求侵权人承担侵权责任，赔偿死亡赔偿金、丧葬费、精神损害抚慰金等各项损失，继承人提起该侵权诉讼能否视为接受继承、处理遗产，关键在于认定死亡赔偿金、精神损害抚慰金是否属于遗产。遗产是自然人死亡时遗留的个人合法财产，“死亡时遗留”意味着“遗产”应当是死者生前已经取得或者约定取得的财产，包括财产权利。受害人一旦死亡，其权利能力即行终止，不再享有民事权利、承担民事义务，当然也不能以主体资格行使损害赔偿请求权。从赔偿请求权的角度分析，“死亡赔偿金”“精神损害抚慰金”是对具有“经济性同一体”性质的受害人家庭未来收入损失的赔偿，及对具有“情感性同一体”性质的死者家属精神抚慰，是受害人近亲属具有人身专属性质的法定赔偿金。“死亡赔偿金”“精神损害抚慰金”不是遗产，不能作为遗产被继承。本案中，卢某、李某某提起的生命权纠纷诉讼，是基于蒋某某女儿的身份提起的侵权之诉，并不是作为遗产继承人在主张权利，不能认定为处理遗产、接受继承。

第二，继承人均放弃继承的，在遗产管理人制度尚未有效落实的情况下仍负有协助执行义务。继承人均放弃继承遗产，则继承人不承担清偿债务的责任，但以被继承人遗产清偿被继承人的债务这一法律规定仍应得到执行。《中华人民共和国民法典》第一千一百四十五条规定，继承人均放弃继承的，由被继承人生前住所地的民政部门或者村民委员会担任遗产管理人。但遗产管理人制度并未明确此种情况下，正在进行中的庭审是中止还是由法官驳回起诉？是债权人申请追加还是法院指定？在遗产管理人制度尚未得到有效落实、现阶段适用率较低的情况下，为了避免遗产处于无序混乱状态，甚至发生价值减损、损害债权的风险，鉴于继承人是最方便保管遗产的人，且部分继承人可能存在继续占有使用被继承遗产的情况，全部继承人均放弃继承的，继承人仍负有保管遗产并协助法院执行遗产的义务。

编写人：江苏省无锡市中级人民法院　龚甜　刘英　尹慧

34

# 民法典实施后债务加入和保证在司法中的认定

——白某、闫某诉席某等民间借贷案

## 【案件基本信息】

1. 裁判书字号

河北省邯郸市中级人民法院（2022）冀04民终4790号民事判决书

2. 案由：民间借贷纠纷

3. 当事人

原告（被上诉人）：白某、闫某

被告：李某1

被告（上诉人）：席某

被告：李某2

【基本案情】

原告白某、闫某（被上诉人）诉称：被告李某1通过原告闫某认识了原告白某。被告李某1于2014年6月、7月先后向原告借款72万元（转款61万元，信用卡转款6万元、现金5万元）。2014年12月，席某代其母被告李某1偿还了10万元，并写下欠条，其承诺余下62万元由席某和其母被告李某1共同偿还，被告李某2给提供担保，保证在2014年农历年底前还清，到期后，原告多次找被告要求还款，被告一直一拖再拖。直到2021年7月14日被告李某1才通过朋友张某给原告闫某转款0.5万元，后李某1又于2021年10月12日转付原告闫某0.3万元。截至目前，被告尚欠原告61.2万元。故原告诉至法院，请求：（1）被告李某1、席某立即偿还原告61.2万元及欠款期间的利息约5万元（自欠款之日起即自2014年12月17日起至执行完毕）；（2）被告李某2承担连带还款责任。

被告李某1、席某（上诉人）、李某2共同辩称，原告在诉状中所述与事实不符，原告起诉的款项不是被告李某1的个人借款，而是原告存放在珠宝公司的集资款。被告李某1、席某没有还款义务，李某2没有担保责任。武安市人民法院已经做出（2021）冀0481民初1754号民事裁定书，认定本案不属于民事诉讼范围，驳回了原告的起诉，该裁定书已经生效具有法律效力，原告不能就该案再次起诉。

法院经审理查明，2014年7月7日，白某通过银行转账、信用卡转账、现金等方式共给付李某72万元，同日，李某1又将其中银行转账61万元转给闫某，由闫某将该61万元转入武安市福源金生饰品销售有限公司法定代表人栗某账户。2015年5月5日，武安市人民检察院以武检公诉刑诉（2015）111号起诉书指控李某1犯非法吸收公众存款向本院提起公诉。席某为取得白某、闫某的谅解，为其母亲李某1获取从轻处罚的机会，给付白某10万元并出具欠据，内容载明“席某、李某1今借到白某62万元现金（陆拾贰万元整），于2014年农历年底还清”，席某代李某1在借条上签字，李某妹妹李某2为该笔借款提供担保。白某于2014年12月17日出具证明，内容为“白某在桥西路珠宝公司存放现金72万元整（柒拾贰万元整）于2014年12月17日全部还清。特此证明”。2015年10月30日，经武安市人民法院（2015）武刑初字第178号刑事判决书认定，李某1个人吸收公众存款74.75万元，已全部退还给集资人，并取得集资人的谅解，有悔罪表现，可以酌情从轻处罚，依法判决被告人李某1犯非法吸收公众存款罪，判处有期徒刑一年六个月，并处罚金人民币50000元（判决生效后10日内缴纳）。2021年7月14日，李某1朋友张某向闫某微信转账5000元，2021年10月12日，李某1向闫某转账3000元。

**【案件焦点】**

被告席某应承担何种责任。

**【法院裁判要旨】**

河北省武安市人民法院认为，虽然案涉款项基础法律关系系非法吸收公众存款，但是席某为了减轻其母李某1的刑事处罚，给付了白某10万元，并给白某出具了欠据，白某据此给席某出具了该笔已偿还清的证明并对李某1予以谅解，致使李某1得到了从轻处罚，并且未被判决集资款予以追缴，致使白某通过刑事诉讼没有救济途径。席某给白某出具的欠据，具有担保性质，应当承担偿还责任。李某1本人未在欠据上签字，席某代李某1签字，李某1事后未追认，席某的行为构成无权代理，李某1不承担还款责任。因李某2的担保已经超过担保期限，李某2不承担连带还款责任。

武安市人民法院判决如下：

一、被告席某于本判决生效后十日内偿还原告白某、闫某借款61.2万元。（利息计算以借款本金61.2万元为基数，自2015年2月19日起，按照当时一年期贷款市场报价利率计算至实际偿还完毕之日止)；

二、驳回原告白某、闫某的其他诉讼请求。

被告席某不服，提出上诉。河北省邯郸市中级人民法院经审理认为：虽然案涉款项基础法律关系系非法吸收公众存款，但是席某为了减轻其母李某的刑事处罚，给付了白某10万元，并给白某出具了欠据，白某据此给席某出具了该笔已偿还清的证明并对李某予以谅解，致使李某得到了从轻处罚，并且未被判决集资款予以追缴，致使白某通过刑事诉讼没有救济途径。席某作为完全民事行为能力人，对其作出的行为后果应有预判，其给白某出具欠条，并承诺年底还清，应视为其自愿承担李某1所负债务，为债务加入。故一审判决席某承担本案债务并无不当。

河北省邯郸市中级人民法院依照《中华人民共和国民事诉讼法》第一百七十七条第一款第一项之规定，判决如下：

驳回上诉，维持原判。

**【法官后语】**

本案主要涉及对债务加入和保证的正确区分认定问题。在审判实践中，债务加入与保证存在诸多相似之处，二者容易混淆。

一、债务加入与保证的联系

债务加入与保证不论是在外观表现，还是内在功能上均存在相似之处，这也是实践中二者容易混淆的原因。债务加入与保证的联系体现在以下三个方面：第一，第三人加入他人债务与第三人为他人债务提供担保，都增加了责任财产的范围，提高了债权受偿的概率，二者发挥的功能相似。第二，债务加入与保证均体现为在一定条件下，债权人可以请求第三人就债务人的债务承担责任，第三人履行后，原债权、债务关系在相应的范围内消失。第三，债务加入与保证有可能并存于同一债权债务关系中。对此民法典第六百九十七条第二款明确规定：第三人加入债务的，保证人的保证责任不受影响。

二、债务加入与保证的区别

尽管债务加入与保证存在诸多相似之处，但从本质来看，债务加入与保证属于不同的法律关系。二者的区别体现在以下四个方面：第一，是否具有从属性不同。保证合同是主合同的从合同；而债务加入系独立的合同，第三人加入债务后成为主债务人之一，债权人对债务加入人享有独立的请求权。第二，责任时限不同。债务加入不受保证期间的限制，只受诉讼时效的限制；而保证则需要受到保证期间和诉讼时效的双重限制。第三，当事人的地位不同。第三人加入债务后享有与原债务人同等的债务人地位，只要履行期限届满，债权人即可以要求第三人承担相应的债务。而保证人由于具有从属性，不仅可以享有债务人的抗辩权，还可以基于保证合同对债权人主张抗辩权。第四，能否进行追偿不同。首先，能否向债务人追偿不同。保证人承担保证责任后，除另有约定外，有权在其承担保证责任的范围内向债务人追偿。债务加入的第三人履行债务后是否对债务人享有追偿权，法律并未进行明确规定，当事人可以对此进行约定。其次，能否向债务人的担保人追偿不同。《最高人民法院关于适用〈中华人民共和国民法典〉有关担保制度的解释》第十三条规定了担保人有权向其他担保人追偿的两种情形：担保人之间约定相互追偿和担保人在同一份合同书上签字、盖章或按指印。不过法律和司法解释均未规定债务加入人承担债务后可以向债务人的担保人追偿。

三、区分债务加入与保证的具体思路

《最高人民法院关于适用〈中华人民共和国民法典〉有关担保制度的解释》第三十六条对债务加入与保证的区分认定提出了指导性意见：具有提供保证意思表示的，按保证处理；具有加入债务或者与债务人共同承担意思表示的，按债务加入处理；难以确定的，应当认定为保证。面对审判实践中纷繁复杂的案件情况，对债务加入与保证的区分规则还需要进一步细化。

第一，优先通过第三人所使用的措辞用语来认定。若第三人提供的承诺中含有“保证”“保证人”“保证期间”“提供担保”等字样的，应首先推定为第三人具有提供保证的意思表示，认定为保证；若第三人明确提出“加入债务”“作为共同借款（债务）人”“与债务人共同偿还”等字样的，一般应认定为第三人具有债务加入的意思表示。

第二，措辞用语中既有保证又有债务加入意思表述的，应当以表意更直接的字样来认定。若第三人在承诺中表明“由本人对该笔债务提供担保，若债务人不履行，由本人负责赔偿”，该承诺中虽然既有“担保”，又有“由本人负责赔偿”，但究其本意为提供担保，不宜认定为债务加入。

第三，承诺中无明显标志性词语的，根据第三人承诺的具体事项进行认定。首先，分析第三人承诺的核心意思表示，比如“由本人承担”“代替债务人履行”等，上述类似的表示体现的本质为债务加入；若第三人承诺“在债务人到期不履行时，由其承担责任”，该类表述体现的本质为保证。其次，从第三人所承担的债务与原债务是否具有主从关系上进行认定，若第三人所承担的债务可以独立于原债务存在，债权人对第三人具有独立的请求权，则为债务加入，反之则为保证。最后，第三人未以明确方式体现债务加入意思表示的，则不能认定为债务加入。难以确定是保证还是债务加入的，根据《最高人民法院关于适用〈中华人民共和国民法典〉有关担保制度的解释》第三十六条第三款的规定：“前两款中第三人提供的承诺文件难以确定是保证还是债务加入的，人民法院应当将其认定为保证。”即存疑推定为保证。

就本案而言，应结合席某出具的承诺文件的字面意思、愿意承担的债务范围、履行顺位等因素进行综合考虑。席某出具的欠条书写的内容为：“内容载明“席某、李某1今借到白某62万元现金（陆拾贰万元整），于2014年农历年底还清”。该内容并未表明在李某不能承担债务时才由席某承担责任，因此不能认定为一般保证；席某也无与李某承担连带责任的意思表示。席某为自己所承担的债务限定了履行期限（2014年农历年底还清）、债务范围（本金62万元），系独立的合同，席某的意思表示符合民法典第五百五十二条关于债务加入的规定。

编写人：河北省武安市人民法院　郭利杰

35

# 认定特殊履行行为系当事人作出债务加入意思表示的规则

——陈某诉向某1等民间借贷案

## 【案件基本信息】

1. 裁判书字号

重庆市第二中级人民法院（2022）渝02民终504号民事判决书

2. 案由：民间借贷纠纷

3. 当事人

原告（被上诉人）：陈某

被告（上诉人）：向某1

被告：向某2、黄某、重庆投资公司

## 【基本案情】

2013年6月13日，陈某向案外人张某转款30万元。同日，重庆投资公司向陈某出具《收据》，载明交款单位："陈某借给重庆投资公司30万元整（利息按2%）半年给一次。"张某在出纳栏后签字，重庆投资公司在该收据上加盖财务专用章。诉讼中，陈某自认重庆投资公司按约偿还利息至2014年12月23日，共偿还利息10.8万元。2017年8月17日，向某1向陈某出具《欠条》载明："今借到陈某现金180000元整，现定于2018年7月30日还清。"2017年8月29日，向某1委托其妻子朱某向陈某转款30万元，银行交易凭证所附"交易地点/附言"处载明"同城收款=用途、备注（还借款）"。向某1主张其只有加入18万元债务的意思表示和超付12万元的行为，并无加入重庆投资公司48万元全部债务的意思表示。

**【案件焦点】**

如何认定当事人的特殊履行行为系作出了债务加入的意思表示？

**【法院裁判要旨】**

重庆市万州区人民法院经审理认为：向某 1 向陈某出具《欠条》的行为，明确其对于陈某具有 18 万元的给付义务。通过陈某与向某 1 的庭审陈述，均表示该 18 万元系重庆投资公司与陈某结算后出具，根据借款本金 30 万元及约定利率计算，截至陈某出具《欠条》时，实际产生利息超过 18 万元，陈某做出一定让步后将截至 2017 年 8 月 17 日的利息计算为 18 万元合乎情理。即截至 2017 年 8 月 17 日重庆投资公司尚欠陈某借款本金 30 万元，利息 18 万元。向某 1 出具《欠条》的行为属于对重庆投资公司借款 30 万元本息中 18 万元的债务加入。对于《欠条》上所列明的欠款 18 万元系本金还是利息的问题，《欠条》上所载明的欠款支付时间为 2018 年 7 月 30 日还清，向某 1 却委托其妻子朱某于 2017 年 8 月 29 日向陈某转款 30 万元，若向某 1 系为其自身归还《欠条》所列欠款，则该欠款已经支付完毕，且已远超出其所谓应清偿的范围，显然不符合常理。本案中，30 万元与 18 万元具有独特的标识和明显的区分，向某 1 自愿将重庆投资公司所欠 30 万元借款本金先行偿还进而停止利息的持续增加具有较高可能性，而向某 1 给陈某所出具的是欠条而非借条，且没有就利息内容进行约定增强了这一可能性，故一审法院认定陈某所出具《欠条》所列 18 万元应当为结算后的利息。该 18 万元利息系因重庆投资公司借款产生，陈某并未放弃对要求重庆投资公司支付该部分利息的主张，故重庆投资公司应就该借款利息承担支付责任。向某 1 在约定时间内并未履行支付义务，应就该 18 万元承担连带责任。

重庆市万州区人民法院依照《最高人民法院关于适用〈中华人民共和国民法典〉时间效力的若干规定》第一条第二款，《中华人民共和国合同法》第四十四条第一款、第六十条第一款、第一百零七条，《最高人民法院关于审理民间借贷案件适用法律若干问题的规定》第二十七条第一款、第三十一条，《中华人民共和国民事诉讼法》第六十四条、第一百四十四条的规定，作出如下判决：

一、重庆投资公司、向某1在一审判决生效后十五日内连带支付陈某借款利息18万元；

二、驳回陈某的其他诉讼请求。

向某1持原审答辩意见提起上诉。

重庆市第二中级人民法院经审理认为：一、向某1未对其加入18万元债务而偿还30万元款项做出合理解释。陈某对向某1出具18万元《欠条》却偿还30万元的解释为：双方协商先还本金，结算至2017年8月17日让步了部分利息后，出具金额为18万元的利息《欠条》，所以向某1在出具《欠条》十余天后便偿还了30万元借款本金。经核算，截至2017年8月17日，重庆投资公司应向陈某支付的利息金额为19.2万元。陈某称双方当事人协商一致减免部分利息至18万元具有合理性，陈某在诉讼中的该陈述亦与尚未发生本案争议时陈某收取还款、接受《欠条》的行为相符。而向某1对此的陈述，其是为了帮陈某结清陈某在重庆投资公司处出借的借款。按照通常逻辑，应是陈某收取由向某1向陈某支付的款项，并由陈某向向某1出具收条，本案中却是由提供帮助与资金的向某1向陈某出具，义务为偿还高额款项的《欠条》，与常理不符；另外，在向某1自述重庆投资公司尚欠其600余万元的债务的情况下，向某1愿意另行承担重庆投资公司尚欠其他人的债务，与常理不符。

二、向某1偿还30万元的特殊履行行为足以认定其作出了加入重庆投资公司欠陈某本金30万元债务的意思表示。陈某在提起本案诉讼时，自述“截至2017年8月17日尚欠本金30万元，利息18万元”。如前所述，陈某对案涉《收据》《欠条》、收款情况均做出了合理解释。陈某的该主张，系债权人陈某让渡自身部分权利，以敦促债务人及时履行债务，符合日常经验逻辑。向某1在出具由利息结算而成的《欠条》后十余天，便向陈某支付30万元并备注为“还借款”，且向某1作为长期从事商事活动的主体，如其认为偿还的30万元已经涵盖《欠条》载明的18万元，却在数年间未将《欠条》收回亦与常理不符。综合全案证据，向某1的前述行为应系其自愿做出的，愿意加入重庆投资公司尚欠陈某的借款本金所涉债务，并实际偿还完毕的行为，即向某1为停止计息先行偿还借款本金的趋利避害行为。遂判决：

驳回向某1的上诉，维持原判。

## 【法官后语】

“债务加入也称并存的债务承担，是指第三人与债务人约定加入债务，或者第三人向债权人表示愿意加入债务，作为新债务人和原债务人一起向债权人负有连带债务。”[①] 在民法典第五百五十二条明确规定了债务加入的构成要件，原合同法中对此未作规定。即便如此，因现实交易、司法实践中普遍存在债务加入的情形，民事裁判中采取认定共同债务人的方式，早已实际使用债务加入这一概念。

民法典第四百九十条第二款规定“法律、行政法规规定或者当事人约定合同应当采用书面形式订立，当事人未采用书面形式但是一方已经履行主要义务，对方接受时，该合同成立”，该条规定是原合同法第三十六条的沿袭，认定通过履行行为使得合同成立，在理论上称作“履行治愈论”，有学者认为，该条是“关于欠缺法定形式的合同可用实际履行而补正的规定”[②]。综观各国的立法模式和司法实践，大致存在两种治愈模式：一般治愈模式和个别治愈模式。前者是将条款设置于总则中，普适于各种合同类型；后者是将条款设置于特殊法或特殊合同类型中。在我国，条款设置于原合同法总则、民法典合同编通则中，属一般治愈条款。该类模式优点在于如无特别规定，通常合同类型均可因履行行为弥补合同形式的欠缺，有效保护当事人之间的意思自治，维护交易稳定；缺点在于使法定或约定的要式合同之要求落空。故在适用本条裁判时，应审慎审查当事人的行为方式、行为目的、行为结果。

---

① 王利明：《论“存疑推定为保证”——以债务加入与保证的区分为中心》，载《华东政法大学学报》2021年第3期。

② 王洪：《合同行使欠缺与履行治愈论——兼评〈合同法〉第36条之规定》，载《现代法学》2005年第3期。

一、行为方式为履行主要合同义务

主要合同义务，就是合同当事人所负的基本义务，如买卖合同中一方交付标的物、一方给付相应价款。本案为民间借贷纠纷，主要合同义务即是一方出借款项、一方偿还借款。本案中，借款本金为30万元，向某1向陈某偿还的也是30万元且备注为还借款，能够初步认定向某1履行了主要合同义务。需要注意的是，履行主要义务要以合同标的确定为条件，即双方就合同标的达成了一致，否则无法认定是否履行主要义务，不能认定合同成立。

二、行为目的为与债务人共同承担债务

债务加入与保证均具有担保债权实现的作用，但二者在承担责任的方式、法律后果上存在明确区别。且在《最高人民法院关于适用〈中华人民共和国民法典〉有关担保制度的解释》第三十六条第三款中，明确规定“存疑推定为保证”，更需裁判者从愿意承担债务的范围、是否存在履行顺位等方面审慎认定第三人的行为目的。在（2019）最高法民终341号案件中，认定甲公司实际参与了案涉工程的施工管理，参加相关会议，并就已完工程量与乙公司进行核对，核对后由甲公司按合同约定向丙公司支付了工程进度款。该案中甲公司愿意支付的是乙公司应当向丙公司支付的全额工程款，且已实际履行，不存在甲公司、丙公司有先后履行顺位的问题。本案亦是，向某1直接向陈某偿还30万元，并出具没有履行顺位的18万元《欠条》，两笔款项金额亦为案涉债务的全额欠款本息。再结合向某1出具《欠条》后十余日便偿还款项、未要求收回《欠条》等事实，人民法院能够认定向某1的履行行为，目的是加入陈某尚欠重庆投资公司的债务，偿还重庆投资公司尚欠陈某的借款本息48万元。

三、行为结果为履行债务的主体增加

债务清偿期届满后第三人清偿部分或全部债务，在缺乏书面形式要件时，第三人的履行与债权人的受领可能构成第三人代为履行，亦可能属于债务加入，如何准确把握及认定也成为审判实践中的难点、争点。当第三人未履行或未全部履行债务时，虽二者均不产生旧债务部分或全部消灭的法律后果，且均给予第三人以负担，但确有本质的区别：（1）第三人代为履行时由债权人与债务人所达成的协议，不能约束第三人。债务加入只需要第三人作出明确的清偿债务的意思表示，无须债权人或债务人明确同意。(2) 第三人代为履行中，第三人仅是债务履行的辅助人。债务加入中，第三人加入债权人和债务人的合同关系中成为合同的当事人，与债务人共同承担清偿责任。(3) 第三人代为履行中，债权人只能向债务人主张合同权利。债务加入时，债权人享有自主选择权。由此可见，就第三人的履行负担而言，债务加入显然高于第三人代为履行。因此，当缺乏第三人加入债务愿意清偿的意思表示时，应作出有利于第三人的认定，即第三人代为履行。反之，则为债务加入。

编写人：重庆市第二中级人民法院　何仕林
重庆市万州区人民法院　任英龙

36

# 债务加入和保证的区分认定

## ——沈某某诉闵甲等民间借贷案

**【案件基本信息】**

1. 裁判书字号

湖北省恩施土家族苗族自治州中级人民法院（2022）鄂28民终2616号民事判决书

2. 案由：民间借贷纠纷

3. 当事人

原告（被上诉人）：沈某某

被告（上诉人）：闵甲、杨某某、闵乙

【基本案情】

闵丙系闵甲之子，与杨某某于2016年6月6日登记结婚，闵乙系闵丙与杨某某之女。闵丙于2014年10月24日、11月28日分别向沈某某借款10000元、20000元共计30000元，并分别向沈某某出具借条。闵丙因病于2021年11月5日去世。2021年11月30日，沈某某找闵甲催收上述借款，闵甲承诺还款并由韩某某为其代书《债务现金承诺书》，闵甲在承诺书上盖指印确认，张某某、向某某作为见证人签名。该《债务现金承诺书》载明：我儿闵丙（今年已去世）于2014年下半年两次借沈某某现金3万元，我作为父亲应承担子债父还的责任，在此我承诺卖田后一定偿还我儿闵丙所借沈某某这3万元现金，以此为据。沈某某因催收未果，遂诉诸一审法院。

另查明，闵丙无兄弟姐妹，其母邵某某于2021年11月9日去世。闵甲承包来凤县农村集体土地，其中0.937亩（补偿费52190元）因国家建设需要被征收，闵甲家在来凤县有房屋一套。

【案件焦点】

1. 闵甲承担债务的承诺书构成债务加入还是保证；2. 继承人杨某某、闵乙是否以所得遗产实际价值为限清偿被继承人闵丙依法应当缴纳的税款和债务。

【法院裁判要旨】

湖北省来凤人民法院经审理认为，沈某某与闵丙之间民间借贷关系明确，该民间借贷关系合法有效并受法律保护。第三人与债务人约定加入债务并通知债权人，或者第三人向债权人表示愿意加入债务，债权人未在合理期限内明确拒绝的，债权人可以请求第三人在其愿意承担的债务范围内和债务人承担连带债务。闵丙于2014年向沈某某借款3万元已经闵甲确认并承诺偿还，该借款发生于闵丙与杨某某婚前，可视为当时闵丙家庭共同债务，依法应由原家庭成员闵丙及其父母闵甲、邵某某以家庭共同财产偿还。闵甲承担债务的承诺书构成债务加入。闵丙生前未立遗嘱，其家庭财产中属于闵丙所有部分在其去世后发生法定继承，闵丙的父母、子女、配偶均为第一顺序继承人分别继承相应份额。

闵丙的母亲邵某某生前未留有遗嘱，其所享有的家庭财产份额以及继承闵丙的份额在其去世后再次发生法定继承，闵丙的父亲闵甲作为第一顺序继承人，闵乙作为闵丙之女可以代位继承闵丙作为第一顺序继承人，分别继承相应份额。闵丙及其母亲去世后，遗产未进行分割，杨某某、闵乙也未明确表示放弃继承或代位继承，故依法应当对闵丙的债务在接受遗产实际价值范围内承担清偿责任。

综上所述，依照《中华人民共和国民法典》（以下简称民法典）第四百六十五条、第五百零九条第一款、第六百七十五条、第六百七十九条、第六百八十条第二款、第一千一百五十九条、第一千一百六十一条，《最高人民法院关于审理民间借贷案件适用法律若干问题的规定》第十三条、第十八条，《中华人民共和国民事诉讼法》第一百四十五条、第一百四十七条的规定，判决如下：

一、闵甲偿还沈某某借款人民币 30000 元；

二、杨某某、闵乙对上述第一项借款人民币 30000 元在接受闵丙遗产实际价值范围内向沈某某承担连带偿还责任。

闵甲、杨某某、闵乙不服一审判决提出上诉，二审法院经审理后同意一审法院裁判意见，依照《中华人民共和国民事诉讼法》第一百七十条第一款第一项之规定，作出如下判决：

驳回上诉，维持原判。

## 【法官后语】

随着社会经济的发展，近年来民间借贷纠纷案件多发，民法典第五百五十二条的规定，首次将债务加入作为一项民事法律制度加以确认，赋予民事主体更加多元的选择，为民事经济活动和司法实践提供了明确的指引。本案中，审理法院结合具体案情，依法认定闵甲向沈某某作出的《债务现金承诺书》不属于债务保证，而是构成债务加入，是人民法院适用民法典新增制度规则的一次生动实践。

本案主要涉及对债务加入和保证的正确区分认定问题。在审判实践中，债务加入与保证存在诸多相似之处，二者容易混淆。债务加入和保证均属于民法典合同编的调整范畴，对债务加入与保证的区分认定，还需要根据具体情况进行综合认定。

一、债务加入与保证的联系

债务加入与保证的联系体现在以下三个方面：(1) 第三人加入他人债务与第三人为他人债务提供担保，都增加了责任财产的范围，提高了债权受偿的概率，二者发挥的功能相似。(2) 债务加入与保证均体现为在一定条件下，债权人可以请求第三人承担责任，第三人履行后，原债权、债务关系在相应的范围内消失。(3) 债务加入与保证有可能并存于同一债权债务关系中。

二、债务加入与保证的区别

二者的区别体现在以下三个方面：(1) 债的性质不同。保证关系中，保证债务是主债务的从债务，体现了相对独立性和从属性。债务加入中第三人所承担的债务与原债务人的债务具有同一性，二者并不是主从债务的关系，第三人加入原债之关系后，成为一个新的主债务人。(2) 期间不同。保证责任之承担必须在主债务履行期届满后才能发生，且保证期间系除斥期间；而债务加入的期限不必等待原债务人的履行期届满，可以协议提前亦可以延后，如果第三人在期限届满后未履行债务，则受诉讼时效的约束。(3) 意思表示不同。保证要求当事人有明确的意思表示，不得推定；而债务加入并不必然要求当事人有明确的意思表示，可以根据当时的具体情形加以确定，如债务承担人对债务加入有自己的利益，就可以推定为债务加入。

三、债务加入与保证的认定

对于如何认定债务加入与债务保证：首先，必须坚持文义优先原则。如果承诺函或协议明确使用“保证”或“债务加入”的措辞，原则上应依其表述进行相应的定性，除非存在足以支持偏离文义进行解释的特别事情，即词句文义优先。其次，判断第三人愿意承担的债务内容与原债务是否具有同一性。这种区分可以从两个方面加以把握：一方面，从债务数额来说，保证人往往约定的是承担主债务人不能履行的差额部分，而债务加入的约定数额往往是加入债务时的既有债务，与主债务人嗣后的履行情况没有关系。另一方面，保证范围的约定往往包括了违约金、损害赔偿金和实现债权的费用，而在债务加入中，债务加入人负担债务之范围以加入之时原债务的内容为限，对原债务人的违约责任不予负责。因此，在个案中判断第三人的行为究系债务加入抑或保证，最重要的是探究第三人的真实意思，以确定其意欲承担的是独立的还是从属的债务。

就本案而言，应结合闵甲出具的《债务现金承诺书》的字面意思、愿意承担的债务范围、履行顺位等因素进行综合考虑。该承诺书内容并未表明在其他人不能承担债务时才由闵甲承担责任，因此不能认定为一般保证；闵甲也无与其他人承担连带责任的意思表示。闵甲为自己所承担的债务限定了履行期限（卖田后）、债务范围（3万元现金），系独立的合同，闵甲的意思表示符合债务加入的法律规定，沈某某作为债权人仅能要求闵甲在其明确愿意承担的债务范围内承担偿还责任。

另外，继承人应以所得遗产实际价值为限清偿被继承人依法应当缴纳的税款和债务。故法院判决杨某某、闵乙在接受闵丙遗产实际价值范围内向沈某某承担连带偿还责任符合法律规定。

**编写人：湖北省来凤县人民法院　杨静波**

# 七、证据与时效

37

## 民间借贷纠纷中对法人主体“自有资金”的审查标准不宜过苛

——北京实业公司诉涿州房地产公司、华某民间借贷案

### 【案件基本信息】

1. 裁判书字号

北京市第三中级人民法院（2022）京03民终11445号民事判决书

2. 案由：民间借贷纠纷

3. 当事人

原告（被上诉人）：北京实业公司

被告（上诉人）：涿州房地产公司、华某

### 【基本案情】

2016年6月，北京实业公司与涿州房地产公司、华某签订《借款合同》，约定涿州房地产公司向北京实业公司借款人民币5000万元，借款期限1年，利息为年利率15%，仅限于甲乙双方合作公司经营使用，华某提供连带保证责任。合同还约定，合作公司经营过程中，股东按股权比例收回资金时，乙方收回的部分优先偿还甲方借款、利息及违约金等。

2016年9月13日，北京实业公司向涿州房地产公司转账4000万元，向合

作公司汇入1000万元。同日，涿州房地产公司及保证人华某出具《借款收条》。

2019年9月6日和9日，北京实业公司分别向涿州房地产公司和华某邮寄《律师函》，对案涉欠款进行催款。

涿州房地产公司向北京实业公司回函，答复借款逾期事实存在，要求延期或对合作公司进行清算。

2020年3月10日，合作公司通过《2020年第一次董事会决议》，会议决议包括：2020年年底前偿还所有股东借款本金3.36亿元。涿州房地产公司主张该决议系北京实业公司、涿州房地产公司、合作公司共同参与形成，各方同意由合作公司在2020年年底前偿还所有股东借款，其中就包含了本案案涉借款，并已实际履行了部分。北京实业公司称其与合作公司之间也存在借款，董事会决议中的3.36亿元均指的是股东借款金额，不包括本案诉争借款，合作公司向北京实业公司支付的款项属于合作公司偿还股东借款，与本案诉争借款没有关系。

北京实业公司称涉案出借资金系其公司自有资金，并提交了对公账户活期存款明细账。涿州房地产公司主张北京实业公司注册资金为2000万元，且是认缴，从银行对账单上看不出是营业收入未分配利润，但可以清晰地证明直到2016年9月13日是由北京城建北方德远（牡丹江）置业有限公司出借给北京实业公司8000万元，北京城建北方园林绿化有限公司出借给北京实业公司4500万元，两个单位都是独立的营利性法人单位，摘要是往来款，实际是借款，另外2016年9月13日前后均有个人集资款，根据相关规定，“以向其他营利性法人借贷”以及个人集资的借贷合同无效。北京实业公司对此不予认可，称款项为往来款并非借款，且个人资金往来主要发生在2016年9月13日之后，与本案无关。

华某的意见均同涿州房地产公司意见。

【案件焦点】

案涉借款是否非北京实业公司自有资金，案涉借款合同是否存在无效情形。

【法院裁判要旨】

北京市顺义区人民法院认为：涿州房地产公司虽主张北京实业公司的出借资金非自有资金、借款合同无效，认为北京实业公司提交的对公账户活期存款明细账不能证明其目的，且提出系来源于向其他营利性法人借贷及个人集资，但其并未对此提交证据予以证明，故一审法院对涿州房地产公司的抗辩难以采信。

涿州房地产公司虽主张合作公司的还款系本案还款，但本案借款5000万元的借款人系涿州房地产公司并非合作公司，且涿州房地产公司并未提交证据证明三方对此有过约定，故一审法院对其辩解不予采信。因此涿州房地产公司应依照《借款合同》约定偿还涿州房地产公司借款本金以及利息。北京实业公司主张的逾期利息及违约金，不违反法律规定，一审法院予以支持。

华某为《借款合同》《借款收条》中约定的连带责任保证人，应当对前述涿州房地产公司的债务承担连带责任。

北京市顺义区人民法院判决如下：

一、涿州房地产公司于判决生效之日起七日内偿还北京实业公司借款本金5000万元及借期内（自2016年9月13日至2017年9月12日）利息750万元；

二、涿州房地产公司于判决生效之日起七日内支付北京实业公司逾期利息及违约金（以5000万元为基数，自2017年9月13日起按照年利率15.4%计算至实际付清之日）；

三、华某对判决第一项、第二项确定的涿州房地产公司的债务向北京实业公司承担连带清偿责任。

涿州房地产公司、华某不服一审判决，提起上诉。

北京市第三中级人民法院经审理认为：北京实业公司就案涉出借款项的资金来源提交了其对公账户活期存款明细账，关联企业就汇入资金的情况说明及证明、证人证言等相关证据，上述证据形成较为完整的证据链，证明北京实业公司出借的资金来源符合法律规定；涿州房地产公司、华某虽否认上述款项系北京实业公司的自有资金，但并未提交充分的证据证明上述款项系来源于金融机构或其他营利性法人的借贷资金；涿州房地产公司推定北京实业公司的资金来源非自有资金，系非法转贷牟利，明显缺乏充分依据。相关司法解释关于该类借贷合同无效的立法初衷系为防止转贷牟利行为，破坏正常的金融监管秩序；北京实业公司出借资金给涿州房地产公司系为帮助合作伙伴，保障项目所涉目标公司的出资资金顺利到位，北京实业公司通过其上级企业内部协调，调拨相互关联企业、其下属企业资金用于出借并不构成转贷牟利行为，亦不会对金融监管秩序造成实质性损害。综上，一审法院对涿州房地产公司关于合同无效的主张不予采信，并无不当，本院予以维持。

涿州房地产公司关于由合作公司承担还款责任、自身还款责任免除的上诉主张，二审法院同意一审法院裁判意见。

北京市第三中级人民法院依照《中华人民共和国民事诉讼法》第一百七十七条第一款第一项之规定，作出如下判决：

驳回上诉，维持原判。

**【法官后语】**

《全国法院民商事审判工作会议纪要》（以下简称《九民纪要》）出台后，大量借款人根据纪要第五十二条之规定，要求法院严格审查出借人资金来源，并以出借资金非其自有资金为由对合同效力提出抗辩。此时，如何把握自有资金的审查标准，如何进行举证责任分配，从而对合同效力进行认定，系司法实践中值得探讨的问题。本案主要涉及企业间民间借贷合同效力的认定问题，故下文主要讨论企业出借人的资金来源审查及举证责任分配问题。

一、我国关于民间借贷出借资金的法律规定

关于民间借贷纠纷的法律规定，除了民法典总则及合同编的一般规定外，主要为最高院出台的《关于审理民间借贷案件适用法律若干问题的规定》（以下简称《民间借贷司法解释》）。涉及出借资金的规定主要体现在《民间借贷司法解释》第十三条（修订前的为2015年《民间借贷司法解释》第十四条）。该条为合同效力的排除条款，其中第一、二项从效力否定层面对导致合同无效的资金来源进行列举式规定，即以套取金融机构贷款、其他营利法人借贷、向本单位职工集资、向公众非法吸收存款等方式取得的资金，均为法律所禁止的不能用于转贷的资金。

在《民间借贷司法解释》修订前，2019年最高院出台的《九民纪要》，曾对民间借贷高利转贷的无效要件作出了进一步规定。值得注意的是，与司法解释仅对民间借贷禁止性资金来源进行列举式规定不同，纪要第五十二条第一句从正面对资金来源必须是自有资金进行了规定。纪要出台后，大量借款人以此为由要求法院对出借资金来源进行严格审查，主张应由出借人对资金来源系自有资金进行举证，并要求由出借人承担举证不能的不利法律后果。本案中，涿州房地产公司即是主张应当由北京实业公司对于出借资金的来源进行举证，并且在北京实业公司提交的银行明细显示其与其他营利法人存在大笔款项往来，而其又未能举证该往来款性质的情况下，主张应当由北京实业公司承担举证不能的不利法律后果，并由此认定案涉借款合同无效。涿州房地产公司的抗辩意见是否应被采信，关键在于其主张的证明责任分配规则是否合理。

二、我国关于合同效力证明责任分配的法律规定

证明责任分配的本质系依据特定规则，在双方当事人之间对事实真伪不明的风险进行分配。我国关于证明责任分配的规定主要体现在《最高人民法院关于适用〈中华人民共和国民事诉讼法〉的解释》（以下简称《民诉法解释》）第九十一条，该条规定，人民法院应当依照下列原则确定举证证明责任的承担，但法律另有规定的除外：（一）主张法律关系存在的当事人，应当对产生该法律关系的基本事实承担举证证明责任；（二）主张法律关系变更、消灭或者权利受到妨害的当事人，应当对该法律关系变更、消灭或者权利受到妨害的基本事实承担举证证明责任。关于民间借贷合同效力的举证责任分配问题，根据该条文，主张民间借贷合同关系存在的出借人一方，应当对产生民间借贷法律关系的基本事实承担举证证明责任；而主张合同无效的借款人一方应当对权利受到妨害的基本事实承担法律责任。《民间借贷司法解释》的效力否定条款系关于权利受到妨害的规定，按照《民诉法解释》九十一条的规定，应当由主张合同无效一方承担举证责任。

《九民纪要》第五十二条第一句是否系产生民间借贷法律关系的基本事实，

本文认为应当存疑。首先，从体系解释看，第五十二条整体系对套取信贷资金转贷行为无效要件的进一步明确，针对的是2015年《民间借贷司法解释》第十四条第一项的司法适用问题，对其作出的从严把握规定，其目的是防止民间非法募集资金高利转贷，增加融资成本、扰乱信贷秩序。其次，从法律沿革看，新修订的《民间借贷司法解释》并未采用《九民纪要》从正面作出的资金必须是自有资金的表述方式，而是沿用了原司法解释中仅从反面作效力否定的列举式规定。最后，从法的效力位阶看，《九民纪要》并非正式的法律法规，在与司法解释规定不完全一致情况下，纪要的条文规定能否达到创设行为规制的法律效果，亦是值得怀疑的。

三、司法实践中，对于法人主体自有资金的审查标准不宜过苛

首先，从立法原意来看，《民间借贷司法解释》虽从保护金融秩序的角度出发，对几种非自有资金导致合同无效的情形进行了严格规定，但从保护企业生产、经营的角度，对于企业间合法订立的民间借贷合同亦予以了认可。对于法人主体而言，由于可能涉及复杂的商业行为，涉及关联单位之间的互相拆解、合作，或者涉及公司之间的投资行为等，单纯以出借人出借资金高于注册资本等理由主张借款非自有资金的，对于出借人而言过于严苛。对于企业间民间借贷合同效力的审查，应充分考虑企业生产经营需要与金融稳定需要之间的平衡，在维护正常金融市场秩序的基础上，尊重企业的自主经营权。本案中，北京实业公司与涿州房地产公司合作成立项目公司，北京实业公司向涿州房地产公司出借资金，系为帮助合作伙伴，保障合作公司的出资资金顺利到位，其目的是获得项目投资利益，而非单纯为通过出借资金获取利息的方式牟利，其出借行为不会对金融监管秩序造成实质性损害。故本案认为北京实业公司的出借行为与司法解释合同效力排除条款的立法初衷不相违背，不应对其出借行为效力的审查作出过苛要求。

其次，从举证责任分配理论来看，根据前文的分析，民间借贷纠纷中，法院应当对出借资金的来源进行审查，但审查应当集中于调查资金是否来源于金融机构贷款、向其他营利法人借贷、向本单位职工集资、向公众非法吸收的存

款。对于有直接证据能够证明出借人存在使用上述资金转贷的，应当认定合同无效；对于没有直接证据能够证明出借人存在上述四种借贷、集资行为，而现有证据又不足以对出借人主张的自有资金来源达到确实充分的证明标准时，即出现事实真伪不明的情况时，应当由主张合同无效的借款人一方承担举证不能的不利法律后果。本案中，北京实业公司提交的银行明细虽显示其与关联公司之间存在往来关系，但在北京实业公司就往来款性质提交了初步证据，涿州房地产公司虽不认可，但未能提交任何反证的情况下，应当由其自行承担举证不能的不利法律后果。

综合以上两点，涿州房地产公司关于借款合同无效的主张，缺乏充分的事实与法律依据，不应得到支持。

综上，法院对于法人主体自有资金的审查标准不宜过苛，应合理分配举证责任，在不违反法律、法规强制性规定的情况下，不宜随意认定民间借贷无效。

**编写人：北京市第三中级人民法院　刘茵　徐仙**

38

# 一人公司股东提供连续完整审计报告可初步证明财产独立

——中国科技成果转化公司诉实业公司、珠海某公司民间借贷案

## 【案件基本信息】

1. 裁判书字号

北京市第二中级人民法院（2022）京 02 民终 4836 号民事判决书

2. 案由：民间借贷纠纷

3. 当事人

原告（被上诉人）：中国科技成果转化公司

被告（上诉人）：实业公司、珠海某公司

## 【基本案情】

中国科技成果转化公司于 2013 年 12 月 31 日向实业公司出借 200 万元，后实业公司于 2015 年 12 月 29 日还款 50 万元，中国科技成果转化公司诉至法院要求实业公司还款，并要求珠海某有限公司（以下简称珠海某公司）承担连带责任。经查，涉案债务发生时至今，珠海某公司系实业公司股东，持股比例为 100%。

一审中，实业公司提交 2014 年度、2015 年度、2019 年度、2020 年度实业公司审计报告，中国科技成果转化公司对 2014 年度、2015 年度、2020 年度审计报告不认可，认为没有委托单位用印及财务负责人签名。珠海某公司提交 2015 年度、2020 年度珠海某公司审计报告，中国科技成果转化公司对 2015 年度审计报告不认可，认为没有骑缝章、委托单位用印及财务负责人签名。

二审中，实业公司、珠海某公司提交了二公司连续 10 年的审计报告作为新证据。中国科技成果转化公司对于实业公司、珠海某公司提交的审计报告真实性、合法性、关联性不予认可，认为该组审计报告系单方委托形成，且并非专项审计报告，仅能反映经营成果和现金流量等企业基本情况，无法证明实业公司和珠海某公司的款项往来情况，无法证明二公司财产相互独立；部分审计报告有使用目的限制；审计报告存在与事实不符情形，如有另案裁判文书记载的涉及实业公司对案外人的债权债务未体现在审计报告中；实业公司与珠海某公司之间存在借款关系等“资金调配”。

## 【案件焦点】

一人有限责任公司财产独立于股东财产的举证责任分配。

## 【法院裁判要旨】

北京市西城区人民法院经审理认为：珠海某公司未能提交完整、连续的实业公司、珠海某公司审计报告，同时对于审计报告中提及的关联方应付珠海某公司账款的减少亦未能给出正当合理的解释，未能证明实业公司财产独立于其 100%持股股东珠海某公司的财产，故一审法院根据《中华人民共和国公司法》

(以下简称《公司法》)第六十三条，判决实业公司偿还150万元借款本息，且由珠海某公司承担对此连带责任。

实业公司、珠海某公司不服一审判决，提起上诉，并向二审法院提交前述新证据。北京市第二中级人民法院经审理认为：公司人格独立和股东有限责任是公司法的基本原则。《公司法》第六十二条、第六十三条更多的是考虑到一人公司较难形成有效的公司治理和监督、约束机制，从技术层面和举证责任分配方面设定了一人有限责任公司股东某些特定的义务，而对于股东是否应对公司债务承担连带责任，仍应以《公司法》第二十条规定的人格否认规则为判断依据。

本案中，首先，实业公司、珠海某公司已经提交了各自2011年至2020年经会计师事务所审计后出具的审计报告及各自的财务管理制度、珠海某公司记账凭证等，可见实业公司与珠海某公司每年均独立编制财务报表，并委托审计机构进行审计，前述证据可以初步证明实业公司与珠海某公司分别建立了独立规范的财务制度、财务支付明晰且独立记账，具有独立的资产和负债，珠海某公司已经就其财产独立于实业公司完成初步举证责任。其次，珠海某公司就审计报告存在的不规范之处均提交书面意见一一作出说明和回应，且能够和审计报告的内容相互印证，审计报告使用目的的限制亦不影响其真实性及在财产独立方面的证明效力。再次，即使据以审计的财务报表中存在实业公司与案外人的债权债务记载有疏漏的情形，亦只是公司账目在真实性、完整性上是否完全规范的问题，相应瑕疵未能体现实业公司与珠海某公司之间财产上存在混同。最后，一人公司与股东之间即使存在资金拆借，只要如实记账，尚不足以丧失财产独立性。故在珠海某公司初步举证其财产独立于实业公司后，中国科技成果转化公司对审计报告提出的异议不足以反映珠海某公司与实业公司存在财务混同，对珠海某公司提交审计报告的证明效力应予以确认。二审法院改判珠海某公司无须对实业公司的借款债务本息承担连带责任。

**【法官后语】**

现行《公司法》规定对于一人公司与股东财产混同情形，采用举证责任倒置规则，股东不能证明公司财产独立于股东自己的财产，则需对公司债务承担连带责任。此举为防范一人公司股东滥用一人公司制度，保障公司债权人利益提供了必要的制度保障。实务中，提交审计报告是一人公司股东证明其与公司财产相互独立的重要证据手段，但对其证明效力的把握实务中掌握尺度不一，且有严格掌握的倾向，即公司债权人只要能够找到审计报告中存在的瑕疵，不论其是否与财产独立具有相关性，则一律否定审计报告的证明力，认定股东未能完成财产独立于公司的举证责任，判决其与公司债务承担连带责任。此种实务倾向对《公司法》第六十三条举证责任的把握过于机械和严苛，债权人将此作为否认一人公司人格之利器，可能导致一人公司仅仅构成经济意义上的主体，而在法律意义上失去实质主体地位，危及一人公司法人制度的存续。

应当认识到，公司人格独立和股东有限责任是公司法的基本原则。有限责任公司的股东以其认缴的出资额为限对公司债务承担有限责任，而公司则以其全部财产对公司的债务承担责任，此为公司法律制度的基石。否认公司独立人格，由滥用公司法人独立地位和股东有限责任的股东对公司债务承担连带责任，是股东有限责任的例外情形，旨在矫正有限责任制度在特定法律事实发生时对债权人保护的失衡现象。

在个案中，要否定公司独立人格，要求股东对公司债务承担连带责任，公司股东需存在滥用公司法人独立地位和股东有限责任、逃避债务、严重损害公司债权人利益的行为。一人有限责任公司作为有限责任公司的一种，亦不例外。相较于普通有限责任公司，一人有限责任公司只有一个自然人股东或者一个法人股东，因股东人数仅为一人，较难形成有效的公司治理和监督、约束机制，股东极易利用其控制地位，混淆公司财产和股东个人财产，进而损害公司债权人利益。故为防止一人有限责任公司股东利用公司有限责任规避合同义务，现行公司法律规范对一人有限责任公司的规制有别于普通有限责任公司，采取了更为严格的制度配置，具体体现为：《公司法》（2018年）第六十二条规定："一人有限责任公司应当在每一会计年度终了时编制财务会计报告，并经会计师事务所审计"；第六十三条规定："一人有限责任公司的股东不能证明公司财产独立于股东自己的财产的，应当对公司债务承担连带责任。”但对于一人有限责任公司股东是否应对公司债务承担连带责任的认定，并不因此而有别于普通有限责任公司，仍需考虑股东是否存在滥用公司法人独立地位和股东有限责任、逃避债务、严重损害公司债权人利益的行为。概言之，《公司法》(2018年）第六十二条、第六十三条更多的是从技术层面和举证责任分配方面设定了一人有限责任公司股东某些特定的义务，而对于股东是否应对公司债务承担连带责任，则仍应以《公司法》(2018年）第二十条第三款规定为判断依据，即“公司股东滥用公司法人独立地位和股东有限责任，逃避债务，严重损害公司债权人利益的，应当对公司债务承担连带责任”。

具体到本案，认定珠海某公司是否应对实业公司对中国科技成果转化公司的债务承担连带责任，亦应依该条规定来判断，结合双方争议核心，应重点审查实业公司与珠海某公司是否存在财产、业务、人员、经营场所上的混同（以财产混同的认定为核心）从而造成人格混同，珠海某公司是否过度支配与控制实业公司使其丧失独立人格，并因此严重损害债权人利益。在前述审查重点中，一人公司仅在财产独立方面的举证责任分配有倒置的特殊规定，其他混同情形仍应依据《公司法》第二十条由债权人先行举证。结合前述实务倾向，本案中最值得重点讨论的就是一人公司财产独立在举证责任倒置的原则性规定下，如何进一步灵活进行举证责任的分配和转移。

本案中就此提出的裁判思路是，在具体举证责任的安排上，要谨防机械适用“谁主张、谁举证”，导致一人公司股东背负过重的举证责任，故应在举证责任分配上进行适当的折中设计。具体为，一人公司股东通过提交完整、连续的审计报告，辅之以公司财务管理制度等配套证据，就应当认为股东完成了公司财产独立于股东自身财产的初步举证证明责任；若债权人认为审计报告的证明力存在问题，其对审计报告等证据提出的质疑应当使法官对于一人公司股东滥用公司法人人格产生合理怀疑，若只是指出审计报告中个别债权债务有所遗漏等瑕疵，未能体现公司和股东之间财产上存在混同，仅涉及公司账目在真实性、完整性上是否完全规范，则仅凭此类瑕疵无法认定财产混同，审计报告载明使用目的限制等，亦不影响其真实性及在财产独立方面的证明效力；举证责任应适时转移为债权人就财产混同进一步举证，若债权人无法举证，则股东自证公司财产独立的举证证明责任完成，若无证据证明存在其他构成公司人格否认的情形，则对于债权人要求股东对一人公司债务承担连带责任的主张，法院不予支持。如此合理分配原被告双方举证责任，可以避免对一人公司股东举证上要求过苛。

编写人：北京市第二中级人民法院　邢军　陈碧玉

39

# 网络借贷中电子签名的效力认定

——叶某诉陈某民间借贷案

## 【案件基本信息】

1. 裁判书字号

广西壮族自治区玉林市中级人民法院（2022）桂09民终3290号民事判决书

2. 案由：民间借贷纠纷

3. 当事人

原告（上诉人）：叶某

被告（被上诉人）：陈某

## 【基本案情】

叶某与陈某系朋友关系，双方存在借贷关系，叶某为出借人，陈某为借款人。2021年3月30日转4000元，同年4月29日转2000元，4月30日转1000元，5月31日转3000元，合计1万元。2021年7月22日双方通过微信小程序签署腾讯电子借条结算确认借款本金为9800元，还款日期为2021年12月28日，自当年8月开始，每月22日按月利息，借款年利率为0%。二审期间，叶某新增证据电子签署报告一份和转账凭证六份，其中前四份转账凭证与一审证据相互佐证，后两份分别是5月13日还款1000元，7月19日支付宝转800元；另外，叶某明确2021年8月15日至2022年6月16日，陈某共还款3200元，尚欠借款本金6600元未还，并只要求陈某归还本金，不计利息。陈某系公告送达，未答辩亦未到庭。

**【案件焦点】**

双方之间的借贷关系是否成立。

**【法院裁判要旨】**

广西壮族自治区陆川县人民法院经审理认为：叶某提交的“个人借条”是电子借条，陈某签名为电子签名，本院对此借条的真实性、合法性无法核实。叶某提交的个人借条中标明自2021年7月22日出借，需在2021年12月28日归还。自2021年8月22日开始于每月22日按月付息，到期全额归还本金。而叶某提交的转账记录为写个人借条前，且个人借条中标明2021年7月22日出借。叶某陈述是2021年7月22日之前借的款，在2021年7月22日补写的借条，但叶某提交的转账记录4笔共10000元，与叶某提供的借条9800元不相符。个人借条中注明2021年7月22日出借，但是当天没有转账记录，叶某亦未提交有从2021年7月22日之后的任何转账记录，本院无法核实原、被告借贷关系的成立。叶某起诉借贷关系所依据的事实和理由明显不符合常理，因此叶某与陈某之间存在借贷关系的证据不足，理由不充分，故对叶某要求被告偿还借款的主张本院不予支持。

广西壮族自治区陆川县人民法院判决如下：

驳回叶某的诉讼请求。

叶某不服一审判决，提出上诉。广西壮族自治区玉林市中级人民法院经审理认为：合法的民间借贷依法得到法律保护，本案中叶某诉请陈某返还其借款，并提供了借条、腾讯电子签署报告、转账凭证等证据，足以证实叶某已把借款交付给陈某，叶某与陈某之间形成民间借贷合同关系，双方应依法履行合法约定的义务。叶某上诉主张陈某尚欠其借款本金 6600 未还，并提供了相关证据证实其主张，本院对叶某上诉主张予以支持。一审法院认定事实有误，判决有误，本院依法予以改判。

玉林市中级人民法院依照《中华人民共和国民事诉讼法》第一百七十条第一款第一项之规定，作出如下判决：

一、撤销陆川县人民法院（2022）桂 0922 民初 740 号民事判决；

二、被上诉人陈某返还上诉人叶某借款本金 6600 元。

**【法官后语】**

网络借贷因其便利性、快捷性而被广泛应用于经济活动中，电子签名作为一种新兴形式，仍是电子借条产生法律效力的前提条件。《中华人民共和国电子签名法》（以下简称《电子签名法》）明确了当事人可以约定使用或不使用电子签名、数据电文作为书面形式订立合同。本案关键在于电子借条中的电子签名效力如何认定。审判实践中，应当注意：

一、以电子签名形式订立的合同是否需当事人明确约定可以使用电子签名才有效

有观点认为该条款的意思在于，只有当事人约定允许使用电子签名、数据电文的，效力才会被认可；有观点认为如果当事人事先没有明确约定是否使用电子签名、数据电文的，只有交易相对方事后予以追认或实际履行，电子签名才对交易相对方发生法律效力，反之，则不予以适用；有观点认为只要当事人未事先反对或拒绝使用电子签名、数据电文，就可以通过各方实际采用电子签名、数据电文的行为来确认当事人已约定使用电子签名、数据电文。

本案采纳第三种观点。因电子签名不同于传统手写签名，签署之时合同当事人即具有同意或者拒绝使用的权利。而且在现实生活中，存在大量的电子交易中并未明确约定是否可以使用电子签名，如法院仅以合同各方未明确约定使用电子签名即否认合同效力，则难言保护交易的稳定。

根据《电子签名法》第三条第二款的规定，合同各方通过电子签名形式约定使用电子签名的文书，不能仅因采电子签名形式而否定文书的效力，该条款的意思在于确认以电子签名形式约定使用电子签名的有效性，即对于使用电子签名的约定并非必须以传统手写签名形式做出。本案中，叶某、陈某使用电子签名签署腾讯电子借条，也就意味着其同意使用电子签名。

二、电子借条原件判断思路

尽管《电子签名法》对于可视为电文数据原件的要求作了详细规定，但上述规定并不能很好解决实务中的难题。对此，《最高人民法院关于民事诉讼证据的若干规定》明确规定电子数据的制作者制作的与原件一致的副本，或者直接来源于电子数据的打印件或其他可以显示、识别的输出介质，视为电子数据的原件。这一规定大大降低了当事人的举证难度并提高了法院审查证据原件的效率。本案二审即将上述电子借条转化为书证进行审查。实际上，电子签名和数据电文是在云端的服务器上产生、传输和存储，虽然寻找确切存储服务器并调取原始数据电文并非难事，但是调取原始数据电文之后如何向法院展示，法院又该如何判断展示的数据电文为原始数据电文，才是判断合同原件的关键难题。实践中，亦不能苛求当事人将云端存储服务器在庭审中出示、质证。

本案中，叶某与陈某通过微信小程序软件签署电子借条，电子借条所属的腾讯科技公司出具腾讯电子报告证明电子借条从其服务器中直接调取并打印。通常来说，法院对于案外人出具的书面证明应视为证人证言进行效力审查，但根据《最高人民法院关于民事诉讼证据的若干规定》的规定，由记录和保存电子数据的中立第三方平台提供或者确认的电子数据，法院可确认其真实性。因此对于信息科技公司所出具证明的证据效力的审查重点不再是与该公司进行确认，而是判断信息科技公司是否为中立第三方。

实践中，提供电子签名相关服务的大多为案外公司而非合同当事人，那么必然会存在一方当事人与该电子签名公司有合作的情况，法院不能仅以此认定该公司不是中立第三方。由于这些平台的经营性决定了其要面对整个市场需求，并以此提供技术，故一般应认定使用者与电子签名公司不具有特定的利益关系，从而具有相应的中立性。

本案提供电子签名服务的腾讯信息科技公司在叶某与陈某签署借条之时具有《商用密码产品型号证书》《商用密码产品销售许可证》《商用密码产品生产定点单位证书》《商用密码产品认证证书》《信息系统安全等级保护备案证明》《信息安全管理体系认证证书》及《可信云认证》，已符合行业内提供电子签名服务资质的通常标准。据此二审法院认可该公司为中立第三方平台，认可叶某从该公司服务器直接调取的腾讯电子报告为原件。法院在穷尽送达手段陈某未答辩亦未到庭以及认定叶某提交的电子借条存在可靠电子签名的情况之下，可直接确认双方借贷关系的成立。

编写人：广西壮族自治区陆川县人民法院　陈露

40

# 借贷合意存在的举证责任分配及证明标准

——王某某诉杜某某民间借贷案

【案件基本信息】

1. 裁判书字号

山东省聊城市中级人民法院（2022）鲁15民终4658号民事判决书

2. 案由：民间借贷纠纷

3. 当事人

原告（被上诉人）：王某某

被告（上诉人）：杜某某

【基本案情】

王某某与杜某某二人系多年朋友关系，杜某某的表弟杨某某系某建筑公司的项目经理，王某某之子王某甲与杜某某、杨某某三人自2017年开始合伙做建设工程，合伙事务于2019年年底停止，但合伙账目不规范且合伙事务未结算。2017年3月24日，王某甲使用王某某的账户向杨某某账户转账33万元作为其个人合伙出资，因合伙承揽的第一个建设工程发包方付款及时，2018年3月21日，杨某某向王某某上述账户转款33万元；2018年3月27日，王某甲再次使用王某某该账户向杨某某账户转账33万元以作为二期出资，该次合伙承揽的建设工程因发包方付款拖延，建材价格上涨等原因未能及时回款，之后合伙承揽的其他的工程也遭遇回款拖延，合伙亏损且合伙事务基本停止。2019年3月5日，王某某以银行贷款到期为由向杜某某临时借款30万元，并承诺新的贷款发放后即偿还，杜某某向王某某账户转款30万元，2019年3月8日，王某某向杜某某账户转款30万元。合伙事务停止后，王某甲一直通过杜某某向杨某某催要其投入的资金，杜某某表示合伙亏损是既定事实，王某甲表示异议，杜某某主张待三合伙人对账后即可以确定合伙的亏损情况，王某甲不接受，双方不欢而散。2022年7月13日，王某某以杜某某“2019年3月8日借款30万元未偿还”为由提起诉讼。

【案件焦点】

双方当事人之间存在合伙关系或其他基础关系的情况下，借贷双方是否存在借贷合意的举证责任分配与被告方就反证主张的证明标准。

【法院裁判要旨】

山东省聊城市东昌府区人民法院经审理认为：王某某诉称案涉款项系借款，杜某某辩称诉争款项非借款应当按照合伙法律关系审理，故就案涉款项的性质应综合相关证据对事实及法律适用予以认定。对此双方提交证据的证明力，王某某提交的证据明显具有证明优势。因杜某某就其抗辩未能提供有效的证据予以证明，一审认定王某某、杜某某之间的行为关系为无息借贷关系，判决：

限被告杜某某于本判决生效后十日内支付原告王某某人民币300000元及逾期利息（以300000元为基数，自2022年7月13日起至实际付清之日止，按全国银行间同业拆借中心公布的贷款市场报价利率计算）。

杜某某不服一审判决，提起上诉。山东省聊城市中级人民法院经审理认为：《最高人民法院关于审理民间借贷案件适用法律若干问题的规定》（2015年9月1日施行）第十七条规定："原告仅依据金融机构的转账凭证提起民间借贷诉讼，被告抗辩转账系偿还双方之前借款或其他债务，被告应当对其主张提供证据证明。被告提供相应证据证明其主张后，原告仍应就借贷关系的成立承担举证证明责任。"就案涉的30万元的款项流转，2019年3月5日上杜某某先行向王某某转账30万元，三天后王某某向杜某某转账30万元，在杜某某未出具借条或欠条的情况下，结合2017年3月至2018年3月王某某、杨某某之间的资金流转、2019年3月杜某某与王某某之间的资金流转情况及王某甲、杜某某与杨某某三人之间存在合伙的事实，杜某某的抗辩主张成立，王某某作为一审原告仍应就其与杜某某之间存在借贷事实承担举证责任。依照《中华人民共和国民事诉讼法》第六十七条第一款之规定，现有证据不足以证明王某某与杜某某之间存在借贷的事实，上诉人王某某应承担相应不利的法律后果，一审认定案涉款项系借款不当，本院予以纠正。判决：

一、撤销山东省聊城市东昌府区人民法院（2022）鲁1502民初6636号民事判决；

二、驳回王某某的诉讼请求。

**【法官后语】**

本案主要涉及借贷合意的举证责任分配及被告方对反证主张的证明标准问题。

自然人之间的民间借贷行为具有意定性、非要式性的特点，很多时候双方之间未签订书面的借款合同，借款人也未出具借条或欠条。在双方之间存在多次资金往来且无书面或其他客观证据证明款项性质的时候，借贷合意存在的举证责任就需要精准地分配。本案的审理为举证责任的分配、借贷合意的认定提供了思路。

一、民间借贷案件中的举证责任分配

民间借贷纠纷案件除适用《最高人民法院关于适用〈中华人民共和国民事诉讼法〉的解释》第九十条第一款、第二款对举证责任的原则性规定外，个案中更应精准适用《最高人民法院关于审理民间借贷案件适用法律若干问题的规定》第十五条至第十八条的相应规定。上述司法解释第十六条规定：“原告仅依据金融机构的转账凭证提起民间借贷诉讼，被告抗辩转账系偿还双方之前借款或者其他债务的，被告应当对其主张提供证据证明。被告提供相应证据证明其主张后，原告仍应就借贷关系的成立承担举证责任。”由上述规定看，举证责任的分配处于一种“你来我往”的状态，且对被告方承担的举证责任进行了“被告提供相应证据证明其主张”的限定。

二、“被告提供相应证据证明其主张”的证明标准

本案中，王某某与杜某某系多年的老朋友，就此双方均予认可。基于多年相识关系，王某某之子王某甲找到杜某某、案外人杨某某三人合伙并使用王某某的账户进行出资，案涉争议款项之前发生的多次王某某与杨某某账户之间的资金往来均与合伙事务有关。就合伙事实的存在，杜某某于一审中提供了录音、证人证言等证据，但一审未予采信。综合一审的分析及判决结果，应当是认为被告杜某某的举证未达到法定的“高度可能性”或“被告提供相应证据证明其主张”的证明标准，进而得出双方当事人之间存在借贷事实的判定。

二审中，即便王某某之子王某甲在法庭调查中不认可合伙的事实，但杜某某提供的录音、合伙日记账、证人证言等证据证明三人合伙的事实存在。二审认为，在合伙事实存在的基础上，被告方就案涉款项的性质非借款的举证责任的证明程度无须达到民事诉讼的“高度可能性”的证明标准，仅需要其提供初步证据即可。

三、举证责任的再次转移

结合本案案情，依照上述第十六条的规定，借贷合意的举证责任仍应转移至原告王某某处。因王某某未能补充提供有效证据证明案涉款项的性质为借款，且案涉争议款项发生前三日，杜某某账户先行向王某某账户转款30万元，杜某

某就案涉款项性质的解释具有合理性，原告就借贷合意的存在举证不足，故二审作出驳回王某某诉讼请求的裁判结果。

综上，在无借款合同或借条等证据证明借贷合意存在的情况下，就双方之间存在合伙、买卖等其他基础法律关系，案涉款项的性质非借款的举证责任及证明标准不宜过苛，而应适用“初步证据证明”的盖然性标准，将借贷合意存在的举证责任再次转移至一审原告承担，以进一步查明案件事实。如此，既有利于还原案件事实，也有利于防范和遏制类案中虚假诉讼的发生。

编写人：山东省聊城市中级人民法院　吴艳锋

41

# 借贷合意举证责任动态分配

## ——王某诉赵某、占某民间借贷案

**【案件基本信息】**

1. 裁判书字号

广东省珠海市中级人民法院（2022）粤04民终2846号民事判决书

2. 案由：民间借贷纠纷

3. 当事人

原告（被上诉人）：王某

被告（上诉人）：赵某、占某

**【基本案情】**

赵某、占某为夫妻关系，1989年结婚至今。王某与赵某、占某是认识多年的朋友。

2020年11月5日，王某与赵某微信聊天，王某“老大，我明天转你。大概半个月差不多。”赵某“好的，时间我会争取更短，尽快处理。谢谢!”2020年11月6日至2020年11月9日，王某委托妻子分三笔向赵某、占某转账150万元。2021年1月21日王某通过微信向赵某表示“借的150万元，预计哪天可以还我”，赵某未回复。王某主张上述用途为赵某、占某银行借款到期，用于资金过桥，但基于以前的借钱记录和信任，没有收取利息也没有打欠条。赵某主张上述款项为王某支付其为北海公司成立所做工作的部分报酬及垫付的费用。因赵某未向王某偿还款项，故王某诉至法院，请求法院判令赵某、占某偿还借款本金150万元及计至还清之日的相应利息。

**【案件焦点】**

王某与赵某、占某之间是否存在借款合意。

**【法院裁判要旨】**

广东省珠海市香洲区人民法院经审理认为：根据双方微信聊天记录，赵某主张王某支付的款项为赵某的报酬及费用，与其微信回复“时间我会争取更短，尽快处理。”相互矛盾，可信度较低。依照赵某庭审所述，其主要工作时间为2015年北海天硌成立期间，如王某需要支付其报酬或相关费用，赵某常理应在主要工作结束后向王某提出，但是赵某、占某提交的证据中，未见涉案款项发生前向王某主张报酬或相关费用的证据。且150万元金额较大，赵某的主要工作集中在2015年，时隔数年后双方未有任何对账或相关协商的情况下，王某向赵某支付150万元作为部分费用，也不合常理。综上，依据王某提交的转账凭证及微信记录，一审法院认定涉案款项为借款，赵某、占某为夫妻，且100万元转入占某账户，故王某与赵某、占某之间的民间借贷法律关系成立。

广东省珠海市香洲区人民法院依照《最高人民法院关于审理民间借贷案件适用法律若干问题的规定》第十六条、第二十五条、第二十八条，《最高人民法院关于审理涉及夫妻债务纠纷案件适用法律有关问题的解释》第三条，《中华人民共和国民事诉讼法》第六十四条，《最高人民法院关于适用〈中华人民共和国民事诉讼法〉的解释》第九十条、第九十一条的规定，作出如下判决：

一、赵某、占某于判决发生法律效力之日起十日内向王某偿还借款本金150 万元；

二、赵某、占某于判决发生法律效力之日起十日内向王某支付以借款本金150 万元为基数，按照年利率 3.85%，从 2021 年 4 月 27 日起至实际清偿之日止的利息。

赵某、占某不服一审判决，提出上诉。广东省珠海市中级人民法院经审理认为：本案中，王某作为原告以向赵某、占某转账出借 150 万元为由提起本案民间借贷之诉，虽然没有提交借款合同作为直接证据，但是其不仅提交了向赵某、占某转账 150 万元的银行转账凭证，还提交了微信聊天记录等，故应可视为王某完成了初步的举证责任。赵某、占某作为被告主张上述款项系王某预付给赵某的委托报酬、垫付费用及 5%公司股权的部分款项，对此，应提交相应的证据予以证明。涉案首笔款项转账的前一天，王某在微信中表示"老大，我明天转你，大概半个月差不多"，而赵某则回复"好，时间我会争取更短，尽快处理，谢谢!"从文义解释的角度，即从字面上理解，鉴于双方的上述微信聊天发生在涉案款项转账之前，可认定该对话涉及的时间因素与涉案 150 万元有直接关系，结合双方的上述主张，相比较而言，王某的主张更符合通常人的理解。况且，王某曾于 2019 年和 2020 年 5 月两次向赵某各转账支付 60 万元，赵某亦于不久后如数返还，从另一个侧面反映出双方曾有短期的大额资金周转的情况，都没有出具相关借据和约定利息，王某就涉案 150 万元没有要求赵某出具借据和约定利息，符合双方交易习惯。另外，王某于 2020 年 11 月 6 日和 9 日转账支付涉案 150 万元的两个月后，即于 2021 年 1 月 21 日通过微信向赵某表示"借的 150 万元，预计哪天可以还我"，与王某之前微信中所称"大概半个月差不多"，时间跨度上较为吻合；而赵某不予回复，亦未提交其之前微信中所称"时间我会争取更短，尽快处理"结算事宜的相关证据，不太符合常情常理。赵某、占某在一、二审期间提交的证据，均不能直接印证涉案"150 万"即为"预付报酬"或者"部分款项"或者"前期费用"等此类意思的表达。赵某、占某作为被告，虽然对其反对主张提供了相应证据，但该证据的证明力不足以驳斥对方，根据现有证据和有关法律规定，一审判决认定本案系民间借贷法律关系的可能性较大，故予以确认。赵某、占某的上诉理由，理据不足，不予采纳。

广东省珠海市中级人民法院依照《中华人民共和国民事诉讼法》第一百七十条第一款第一项之规定，作出判决如下：

驳回上诉，维持原判。

【法官后语】

法院对于民间借贷关系成立与否的审查原则是借贷合意和借贷事实两个构成要件。借贷合意主要表现为借条、欠条、借款合同或者口头协议，借贷事实主要表现为转账凭证、收条等。主张存在借贷关系的一方应当就上述两部分内容承担举证责任。但在司法实践中，经常出现原告仅能证明款项交付事实，欠缺借贷合意证据的情况；此时，对于原告的诉请应否支持，应当根据现行法律规定，合理分配双方的举证责任，比较双方各自所提供证据的证明力大小，从而作出裁判。当然，这种举证责任要掌握动态分配原则。

本案是民间借贷纠纷涉及民事诉讼举证责任分配的典型案例。根据现行法律规定，一般来说，自然人之间民间借贷法律关系的成立须具备借贷合意和款项交付两个条件，但是考虑到现实民间借贷关系中，有些出借人、借款人之间或因关系较好，或因法律意识不强等原因，没有制作、保留相应借款合意的文书。对此，《最高人民法院关于审理民间借贷案件适用法律若干问题的规定》第十六条专门作出了相应的规定，即原告仅依据金融机构的转账凭证提起民间借贷诉讼，被告抗辩转账系偿还双方之前借款或其他债务的，被告应当对其主张提供证据证明。被告提供相应证据证明其主张后，原告仍应就借贷关系的成立承担举证责任。根据上述规定，原告作为主张双方民间借贷关系存在的一方，虽然没有提交借款合同作为直接证据，但是提交了款项实际支付的相应证据，可认为其对与被告之间存在借贷关系的事实完成了初步举证。此时，被告对于原告提出的存在民间借贷关系提出反对的抗辩内容，实际上形成了一个新的主张，按照“谁主张、谁举证”的原则，则需对其主张予以举证证明。如果被告提供的证据确实充分，足以证明金融机构的转账凭证系在案外其他借款关系或者债权债务关系中产生，而原告对此不能作出合理说明的，可以认定被告的反对主张成立，从而否定原告的主张。如果被告虽主张存在其他借款关系或者债权债务关系，但是不能提供相应的证据予以证明，或者即使提供了证据，原告能够对其作出合理解释，人民法院可以认定该证据与案涉金融机构转账凭证不具有事实和法律关系的，则被告的反对主张不能推翻原告的主张，原告也不必再进行下一步举证。除上述两种情况之外，实践中还有一种情况为，被告虽然对其反对主张提供了相应证据，但该证据的证明力难以达到确证案外其他债权债务关系存在，也就是双方当事人的主张都有一定道理，却不能完全驳斥对方，人民法院依据现有证据不能认定案件事实。即原、被告举证“旗鼓相当”的情况下，需要原告进一步举证，回应被告提出的反对主张及相应证据，从而使人民法院能够对双方当事人所举证据进行分析认定，对原告所主张的借款事实是否真实存在作出准确判断。

法官审理案件的过程，就是根据现行法律规定，运用逻辑推理和日常生活经验，通过合理分配举证责任，对比各方证据的证明力大小，推断出当事人之间既往发生的法律关系的事实的过程。而对当事人举证责任的分配是一种动态的过程，目的就是最大可能实现司法审判工作“事实认定符合客观真相，办案过程符合程序公正，办案结果符合实体公正”的目标。

编写人：广东省珠海市中级人民法院　孟庆锋　谢培钊

42

# 当事人就多笔债务总额约定分期履行的，应分别计算诉讼时效

## ——华某诉冯某、郑某民间借贷案

### 【案件基本信息】

1. 裁判书字号

福建省厦门市中级人民法院（2022）闽02民终6483号民事判决书

2. 案由：民间借贷纠纷

3. 当事人

原告（上诉人）：华某

被告（上诉人）：郑某

被告（被上诉人）：冯某

### 【基本案情】

原告华某诉称：冯某因生意投资急需资金，从2011年6月27日至2015年5月18日多次向华某借款，并出具借条。2015年5月18日，冯某、郑某在三位亲友见证下，向华某出具《财产抵债及还款计划》（以下简称《还款计划》），承诺于2016年支付第一期欠款10万元，2017年支付第二期欠款15万元，2018年支付第三期欠款15万元。但冯某、郑某未如期履行《还款计划》承诺的还款事项，严重侵犯了华某的合法权益。华某请求判令：1. 判令冯某、郑某偿还华某借款本金40万元（人民币，下同）及利息（其中自2016年5月18日至2021年12月30日为336000元，之后以40万元为基数，按月利率1.5%标准计至实际清偿之日止）；2. 判令冯某、郑某承担本案全部诉讼费用。

被告冯某辩称：华某主张的债权已超过诉讼时效。自2018年起，华某从未

向冯某主张过40万元债权，因华某怠于行使其债权，华某无权请求冯某、郑某返还欠款。

被告郑某辩称：华某主张的债权已超过诉讼时效。

法院经审理查明：华某通过银行账户分别于2011年3月10日、2011年6月27日、2011年12月30日、2012年12月11日、2015年4月1日向冯某账户转账20万元、100万元、18万元、50万元、20万元，共计208万元。2011年12月30日，冯某向华某出具一份借条载明：兹向华某借款人民币20万元整，期限1年。2015年3月10日，冯某向华某出具一份借条载明：今冯某因正当生意所用向华某借到人民币现金20万元。双方约定借款期限半年，按月付利息4000元（不足月按月计算），逾期借款人愿承担相应法律责任及因此产生之一切经济费用。2015年3月25日，冯某向华某出具一份借条载明：今冯某因正当生意所用向华某借到人民币现金100万元。双方约定借款期限半年，按月付利息2万元（不足月按月计算），逾期借款人愿承担相应法律责任及因此产生之一切经济费用。2015年4月1日，冯某向华某出具一份借条载明：今冯某因正当生意所用向华某借到人民币现金20万元。双方约定借款期限半年，按月付利息4000元（不足月按月计算），逾期借款人愿承担相应法律责任及因此产生之一切经济费用。2015年4月28日，冯某向华某出具一份借条载明：今冯某因正当生意所用向华某借到人民币现金20万元。双方约定借款期限半年，按月付利息4000元（不足月按月计算），逾期借款人愿承担相应法律责任及因此产生之一切经济费用。

## 【案件焦点】

案涉债务诉讼时效的法律适用。

## 【法院裁判要旨】

福建省厦门市海沧区人民法院经审理认为：根据《还款计划》约定，冯某、郑某应于2016年偿还10万元、2017年偿还15万元。《最高人民法院关于适用〈中华人民共和国民法总则〉诉讼时效制度若干问题的解释》第一条规定，民法总则施行后诉讼时效期间开始计算的，应当适用民法总则第一百八十八条关于三年诉讼时效期间的规定。第二条规定，民法总则施行之日，诉讼时效期间尚未满民法通则规定的二年或者一年，当事人主张适用民法总则关于三年诉讼时效期间规定的，人民法院应予支持。《中华人民共和国民法总则》自2017年10月1日起施行，因此以上10万元、15万元款项应适用三年诉讼时效期间，即分别至2019年12月31日、2020年12月31日诉讼时效期间届满，华某于2021年12月29日向本院提交起诉状，已经超过法律规定的诉讼时效，且没有提供证据证实存在诉讼时效中断、中止的情形，因此华某要求冯某、郑某偿还25万元，不予支持。其余15万元冯某、郑某应于2018年支付，华某于2021年12月29日向本院提交起诉状，未超过法定诉讼时效期间，其要求冯某、郑某支付15万元，事实清楚，证据充分，应予支持。依照《中华人民共和国民法总则》第一百八十八条，《中华人民共和国合同法》二百零六条、第二百一十一条，《最高人民法院关于审理民间借贷案件适用法律若干问题的规定》第二十四条第一款、第二十五条、第二十八条第二款第一项、第三十一条第一款、第二款，《中华人民共和国民事诉讼法》第六十七条第一款，《最高人民法院关于适用〈中华人民共和国民法典〉时间效力的若干规定》第一条第二款，《最高人民法院关于适用〈中华人民共和国民法总则〉诉讼时效制度若干问题的解释》第一条、第二条规定，判决如下：

一、被告冯某、郑某于本判决生效之日起十日内支付原告华某借款本金150000元及利息（以150000元为基数，其中2019年1月1日至2019年8月19日的利息应按中国人民银行同期同类贷款利率标准计算，2019年8月20日起至实际还清之日止的利息按照全国银行间同业拆借中心公布的一年期贷款市场报价利率标准计算）；

二、驳回原告华某的其他诉讼请求。

华某、郑某不服一审判决，提出上诉。福建省厦门市中级人民法院经审理认为：根据《还款计划》约定，冯某、郑某欠华某款项40万元，分三年还清，即冯某、郑某应于2016年偿还10万元、2017年偿还15万元、2018年还15万元。结合本案事实和在案证据，该三笔款项形成于华某2011年至2015年间向冯某的借款，不能认定为同一债务。根据民法总则的规定，案涉债务中前两笔10万元、15万元款项应适用三年诉讼时效期间，即分别至2019年12月31日、2020年12月31日诉讼时效期间届满，华某于2021年12月29日向一审法院提交起诉状，已经超过法律规定的诉讼时效，且没有提供证据证实存在诉讼时效中断、中止的情形。其余15万元冯某、郑某应于2018年支付，华某于2021年12月29日向一审法院提交起诉状，未超过法定诉讼时效期间，其要求冯某、郑某支付15万元，事实清楚，证据充分，应予支持。依照《中华人民共和国民事诉讼法》第一百七十条第一款第一项规定，判决如下：

驳回上诉，维持原判。

**【法官后语】**

一般而言，合同之债的诉讼时效，从合同履行期限届满之日或者宽限期届满之日起开始计算。但《最高人民法院关于审理民事案件适用诉讼时效制度若干问题的规定》第五条对分期履行债务的诉讼时效的计算规则进行规定，即当事人约定同一债务分期履行的，诉讼时效期间则从最后一期履行期限届满之日起计算。这种特殊性，使得同一债务的认定变成诉讼时效计算的关键。司法实践中，存在债权人和债务人就债务总额达成分期还款协议的情况，此种情形下诉讼时效如何计算存在分歧，笔者认为应从以下三方面综合考虑：

一、债的发生原因是否具有同一性

同一债务一般应指同一合同项下约定的债务，当事人双方在同一份合同中约定或者通过其他的方式约定，是同一个债务的分批分次履行。而本案中，案涉债务为民间借贷，其最直接的产生原因为债权人华某于2011年至2015年间向债务人冯某多次转账总计208万元，冯某在此期间向华某分别出具借条，双方因此成立了借贷关系，其债务的产生是基于多个独立的借贷行为，并非同一个债务。

二、债的具体内容是否具有可分性

目前，司法实践中对分期履行债务诉讼时效起算的分歧点在于分期履行债务的请求权是否可分。若债务具有整体性，只存在一个请求权，那么此时诉讼时效将会根据该债务整体履行期届满时开始计算；若债务具有可分性，则可产生多个请求权，那么诉讼时效则从每期债务履行期届满之日开始分别计算。本案中，当事人签订的《还款计划》约定“冯某、郑某欠华某款项40万元，分三年还清，即冯某、郑某应于2016年偿还10万元、2017年偿还15万元、2018年还15万元”，结合本案事实和在案证据，该三笔款项形成于2011年至2015年间华某转账给冯某的借款，冯某于2011年至2015年间向华某分别出具了5份借条，借条分别约定了借款金额、借款期限及利息，可见各个债之间是独立的。因此，债权人华某对债务人享有多个债权且彼此独立，各个独立的债权债务关系的诉讼时效期限应分别进行计算。

三、分期还款计划是否形成新的债权债务关系

本案易混淆点在于当事人签订的《还款计划》是以债务人尚欠的多笔债务总额为履行标的，此种情形下，应当判断当事人签订分期还款计划的真实意图是出于对账目的将尚欠债务相加，还是当事人均自愿将多笔债务合并为一笔债务。本案中，债权人和债务人并无明显的将前述多个债权债务关系转化为“新债权债务关系”的明显合意，三笔债务都有明确的还款期，债权人对债务人享有的债权仍是各自独立的，双方并未形成新的债权债务关系，仍应适用与原债权性质相同的诉讼时效。

综上，针对债权人与债务人在借贷关系成立后又以协议约定债务总额及分期付款的情形，不能仅从表面“一个债务分期履行”的形式来简单认定所适用的诉讼时效计算方式，而应当结合全案事实和各方证据，从债的发生原因、具体内容及协议意图等方面综合判断是否为同一债务的分期履行。

编写人：福建省厦门市海沧区人民法院　颜思远　张鑫

43

# 仅有转账凭证之民间借贷证明责任分配问题

——金某诉陈某民间借贷案

## 【案件基本信息】

1. 裁判书字号

浙江省温州市中级人民法院（2022）浙03民终7363号民事判决书

2. 案由：民间借贷纠纷

3. 当事人

原告（上诉人）：金某

被告（被上诉人）：陈某

## 【基本案情】

原告金某与被告陈某曾系翁媳关系，2018年3月9日，被告与案外人原告儿子因购房需要向原告借款70万元，原告随即通过银行转账至被告账户内，因系翁媳关系，因此双方未约定还款期限，2022年6月15日被告陈某与原告儿子经乐清市人民法院调解离婚，调解书中双方约定婚姻关系存续期间各自经手的债权债务归各自享有负担，故原告向被告主张要求偿还借款本金（除去已于日常生活中开销部分剩余的24万元）及利息损失。

被告陈某与原告儿子原系夫妻关系，于2012年2月2日登记结婚，在被告与原告儿子结婚时，原告为表示对儿子、儿媳的支持，许诺其名下县浦村安置房指标建成后作为婚房归被告、原告及原告儿子三人共同所有，该套指标房是分配给户内成员即原告、原告之子与被告三人共同所有，指标登记在户主即原告名下，严格来说原告只是将自己在共同共有中享有的份额赠与给了被告和其子。2012 年 11 月 27 日，被告因该指标项目建设需要资金向银行贷款 50 万元，款于同日交付县浦村安置用地建设领导小组。此后，原告及被告夫妻为该建设项目又陆续投入几期工程款，2018 年 1 月，双方因经济压力将该指标房转让给他人，转让款一部分用于偿还各方债务，剩余的 70 万元作为婚房的变现款仍由被告及原告之子共同所有，该 70 万元后来用于家庭开支，2022 年 6 月 15 日，被告与原告之子调解离婚时，均确认上述 70 万元款项系原告赠与，其中 24 万元用于投资，离婚后归被告陈某所有，剩余 46 万元已用于家庭开支。

另查，原被告之间存在真实的转账记录、调解笔录、民事调解书、个人借款合同放款业务凭证等，可以证明存在转款事实、被告曾为指标建房贷款 50 万元以及案涉款项 70 万元来源于指标转让款的事实。

【案件焦点】

1. 仅有转账凭证，被告对转账进行抗辩之后，原被告之间就有关事实的举证责任如何分配；2. 需要证明到什么程度。

【法院裁判要旨】

浙江省乐清市人民法院经审理认为：《最高人民法院关于审理民间借贷案件适用法律若干问题的规定》第十六条规定，“原告仅依据金融机构的转账凭证提起民间借贷诉讼，被告抗辩转账系偿还双方之前借款或者其他债务的，被告应当对其主张提供证据证明。被告提供相应证据证明其主张后，原告仍应就借贷关系的成立承担举证责任”。2018 年 3 月原告向被告转账 70 万元，被告认为该款并非借款，而是原告当时赠与儿子、儿媳购房。为此，被告陈某提供了调解笔录以及 2012 县浦村贷款名单，由此法院认为涉案款项来源于安置房的转让款，被告曾为该安置房建设需要资金而向银行贷款 50 万元，且原告儿子亦确认案涉款项系原告赠与、双方在离婚时对剩余 24 万元附条件进行处分，结合原告提供微信聊天记录，两者能相互印证，法院对上述主张予以采纳。原告应当继续举证证明双方借贷关系成立，但其现有证据不足证明双方存在借贷关系，应承担举证不能的法律后果。故对原告的诉讼请求，依据不足，故不予支持。

浙江省乐清市人民法院依据有关法律规定，判决如下：

驳回原告金某的诉讼请求。

金某不服一审判决，提出上诉。

浙江省温州市中级人民法院经审理认为：金某与陈某曾系翁媳关系，而家庭成员间的款项往来成因具有多样性。虽然案涉款项来源于金某名下县浦村安置房的出售转让款，但陈某主张该款项系金某对陈某和金某之子的赠与，能与陈某在其离婚纠纷中所作的陈述相互印证，现金某主张涉案24万元系其出借给陈某的借款，但其提交的证据尚不足以证实涉案款项发生时双方之间存在借贷合意，一审法院未予支持并无不当。金某的相关上诉理由不能成立，温中院不予采纳。金某的上诉请求不能成立，应予驳回；一审判决认定事实清楚，适用法律正确，应予维持。依照《中华人民共和国民事诉讼法》第一百七十七条第一款第一项之规定，判决如下：

驳回上诉，维持原判。

## 【法官后语】

《最高人民法院关于审理民间借贷案件适用法律若干问题的规定》（以下简称《规定》）对民间借贷适用进行了一定的规范，但是实务中尤其是在自然人之间的借贷行为中，熟人借贷普遍存在，发生纠纷时不能按照法律的规定提交证明借贷关系存在或者款项实际交付的证据，导致司法审判中存在诸多难点问题。

一、仅有转账凭证能否初步证明借贷合意的存在

实务中，在原告仅提供转账凭证的基础上，如何证明这笔转账属于借贷合意，如何分配双方当事人的提出证据责任以及如何进行事实认定？

1. 由原告对借贷合意成立进行具体化的事实主张，一般情形下不能仅提供转账凭证（除非被告承认存在借贷事实）。

2. 在原告已经对借贷合意形成具体化主张的情况下，被告要否认该借贷合意，也必须提出具体化的反驳，但是实务中这种反驳需要具体化到什么程度却没有明确的规定，这取决于被告的这种“反驳”被认为属于什么性质。现有法

条表述为“抗辩”，是否对被告举证要求过于严苛？

3. 在被告提出具体化反驳以后，借贷合意是否成立就构成本案争议焦点，原告需要进一步提出证据，因为对于借贷合意是否成立这一争点（待证事实），同样由原告负主观证明责任，如果原告不能进一步举证予以证明，将承担败诉的不利后果（本案中原告没有进一步提供证据，判败诉是合理的）。

4. 被告的提出证据责任。经过原告进一步举证以后，如果法官对借贷合意的成立形成了内心确信，提出证据的责任就转移到被告一方，值得注意的是此时被告的证明在性质上应属于反证，证明程度只需要动摇法官关于借贷合意成立的内心确信即可。

二、被告就转账系偿还之前借款或其他债务，属其他法律关系的主张应负怎样的证明责任

首先，被告应该对自己提出的主张承担提供证据证明的责任，该“提供证据证明的责任”究竟属于什么性质？只有在明确被告应承担责任性质之基础上才能进一步确定证明责任与证明标准。依照法条表述，被告此时的主张应属于抗辩，相应地，被告需要对自己提出的这种“抗辩”事实负本证的举证责任，有关最高法院释义书也认为，被告以转账系偿还双方之前借款或者其他债务为由否认原告提出的借款事实，实际上提出了一个新的主张，即双方当事人之间还存在其他的法律关系，按照举证责任分配的一般规则，主张权利的当事人应当对权利发生的法律要件存在的事实负举证责任，在此种逻辑下，此时被告提出的“抗辩”属于本证的证明，承担的是结果意义上的证明责任。

其次，被告对自己的主张到底应该达到什么样的证明标准才可以认为这种提供证据证明的责任已经完成？如果没有完成又将承担什么样的后果？由于法条中都没有予以明确规定，这使得司法实务中在裁判时没有可参考的适用标准，全凭法官自由裁量。虽然本案中被告提出了调解笔录、微信聊天记录、个人借款合同放款业务凭证等较为充分的证据证明自己的主张（即案涉款项不是借款而是赠与），导致举证责任再次转移给原告，符合《规定》第十六条中提供证据证明的要求，但是显然不能要求每一个类案中被告都举证至如此程度。因此

有必要对被告的主张予以定性，统一适用的证明标准。

三、本案如何处理

按照上述讨论，被告承担的应当是反证证明责任，虽然《规定》第十六条赋予被告一定的举证责任，但并不意味着举证责任发生倒置，从责任主体上看，原告仍负有举证证明存在借贷合意的责任，证明责任主体不是被告。《最高人民法院关于适用〈中华人民共和国民事诉讼法〉若干问题的解释》第一百零八条规定“对负有举证证明责任的当事人提供的证据，人民法院经审查并结合相关事实，确信待证事实的存在具有高度可能性的，应当认定该事实存在。对一方当事人为反驳负有举证证明责任的当事人所主张事实而提供的证据，人民法院经审查并结合相关事实，认为待证事实真伪不明的，应当认定该事实不存在。法律对于待证事实所应达到的证明标准另有规定的，从其规定。”这是关于本证和反证的规定。所谓本证，是指在民事诉讼中负有证明责任的一方当事人提出的用于证明自己所主张事实的证据。所谓反证，是指没有证明责任的一方当事人提出的为证明对方主张事实不真实的证据。由此可见，本证与反证的分类与当事人在诉讼中是原告还是被告没有关系，而与是否为证明责任承担者有关，负有证明责任一方承担的是本证，不负有证明责任一方承担的是反证。正如前文所述，本案关于是否有借贷合意的证明责任主体不是本案被告，加之被告为反驳原告而提出的主张应属否认而非抗辩，因此其承担的不是本证义务，而是反证义务。考虑到被告提供相应证据的证明力问题的同时，结合被告承担反证证明责任，被告提交的证据不必达到高度盖然性标准，只需动摇法官的内心确信，让法官审查被告证据后认为待证的借贷合意这个事实真伪不明即可。

民间借贷中只存在转账凭证而没有借款合同的现象普遍存在，为解决这一实务难题，《规定》第十六条予以回应，但是该条规定过于笼统，并未明确被告应承担证明责任的性质以及应达到的证明标准，同时表达上的不规范也极易引发误解，造成错误适用；另外，自然人借贷之间的付款收款行为具有复杂性和多样性，自然人之间的法律关系和身份关系也具有多重性，多重因素叠加给法院认定事实增加了难度。为解决实务中的难题，必须明确在仅有转账凭证下民间借贷案件中原被告双方各自应承担的证明责任，即被告对自己提出的“转账系偿还双方之前借款或者其他债务的”等主张应当承担反证之证明责任，需要达到事实真伪不明之证明标准，原告在被告提供证据证明后也应该进一步举证具体化事实主张，原告对于借贷合意是否成立这一争点始终承担本证证明责任，无法充分提供证据证明（达到高度盖然性标准）时要承担败诉的不利后果。

编写人：浙江省乐清市人民法院　屠小霞

44

## 仅凭借据起诉而对方抗辩借贷行为未发生的审查及认定

——萧某诉龙某民间借贷案

### 【案件基本信息】

1. 裁判书字号

广东省珠海市中级人民法院（2022）粤04民再43号民事判决书

2. 案由：民间借贷纠纷

3. 当事人

原告（再审被申请人、被上诉人）：萧某

被告（再审申请人、上诉人）：龙某

### 【基本案情】

萧某提交两份有龙某字样签名的借据：一份是2016年11月27日出具，金额为港币30000元、葡币20000元；另一份是2018年1月30日出具，金额为14万元葡币。

原审中，萧某称与龙某是朋友关系，于2015年相识，其分4笔向龙某出借款项，均以现金方式出借，前两笔是在萧某澳门家里出借，后两笔是在拱北茶楼出借。

再审一审中，萧某称，2016年11月27日的借据是龙某亲手交给他的，不是她当面写的，借金是他在中午上班前一次性交给龙某的；2018年1月30日的借据是龙某在2017年或2018年亲手交给他的，是他先借钱给龙某，后向龙某催款时，龙某在他工作的地方亲手交给他的。龙某称，2016年11月27日借据不是其书写的，也不是其交给萧某的；2018年1月30日的借据确实是其亲笔书写的，2018年夏天的一天，其想找萧某借钱赌博，按照萧某口述的内容书写了借据后，萧某根本没有给钱，后没有找萧某拿回借据。

经鉴定，2016年11月27日借据中的“龍某芳”字样签名，非龙某本人笔迹。经查明，龙某本人在2018年1月30日当天没有往返澳门出入境记录。

再审二审庭审中，萧某陈述，2018年1月30日出借的14万元澳门币的资金来源一部分为存放在家里的现金，其余的现金约是2017年或是2018年的某天晚上八点一次性从荷兰园大马路的中国银行取回。本院责令萧某向法庭提交取款的记录或证明，萧某提交了两家银行的三页记录纸，总共三笔各20000元的取现。庭审后，萧某提交《陈述书》称，14万元澳门币是分多次借的，其中三笔是从两间银行柜员机取出借给龙某的，经过他追讨龙某写下借据为证，龙某于2018年1月30日傍晚把借据送到他家。

## 【案件焦点】

2018年1月30日的借据能否证明龙某与萧某之间存在14万元澳门币的民间借贷关系。

## 【法院裁判要旨】

广东省珠海横琴新区人民法院经审理认为：关于萧某主张龙某于2016年11月27日借款港币3万元、澳门币2万元及于2018年1月30日借款澳门币14万元，萧某均提交了借条予以佐证，涉案借条上均有龙某签名确认；且萧某主张该两笔款项系现金出借，结合萧某提交的收入证明，萧某具备出借上述现金的资金能力，故对萧某主张上述借款事实，予以支持。

广东省珠海横琴新区人民法院作出判决如下：

一、被告龙某与本判决发生法律效力之日起十日内偿还原告萧某港币3万元及澳门币16万元并支付利息（分别以港币3万元及澳门币16万元为基数，自2019年12月31日起按年利率6%计至付清之日止）；

二、驳回原告萧某的其他诉讼请求。

龙某不服原审判决，申请再审。横琴粤澳深度合作区人民法院经审理认为：1. 龙某为证明2016年11月27日的借条不是其本人所写，委托了广东信用司法鉴定所对借条中“龍某芳”是否为龙某本人亲笔书进行了司法鉴定，该所鉴定意见为该份借条中“龍某芳”三个字的书写笔迹与龙某本人亲笔所写样本上的签名笔迹不是同一人的笔迹。在此情况下，萧某仅以该份借条主张与龙某存在民间借贷关系，缺乏事实依据，法院不予支持。2. 龙某认可落款日期为2018年1月30日的借条确实是其本人亲笔书写，但其未提交证据证明出具该份借条并非其真实意思表示，在萧某主张是现金交付的情况下，龙某亦未提交证据证明萧某的主张不属实，在此情况下，龙某关于未收到出借款项澳门币14万元的主张，缺乏证据支持，不能成立。因该借条明确约定龙某应于2019年12月30日归还借款澳门币14万元，龙某未依约偿还借款，构成违约，萧某有权要求龙某偿本付息。

横琴粤澳深度合作区人民法院作出判决如下：

一、撤销本院（2020）粤0491民初12号民事判决书；

二、申请人（原审被告）龙某于本判决发生法律效力之日起十日内偿还被申请人（原审原告）萧某澳门币14万元并支付利息（利息计算方式：以澳门币14万元为基数，按照年利率6%的标准，自2019年12月31日起计至付清之日止）；

三、驳回被申请人（原审原告）萧某的其他诉讼请求。

龙某不服再审一审判决，提出上诉。珠海市中级人民法院经审理认为：萧某向龙某主张偿还借款，仅仅提供了借据，并没有提供任何其他证据予以佐证。

龙某虽认可落款时间为2018年1月30日的借据系其亲笔书写，但以萧某根本没有将借据上的14万元澳门币实际交付为由抗辩，主张无须偿还该笔14万元澳门币借款。根据《最高人民法院关于审理民间借贷案件适用法律若干问题的规定》第十五条的规定，对于萧某主张的该笔14万元澳门币借款是否成立，应当从借据的形成、款项的交付、当事人的财产变动情况来综合考量。萧某主张龙某向其借款14万元澳门币，应当举证证明双方之间存在民间借贷关系。萧某虽提交了龙某本人亲笔书写的借据，但萧某主张该借据是在2018年1月30日签订，却与龙某提交的出入境记录相矛盾。萧某对借据中涉及的14万元澳门币的交付过程（包括交付时间、地点、次数、每次金额等细节）、款项的来源等多次说法不一，差别较大，未能达到民事诉讼"高度可能性"的证明标准。因此，萧某的主张理据不足，不予支持。

广东省珠海市中级人民法院作出判决如下：

一、撤销横琴粤澳深度合作区人民法院（2021）粤0491民再2号民事判决；

二、驳回被上诉人萧某的全部诉讼请求。

## 【法官后语】

在真正标准的借款合同关系中，双方当事人订立了书面合同并且都严格按照约定履行了合同，此时借贷纠纷的审理并不困难。但是实践中普遍存在的问题是：民间借贷关系的当事人往往并未签订所谓的借款合同，而只是由借款方出具了一张借据。那么仅凭这张借据，能否认定双方当事人的借贷关系已经成立呢？

民间借贷法律关系是实践性合同，其成立有两个要件：一是双方之间具有借贷的合意；二是出借人支付了款项，完成了出借款项的义务。这两个构成要件均需提供证明予以证明，其中任一要件缺乏证据证明，就可能面临借贷事实不确定的问题。司法实践中，如果出借方仅有借据等债权凭证提起诉讼，则需重点审查其是否履行了出借义务。实践中，各种借据的情况实际上很复杂。在借贷关系中，借贷的金额有大有小，少则几百块钱，多则上万元、十万元、百万元，甚至千万元。那么，在没有其他证据来证明借款关系的前提下，单凭一张借据，应当如何判定该借据能否作为出借人履行出借义务的依据呢？

1. 如果借据没有瑕疵且所借金额较小，当借款人没有充分证据证明借据不真实的情况之下，可以认定借贷关系成立。对于这类小额借贷关系，不需要设定较高的证明标准，如果采取“一刀切”的证明标准，在实践中难以解决许多问题。因为，借据毕竟是一种由借款人本人书写或签署的书面证据，从证据证明力的角度来看，借据的证明力是比较高的。因此，在这种情况下，应当认可借据的证明力。

2. 如果借据存在形式上的瑕疵，则应由出借人举证证明其履行了出借义务，才能认定借贷关系成立。如果借据有涂改甚至有补充的内容，并且存在墨迹不大一致或者签名字迹不大相同等情况，不能根据借据来认定借贷关系成立，而应当由出借人对其是否交付款项承担举证证明责任。出借人应当举出借据之外的其他支付凭证，只有其所举的证据能够形成一个有效的证据链条，从而证明其履行了出借义务，才能认定借款关系成立。本案中其中一份借据就属此种情形，经鉴定，该份借据中“龍某芳”签名非本人笔迹，而萧某未举证证明其履行了出借义务，因此，对该笔借款不予支持。

3. 如果借据没有明显瑕疵，但是借款金额较大，应当结合交付凭证、当事人支付能力、交易习惯、当事人之间的关系以及其他交付细节来综合判定借贷关系是否成立。如果单凭一张借据就认定金额高达几百万元、几千万元的借贷关系成立，那么无论从哪个角度上讲，都会造成很大的社会风险，且不科学。另外，从导向上说，单凭借据认定大额借贷关系成立不利于金融管理。在这类借贷关系中，出借人应当举出其他证据来证明借贷关系成立，否则其权利就难以得到保障。当然，这种认定办法有可能会伤害到出借人的合法权益，因为借据所证明的借贷关系确实存在实际成立的可能。但是全面地来看，如果当事人从事正当经营，这种情况是极少的。如果当事人进行毒品交易、人口贩卖或其他不正当交易，最后将其体现为民间借贷的形式，那么显然不能予以支持。

第三种情形是审理此类案件的难点和重点。当被告抗辩借贷行为尚未实际发生并能作出合理说明的，应如何结合交付凭证、当事人支付能力、交易习惯、当事人之间的关系以及其他交付细节来综合审查及判定借贷关系成立与否呢？本案审理过程中，重点把握了两点：举证责任的分配及“高度可能性”的证明标准。

1. 举证责任的分配。原告仅依据借据等债权凭证提起诉讼，而被告抗辩借贷行为尚未实际发生，在此情况下，就存在着证明责任的承担问题，而不能仅仅依据借据、收据、欠条等，简单地认定借贷关系已经发生。《最高人民法院关于审理民间借贷案件适用法律若干问题的规定》第十五条明确规定，原告仅依据借据、收据、欠条等债权凭证提起民间借贷诉讼，被告抗辩借贷行为尚未实际发生并能作出合理说明的，人民法院应当结合借贷金额、款项交付、当事人的经济能力、当地或者当事人之间的交易方式、交易习惯、当事人财产变动情况以及证人证言等事实和因素，综合判断查证借贷事实是否发生。对此条款的理解应为：当被告抗辩借贷行为尚未实际发生并能作出合理说明后，此时举证证明责任发生转移，应当由原告就借贷关系的成立承担举证证明责任。需要强调的是，对于当事人主张系大额现金交付的民间借贷，出借人应举示其经济能力、款项交付、财产变动情况以及证人证言等各方面证据以证明借款已经实际交付，若出借人举示的证据不足以证明其已经实际交付，应当承担举证不利的法律后果。而本案再审一审中，在萧某仅凭借据提起诉讼，并主张是现金交付的情况下，以龙某未举证证明萧某的主张不属实，便直接支持萧某的诉讼请求，属举证责任分配有误。

2. “高度可能性”的证明标准。所谓“高度可能性”的证明标准，是指法院基于对证明待证事实的证据的审查判断之结果，并结合其他相关事实，认为待证事实的存在具有高度可能性，即应当依法对该事实予以认定。《最高人民法院关于适用〈中华人民共和国民事诉讼法〉若干问题的解释》第一百零八条第一款明确规定了这一证明标准。这一证明标准，是在现有证据对待证事实的证明无法达到完全还原“客观真实”的情况下，基于对事物发展的盖然性规律的科学认识所确立的认定案件事实的证明规则和综合判断。它要求人民法院只有确信待证事实的存在具有“高度可能性”，才能认定该事实存在，在达不到“高度可能性”的确信程度时，则应当认定该事实不存在，这一规则有助于尽量减少案件事实认定错误的可能性。当出借人仅凭借据提起民间借贷诉讼，却无法完全举证证明款项已经交付时，法官应根据经验法则，通过对证据材料的审查和其证明力的认定、判断、取舍，并对比各方当事人不同证据的证明力，推断当事人之间借贷事实是否具有“高度可能性”。本案中，针对借据中所涉及的14万元澳门币，本院对双方提供的证据进行综合审查后，认为萧某对案涉款项的来源、交付时间、地点、次数、每次金额等细节，多次说法不一，差别较大，提交的证明不足以证明借款已经实际交付，未能达到民事诉讼法“高度可能性”的证明标准。因此，对萧某的主张不予支持。

编写人：广东省珠海市中级人民法院　周利　宋义明

45

## 没有支付凭证的民间借贷行为符合当地交易习惯的依法成立

### ——黄某诉汤某、黄某民间借贷案

**【案件基本信息】**

1. 裁判书字号

福建省宁德市中级人民法院（2021）闽09民终字第1528号民事判决书

2. 案由：民间借贷纠纷

3. 当事人

原告（被上诉人）：黄某

被告（上诉人）：汤某、黄某

【基本案情】

被告汤某、黄某系夫妻关系，共同经营周宁县粉末制品厂。2010年农历正月至2011年4月，原告在为二被告打工期间，被告汤某通过原告向黄某花、李某媚、吴某玉、宋某玉、徐某富借款人民币4万元、4万元、1万元、0.5万元、4万元，合计13.5万元，均约定月利率2%。嗣后，原告黄某代为偿还部分借款本金和利息款5万元。原告与被告汤某协商约定以上债权由原告承受。

另，2012年度、2013年度、2014年度，被告分别结欠原告工资6万元、3.5万元、2万元。2017年5月28日，原告与被告汤某对此作出约定，将所欠工资转为借款，与之前所欠债务一并出具借条，但双方对利息未作出约定。

【案件焦点】

原告起诉时仅有借条没有交易凭证的民间借贷是否成立。

【法院裁判要旨】

福建省周宁县人民法院经审理认为：合法的债权受法律保护。本案中，被告汤某的借贷系通过原告向案外人借款非大额现金，并由介绍人承担向债权人保证清偿的方式，符合周宁当地民间借贷的交易习惯，且不违反法律、行政法规等强制性规定。证人与原告之间的债权让与行为，被告汤某知情并与原告达成一致意见后出具借条，亦符合法律规定。另，结合证人陈某某听被告汤某说起过欠原告的工资作为借款的证言，被告方的代理词中自认“加之之前汤某有借款未向原告返还完毕及涉及其他债务未归还”的事实，以及原告与被告黄某通话记录的内容，二被告结欠原告人民币300000元债务的事实，具有高度盖然性，本院予以认定。经查阅核对原告第一次起诉庭审笔录，原告对借款构成除证人“李某媚”和“宋某玉”的姓氏陈述有误外，其余陈述均一致，并不存在被告代理词所述原告两次起诉借款构成作不同事实陈述的情形。庭审中，被告代理人对二被告共同经营周宁县粉末制品厂的事实予以承认，案涉款项用于共同经营，涉案款项应认定为二被告家庭共同经营之债务。本案被告代理人的代理权限为特别授权，在授权书中没有排除自认事项的约定，根据《最高人民法院关于民事诉讼证据的若干规定》第五条的规定，被告代理人在法庭上的自认视为被告的自认。综上所述，原告请求二被告共同偿还原告借款人民币300000元，于法有据，本院予以支持。但是，原、被告未对借款利息、逾期利率及还款时间作出约定，系在2021年6月7日才向本院提起诉讼，属于民法典施行后法律事实引起的民事纠纷，应当适用民法典的规定，所以其请求利息按年利率6%从起诉之日起计算至二被告还清全部借款之日止不符合法律规定。但原告可以请求借款人自逾期还款之日起参照当时一年其贷款市场报价利率标准计算的利息承担逾期还款的违约责任。据此，依照《最高人民法院关于适用〈中华人民共和国民法典〉时间效力的若干规定》第一条第一款，《中华人民共和国民法典》第六百七十五条、第六百七十六条，《最高人民法院关于审理民间借贷案件适用法律若干问题的规定》第二十八条第二款第一项的规定，判决如下：

一、被告汤某、黄某应于本判决生效之日起十日内偿还原告黄某贷款人民币30万元；

二、被告汤某、黄某应自2021年6月17日起至实际还清借款之日时止，参照2021年5月20日全国银行间同业拆借中心公布的一年期贷款市场报价利率标准计的利息承担逾期还款的违约责任。

汤某、黄某不服原审判决，提起上诉。福建省宁德市中级人民法院经审理认为：结合黄某的陈述、证人证言，可以认定原、被告间的借条不仅是对双方债权债务的确认，亦是对双方借款的结算，故予以认定黄某借款30万元的事实成立。

综上所述，汤某、黄某的上诉请求不能成立，予以驳回。一审判决应予维持。依照《中华人民共和国民事诉讼法》第一百七十条第一款第一项的规定，判决如下：

驳回上诉，维持原判。

## 【法官后语】

当前民间借贷纠纷案件审理中，法官对借贷过程款项支付的审查的必要性、重要性已达成共识。但在司法实践中，往往有两种截然不同的观点，一种认为，仅有借条没有交付凭证的，若债权金额非常小，如几百元几千元，可以认定借贷关系成立。而对于较大金额如几万元以上，就需要设定比较高的证明标准，若没有银行转账等更有力的证明方式，则不能认定借贷关系成立；另一种观点则相反，认为借款合同系实践性合同，民间借贷中的借条既是借款合同，亦是交付凭证，因此，在被告没有证据予以反驳的情形下，可以认定借贷关系成立。

经过多年的司法实践，已达成了第二种理念非主流观点的共识，遭到大多数人的否定。从法律规定看，《最高人民法院关于审理民间借贷案件适用法律若干问题的规定》第十八条规定，人民法院审理民间借贷纠纷案件是发现有下列情形之一的，应当严格审查借贷发生的原因、时间、地点、款项来源、交付方式、款项流向及借贷双方的关系、经济状况，综合判断是否属于虚假民事行为。可见，仅凭借条并不能证明借款实际已交付；从生活经验看，现实中存在当事人双方有借贷合意且出具借条后，但因各种原因事后解约、资金不足等因素，未能交付借款款项，导致借贷关系不成立的现象不在少数。

对持第一种观点的人却大有人在，普遍认为随身携带几百元几千元现金符合现实实际情况，而几万元以上的借贷以现金方式当场交付的与现实状况相悖。因此，对此持谨慎态度，如果单凭一张借条就认定几万元以上金额较高的借贷关系成立，无论从哪个角度上讲，都会造成很大的社会风险。更有观点认为，虽然借条确有可能出自借款人之手，但并不排除原、被告双方恶意串通进行虚假诉讼的可能，为避免成为虚假诉讼的“工具”，更该对原告课以更严苛的举证责任加以证明其借贷事实的存在。

笔者认为，以上两种观点均有失偏颇。《最高人民法院关于审理民间借贷案件适用法律若干问题的规定》第十五条第二款规定，被告抗辩借贷行为尚未实际发生并能作出合理说明，人民法院应当结合借贷金额、款项交付、当事人的经济能力、当地或者当事人之间的交易方式、交易习惯、当事人财产变动情况以及证人证言等事实和因素，综合判断查证借贷事实是否发生。我们通常考虑较多的是交付凭证，交付能力，当事人之间的关系等来判定，往往忽略了交易习惯第一因素。充分考虑了交易习惯的存在，以上两种存在矛盾的对立观点将迎刃而解。

所谓交易习惯，存在两种情形。一种是当事人之间的交易习惯，有些人的交易习惯都是以银行转账形式进行，哪怕是几百元几十元的金额，而有的人的交易习惯往往以现金方式进行，如北方的一些小型牲畜交易市场。另一种交易习惯指某些地域因长期的交易方式而养成的习惯，这些习惯在其他地区认为不合理，但确确实实存在于某些区域。

笔者着重从地域交易习惯的角度对本案进行剖析。本案的借贷发生在福建省周宁县，这是一个位于福建东北部海拔800多米的县城，山多田少，人均耕地三分田，因此产生大批富余劳动力，常年大部分劳力外出办铸造业、烧碳业等，但因为该县经济欠发达，这些外出办企业的经商者又无法从银行得到融资，导致民间借贷行为非常活跃。外出经商者往往是靠亲朋好友筹措所需金钱，这个三万元，那个五万元才能筹集到办企业的资金，加之当时银行产品不多，没有现在的手机银行、网银等便捷手段，所有人之间的借贷都是用现金进行交易。长而往之，便形成了以现金当面交付的民间借贷关系，即便之后银行业发达，仍有相当部分特别一些上了年纪的人还是习惯于这一传统的交易方式。回到本案出借人用现金方式出借人民币4万元、4万元、1万元、0.5万元、4万元，金额并不是特别大，符合周宁当地县情；其次，出借人与本案被告不认识，由本案原告（介绍人）向债权人承担保证清偿责任合情合理。之后，由于被告未能及时偿还借款，出借人与原告之间的债权让与行为，被告汤某知情并与原告达成一致意见后出具借条，亦符合法律规定。故原告诉讼请求应予以支持。

编写人：福建省宁德市蕉城区人民法院　陈如飞

46

# 出借人对借款时间、借款原因陈述不清，且双方存在关联关系的情况下，对主张借贷法律关系存在的一方应负更高的证明标准

——北京人防工程防护设备公司诉德州环境科技公司等民间借贷案

## 【案件基本信息】

1. 裁判书字号

山东省德州市中级人民法院（2022）鲁14民终3547号民事判决书

2. 案由：民间借贷纠纷

3. 当事人

原告（上诉人）：北京人防工程防护设备公司

被告（被上诉人）：德州环境科技公司、山东通风设备公司、河北人防工程公司、周某、张某1、张某2

## 【基本案情】

2021年3月31日，北京人防工程防护设备公司向德州环境科技公司（下称借款公司）转款10000000元，同年5月13日，转款7000000元。签署借款合同。

六被告认可三个公司法人被告系由周某控制的存在关联关系的公司。

刘某、姚某燕、杨某系原告员工，与周某资金往来密切。周某实际控制借款公司与一保证人公司，并与原告法定代表人同为另一保证人公司的股东。

对于诉争的1000万元转账，未备注款项用途。原告会计账簿记录为“借

款”。借款公司先记载为“北京朝立新人防货款”“应收账款一般销售北京人防工程防护设备公司”，后变更为“往来款、其他应付款项/对外应付”。对于700万元的转账，转账备注用途为借款。借款公司会计科目为“其他应付款”。两笔款项原告的借款单均记载：借款单位科艾德公司，理由为周转资金，借款人处均由周某签字。合同未签署日期。被告自述合同系在第二次转账后签订借款合同。

原告认可周某与原告法定代表人李某系生意伙伴。周某因资金周转以科艾德公司名义向原告借款。借款公司陈述借款用于扩大经营、购买原材料，并提交支出明细表，并陈述实际由周某、张某2、河北泰威公司使用，科艾德公司没有实际业务。

经梳理相关账户交易明细，原告及其员工向周某及其实际控制的关联公司转出共计38951895.71元。原告及其员工共收到周某及其实际控制的关联公司103749474.6元。

经本院两次传唤，周某、原告法定代表人均无正当理由拒不到庭说明情况，亦未提交书面说明，委托诉讼代理人对上述款项原因、用途等亦陈述不清。

案外人林某向本院提出异议，林某认为，其与周某的股权转让协议纠纷周某以调解并解除财产保全的方式结案，系各被告旨在通过虚假民间借贷诉讼并提出财产保全，实现财产首封对抗其债权的目的，认为本案涉嫌虚假诉讼。

**【案件焦点】**

原被告双方是否存在真实的借贷关系。

**【法院裁判要旨】**

山东省武城县人民法院经审理认为：对该案是否属于民间借贷纠纷虚假诉讼合理怀疑的十种情形重点审查，并结合本案证据对借贷发生的时间、原因、双方关系等因素综合判断。案中存在《最高人民法院关于审理民间借贷案件适用法律若干问题的规定》第十八条规定中存在的相关情形时（1. 当事人双方对借贷事实的发生没有任何争议，在各被告向原告及其员工转款数额明显超过来款的情况下，被告仅提出违约金过高的非实质性对抗意见不符合常理；2. 在委托代理人对借贷事实陈述不清时，当事人无正当理由拒不到庭参加诉讼；3. 债务人的其他债权人对该案提出有事实依据的异议），应综合审查借贷发生的时间、原因、双方关系等因素。

借款原因方面，前后陈述不一、会计账目记载不一、款项用途项目未作合理说明。在借款时间方面，借款合同无记载，原、被告双方又陈述不清。综合各被告的经济能力，明显不具备在所借款项用于购买原材料后半月内还款1700万元的能力。原告也未提交证据证明其有理由相信各被告具备以上还款能力。原告主张的借贷事实发生的原因及款项用途明显不符合常理。

在双方关系方面，根据《中华人民共和国公司法》的规定，保证人河北泰威公司与出借人朝立新公司系关联企业，出借人的法定代表人李某与保证人周某系同一公司股东，出借人知晓案款实际使用人系保证人周某。

故本案中，存在虚假民间诉讼可能情形，借款时间不详，借款原因不明，双方存在关联关系的情况下，原告作为存在民间借贷法律关系的一方，应负更高的证明标准。

在当事人拒绝到庭接受询问，陈述、借据与原告提交的借款合同证明事项不一。关系款项的性质认定的会计原始记账凭证记载不一无合理说明的情况下，原告提交的借款合同不能达到证明双方存在借贷合意的高度可能性标准。案件经审委会决定，判决驳回原告北京人防工程防护设备公司的诉讼请求。

一审判决作出后，原告北京人防工程防护设备公司不服该判决提出上诉，山东省德州市中级人民法院同意一审法院裁判意见，维持原判。

**【法官后语】**

本案主要系民间借贷涉嫌虚假诉讼时对案件证据审查的证明标准的认定。民法典中关于借款合同和《最高人民法院关于审理民间借贷案件适用法律若干问题的规定》（以下简称《民间借贷司法解释》）中的相关规定，与合同法时代也发生了一些变化。对于民间借贷合同，在审理过程中应从双方借贷合意和合同履行两方面重点审查。是否涉嫌虚假诉讼要结合上述两个方面，并对照民间借贷司法解释第十八条规定的情形进行具体分析，并适当分配举证责任，从而有助于查明相关法律事实，作出综合审查。

具体到该案中，因涉及企业之间的拆借行为，且数额巨大，该种民间借贷更应当提高证据审查标准和查明法律事实的具体。该案对于合同的履行（款项交付）证据十分明确，重点是审查双方存在民间借贷司法解释第十八条十种情形，再通过对借贷发生的原因（款项用途）、款项流向、当事人之间的关系（实际控制人、股东等）、双方过往的经济往来情况、经济状况等事实来综合判断双方之间是否存在真实借贷合意，通过合理怀疑与综合判断判断是否属于涉嫌虚假诉讼。

民间借贷纠纷案件呈现逐年暴增的现象，如何加强民间借贷中虚假诉讼情形的辨别能力，是审理民间借贷案件法官的基础必修课。审理该类案件，应遵循以下审理思路。

1. 甄别是否存在《民间借贷司法解释》中存在虚假诉讼的相关情形。首先，结合当事人的诉辩意见、提交的证据等，判断是否存在该条中的十种情形。通过对上述情形是否存在的判断，对涉嫌虚假诉讼提出合理怀疑，从而为审查借贷原因、款项流向、借贷双方关系等的综合判断提供前提。

2. 综合审查借贷发生的时间、原因、双方关系等因素。对存在上述规定情形的，就要综合审查借贷发生的时间、原因、双方关系等因素，在庭审中仔细询问借贷发生的原因、款项用途等，必要时要求当事人必须到庭接受询问。对于借贷双方之间的关系，在借贷双方属于企业时，对双方公司（包括担保人）股东、高管、法定代表人等是否存在交叉进行查明。对借贷原因，除了当事人的陈述外，还要结合银行流水、具体会计账目审查是否一致；对于款项的交付，电子直接转账的较为容易判断，对于先进交付的，要结合现金的来源、金额大小、交付的地点、时间、见证人等综合判断。对于第三人代为交付的，要将该交付人列为第三人或者作为证人出庭；对于经济状况，除了查看借贷双方原始会计凭证外，必要时可调取税务机关的开票信息等。

3. 提高证据审查标准。虚假诉讼的认定实质上是对事实的认定，必然离不开证据的审查和判断。对于存在上述情形时，结合对借贷原因、用途的查明，严格把握证据的证明标准。无论是在双方当事人关系、借贷时间还是借款用途等各方面存在不合常理情形时，要赋予主张借贷关系存在一方的更高的举证责任，应要求原被告双方提供借贷发生时前后一段时间内的交易流水，细致审查与双方存在资金往来密切的相关账户与人员，并调查清楚与借贷双方的关系，必要时要调取借贷双方与该相关人员的账户交易明细，通过各相关人员的流水判断资金的真实走向。另外，对于企业之间的拆借行为，还要调取原始会计记账凭证，结合贷款人主张款项用途判断贷款人的经济情况。通过对以上情况的审查，强化证据审查，合理分配举证责任，在任何一项合理怀疑无法得以查清时，应以待查法律事实处于真伪不明，由举证不能的一方承担相应法律后果。在举证责任分配中，对于主张借贷关系存在的出借方即原告，应赋予其更高的举证责任，因其无法充足举证的情况下，应以举证不足驳回其诉讼请求。

编写人：山东省德州市武城县人民法院　王敬敬

47

# 重新出具的债权凭证的认定

## ——杨某 1 诉杨某、张某民间借贷案

**【案件基本信息】**

1. 裁判书字号

云南省曲靖市中级人民法院（2022）云 03 民终 1412 号民事判决书

2. 案由：民间借贷纠纷

3. 当事人

原告（上诉人）：杨某 1

被告（被上诉人）：杨某、张某

【基本案情】

杨某1与杨某系姐弟关系，张某与杨某系夫妻关系，杨某1与杨某、张某之间存在大量款项往来。2019年5月12日，双方对前期借款进行最终一期结算后，杨某、张某向杨某1出具借条，载明，“今向杨某1借人民币2270000元，利息按每个月百分之一点一付，每个月付利息24970元。备注：所有款项以银行转款为准，2019年5月12日以前写的所有借条作废。”经审理确认，至2019年5月12日，杨某、张某未偿付的本息合计应为2069088元。借条出具后，杨某、张某共向杨某1偿还了1740000元。

【案件焦点】

经双方结算后重新出具债权凭证的，是否仍然需要对整个借款期间的借、还款事实全面进行审查。

【法院裁判要旨】

云南省曲靖市麒麟区人民法院审理认为：2019年5月12日借条中注明的2270000元中包含本金及利息，且在整个借款过程中存在利息计入本金后计算复利的情况，但对于具体数额存在争议。对原、被告之间借款、还款中本金、利息、复利情况分段计算，2019年5月12日，二被告欠原告借款本金1608826元，利息（包含复利）533181.76元，该金额亦未超过以月利率2%计算的本息之和2152031.73元。分段扣减借条出具后杨某、张某偿还的金额，二被告已经偿还全部借款本金，但仍欠借款利息534442.77元。判决：

一、由被告杨某、张某于本判决生效之日起十日内偿还原告杨某1借款利息534442.77元；

二、驳回原告杨某1的其他诉讼请求。

云南省曲靖市中级人民法院审理认为：2019年5月12日，杨某、张某出具借条，该份借条是双方当事人对2019年5月12日前多笔多期借款进行最终结算的成果，并且，双方当事人明确，前期未偿付的借款本息再次作为本金出借。2019年5月12日前后的借款存在相承性，因各笔前期借款实际交付而引致结算后出具的借条证明的借款法律关系成立并生效。本案双方当事人多次结算时采用的利率标准均不超过年利率24%，前期借款利息可直接计入后期借款本金。但是，诉讼中，债务人提交证据证明结算错误，而债权人对借条所载金额如何得出所做陈述并不足以令人信服，不能依据借条认定后期借款本金，必须在全面审查借、还款事实的基础上重新认定。以审理查明的实际交付款项及偿还金额为据、以双方认可的结算周期、杨某1自认债务人已偿付部分利息的事实及其提出的2019年5月12日前偿付的款项均直接等额扣减借款本金的主张为基准进行计算，至2019年5月12日后期借款本金应为2069088元。再按实际付款时间分段扣减杨某、张某于5月12日之后偿还的款项共1740000元，尚余581850元未偿付。从2020年12月12日（最后一次还款日）起至杨某1主张计息截止的2021年8月31日，借款581850元产生利息55896元，未偿付的本息合计637746元。

并且，双方多次将前期借款利息计入后期借款本金，还需确定整个借款期间的本息之和是否超过保护上限。本案中"最初借款本金"处于变动之中，只能依据认定的前期借、还款事实分段计算确认。至2019年5月12日，变动后的"最初借款本金"为1957365元，前期未付利息为467599元。2019年12月5日，偿还1000000元后，本金即为1695080元。从2019年12月6日起，本息和上限的计算基数及利率均高于前述杨某、张某尚欠债务的计算标准，故，杨某、张某再偿付637746元，亦不超过司法解释规定的整个借款期间本息之和的保护上限。据此，判决：

一、撤销麒麟区人民法院（2021）云0302民初8174号民事判决；

二、由杨某、张某于本判决生效之日起十日内偿还杨某1借款本息共计637746元；

三、驳回杨某1的其他诉讼请求。

**【法官后语】**

民间借贷中，广泛存在借贷双方对前期借款进行结算后重新出具债权凭证的情形。司法解释主要从实体规范的角度对后期借款本金如何认定进行了规定，但是，在诉讼法意义上，如何看待重新出具债权凭证这一行为，该行为对民间借贷事实认定以及司法解释的规定对人民法院的审理方式产生何种影响，仍有深入探讨的必要。

一、重新出具的债权凭证可以推定债权人对前期借款享有的债权金额

（一）重新出具债权凭证的民事行为必然产生相应的法律后果

1. 重新出具债权凭证，系借贷双方自愿达成新的合意的意思自治行为，对借贷双方均具有约束力。重新出具的债权凭证通常有设立、变更民事法律关系的内容，能够产生借贷双方预期的私法上的效果。在无反证的情形下，重新出具的债权凭证所载债权金额即为债权人对前期借款享有的债权金额。

2. 通谋虚伪行为无效。《中华人民共和国民法典》第一百四十六条第一款规定，“行为人与相对人以虚假的意思表示实施的民事法律行为无效”。如借贷双方采用重新出具债权凭证的方式通谋作出虚假的意思表示，该民事法律行为无效，重新出具的债权凭证自然不具有证明效力。

3. 意思表示不自由的行为可撤销。审判实务中，经常有债务人提出受胁迫、欺诈而重新出具债权凭证的抗辩。当事人提出抗辩的这一诉讼行为，并非实体法上撤销权的行使，而是对重新出具的债权凭证记载的结算结果的真实性提出否定性主张。如果债务人提出的抗辩成立，重新出具的债权凭证自然不能采信。只是需注意：《最高人民法院关于适用〈中华人民共和国民事诉讼法〉的解释》第一百零九条明确：（1）债务人应当提交证据证明胁迫、欺诈的事实，而非口头抗辩；（2）对胁迫、欺诈事实的证明，证明标准已提高，需达至确信该待证事实存在的可能性能够排除合理怀疑。

（二）债务人认可前期借款事实是重新出具债权凭证的必要隐含前提

前期借还款情况结算后重新出具债权凭证的，无论是否将前期借款利息计入后期借款本金，形成结算成果这一事实本身就证明，前期借款事实上已发生，即，借款已实际交付，如债务人已偿还部分款项的，更进一步证明借款已交付。并且，重新出具的债权凭证是对借贷双方结算成果的记录，所载债权金额可以推定为债权人对前期借款享有的债权金额。

应当明确：重新出具的债权凭证所载债权金额即为债权人对前期借款享有的债权金额，仅是推定的事实。推定的事实可以反证推翻，当然，推定将减轻债权人的证明责任。

二、债权人对于重新出具的债权凭证有合理说明的诉讼义务

审判实务中，债权人往往以债权已经重新出具的债权凭证确认，结算后已将前期借款的相关证据销毁为由，不对前期借款的事实举证，甚至不对重新出具的债权凭证所载金额如何结算而来进行说明。这种观点不能成立，理由在于：

1.《中华人民共和国民事诉讼法》第六十七条第一款规定，“当事人对自己提出的主张，有责任提供证据”。从行为意义上说，参与诉讼的各方当事人均负有提交证据的责任，债权人提交重新出具的债权凭证并非其提交证据责任的全部。一方面，重新出具的债权凭证可推定债权人因前期借款而享有的债权金额，但是，重新出具的债权凭证往往并不记载前期借还款的事实，无法通过结算后产生的某个具体金额显示前期借款的利率标准，而前期借款利率正是司法解释对后期借款本金的认定进行特别限制的核心要素。另一方面，《最高人民法院关于民事诉讼证据的若干规定》第六十三条第一款规定，“当事人应当就案件事实作真实、完整的陈述”。当事人的陈述亦是证据种类之一，债权人有义务对如何结算得出重新出具的债权凭证上所载金额进行说明。

2.《最高人民法院关于适用〈中华人民共和国民事诉讼法〉的解释》第九十一条第一项规定，“人民法院应当依照下列原则确定举证证明责任的承担，但法律另有规定的除外：(一) 主张法律关系存在的当事人，应当对产生该法律关系的基本事实承担举证证明责任……”债权人主张权利存在，则应当对权利发生的法律要件事实承担结果意义上的证明责任，当待证事实真伪不明时，由负有证明责任的债权人承担不利的诉讼后果。换言之，债权人不对结算结果如何得出进行说明，从而导致前期借款的利率不能查明，甚至导致重新出具的债权凭证不能采信，法律规定，由债权人承担不利后果。

3.《最高人民法院关于适用〈中华人民共和国民事诉讼法〉的解释》第一百零八条第一款规定，“对负有举证证明责任的当事人提供的证据，人民法院

经审查并结合相关事实，确信待证事实的存在具有高度可能性的，应当认定该事实存在”。重新出具的债权凭证本身往往缺少对前期借还款事实的记载，债权人不进行说明，则法官难以对推定事实形成内心确信。特别是，如果债务人提出结算存在错误或者计入了高额利息的抗辩，仅凭重新出具的债权凭证这一证据，显然达不到高度盖然性的证明标准，不能证明债权人主张的待证事实成立。

重新出具的债权凭证结合债权人的合理说明方能构成完整的举证，二者相辅相成，缺一不可。审理中，人民法院结合债务人提出的抗辩，通过对债权人的陈述进行审查，重点对前期借款的本金、利率标准及连贯性、前期借款偿还及扣减情况的完整性进行审查，才能形成推定事实是否成立的判断基础，进而正确认定案件事实。

三、债务人可提交反证推翻推定事实

重新出具的债权凭证所载金额即为债权人对前期借款享有的债权金额系推定的事实，是基于借贷双方意思表示自由、当事人出于趋利避害的本能已对前期借还款全面核对的理性认识而做出。由于推定的事实并不是证据直接证明的事实，并且基础事实和推定事实之间虽然存在着高度盖然性但并不一定是必然的关系，所以，债务人可以提交证据推翻推定的事实。

（一）债务人提交的证据属于反证

债权人主张享有权利，就应当对包括债权金额在内的法律要件事实承担证明责任，并且，债权人承担的这种责任系结果意义上的证明责任，其为证明主张的事实成立而提交的证据属于本证。本证的证明程度要求较高，必须证明待证事实为“真”具有高度可能性，才算尽到证明责任。如果本证仅使案件事实处于真伪不明的状态，仍应认定该事实不存在，不利诉讼后果由应负证明责任的当事人承担。债务人对于债权人提出的事实主张成立与否不负有结果意义上的证明责任，其提交的证据属于反证。相较于本证而言，反证的证明程度降低，无须完全达至反驳主张的事实为“真”，能够引起待证事实为“假”的合理怀疑即已尽到证明责任。

明确债务人提交的证据属于反证的意义在于：反证的目的在于推翻或者削弱本证的证据力，使本证的待证事实陷入真伪不明的状态，即可达到提出反证的目的。这种情况下，就不能依据重新出具的债权凭证认定债权人因前期借款而享有的债权金额，必须全面审查前期借还款的事实，重新计算确认债权人享有的债权金额。如果前期借款事实不能查明，依职权也不能调查收集到必要的证据查明案件真相，应依证明责任的分配原则，判定待证事实真伪不明，其不利后果由提出本证的一方当事人承担。当然，许可债务人提出反证后，没有提出反证或者反证不成立的，或者不存在其他更有力的证据或真实事实与推定事实相冲突的，推定的事实成立。

（二）债务人提出的反证

为推翻推定的事实，当事人可以从以下三个方面提出反证：(1) 可就基础事实提出反证；(2) 可对推定事实提出反证；(3) 举证基础事实和推定事实并不存在因果关系、逻辑关系或法律上的联系。民间借贷中，借贷双方对前期借款进行结算并重新出具借款凭证（基础事实），与所载债权金额就是债权人对前期借款享有的债权金额（推定事实）之间确实存在因果关系。因此，主要从以下两个方面就债务人提出的反证进行分析：

1. 对推定事实提出反证

对推定的事实提出反证是常见的证明方式，在民间借贷纠纷中，常常表现为，从结算存在错误这个角度提交证据，以达到债权人因前期借款应享有的债权金额与重新出具的债权凭证所载不相符的证明目的。显而易见，重新出具的债权凭证源于前期借款事实，债务人提出的结算时前期借款事实有错漏或存在计算错误的反证成立，则债权人对前期借款享有的债权金额即为重新出具的债权凭证所载金额这一推定事实即被推翻。如本案中，杨某、张某提交反证证明，结算时多计入70000元借款、少计入180000元还款。反证成立，致不能依据重新出具的债权凭证认定债权金额，只能依据查明的前期借款事实重新计算、确认债权金额。

本案的情况是，债务人提交的证据已经证明了推定的事实为“假”，容易进行评判。如果债务人提交的证据不足以证明推定的事实为“假”但能够使推定事实陷入真假难辨的状态，因债权人对推定事实成立承担结果意义上的证明责任，而债务人提交的证据属于反证，不利后果由债权人承担。即，反证亦成立，推定的事实被推翻。此种情形下，法官必须公开推理的过程及理由。

2. 对基础事实提出反证

审判实务中，还存在对基础事实提出抗辩或否认的情形。推定的基础事实是否真实，对于推定至关重要，只有基础事实是真实的，据以推出的推定事实才有可能是可靠的。诉讼中，当事人往往提出受胁迫、欺诈或未经结算、未重新出具债权凭证的抗辩或否认，以推翻基础事实。对于胁迫、欺诈的问题，前文已论及，对于债务人否认的情形分析如下：

（1）未经结算。债务人不认可重新出具的债权凭证是借贷双方结算的产物，产生两方面的问题：一方面，债权人对前期借款已经借贷双方结算这一基础事实负证明责任；另一方面，债务人需对未经结算却重新出具债权凭证这一行为做出合理解释。

联系前文所述，债权人不能或不对重新出具的债权凭证合理说明，就可能承担于己不利的诉讼后果。当然，债权人也可以提交双方为结算进行协商的过程中形成的文证资料或通信信息截图等予以证明。如果是否经过结算的事实陷入真伪不明的状态时，由债权人承担结果意义上的证明责任，同样，此种情形下，心证必须公开。

（2）伪造。债务人否认重新出具过债权凭证的，只能由债权人进一步举证，通过鉴定等方法证明证据具有真实性。

四、司法解释的规定对认定重新出具的债权凭证的影响

（一）司法解释的规定并不否定重新出具的债权凭证的证明效力

《最高人民法院关于审理民间借贷案件适用法律若干问题的规定》第二十七条第一款规定，结算后重新出具债权凭证的，后期借款本金不得计入超过依法保护上限的利息。因此，即使重新出具的债权凭证真实、合法，也需要审查、确认前期借款的利率标准。如果重新出具的债权凭证所载后期借款本金计入了

高额利息，人民法院认定的后期借款本金金额与重新出具的债权凭证所载金额就不一致。这种不一致，并非对重新出具的债权凭证证明效力的否定，相反，重新出具的债权凭证推定的事实正是对借款利息特别限制的基础。

（二）司法解释的规定可能导致对前期借款全面审理

各前期借款的利率即便均低于利率保护上限，如果借贷双方多次结算，多次将前期借款利息计入后期借款本金，实际利率必定高于名义利率。在整个借款期间借款人已付及还需偿付的款项之和就必须设定一个上限，否则，可能出现实际利率超过利率保护上限的后果，从而导致禁止高利贷的规范实质上被突破。针对这种情况，《最高人民法院关于审理民间借贷案件适用法律若干问题的规定》第二十七条第二款进行了规定。为了正确适用该规定，就需分别情形选择恰当的审理方式：

1. 如果重新出具的债权凭证仅涉及单笔借款的复利问题，无论经过多少个计息周期，“最初借款本金”始终不变，仅需审查、确认各前期借款的利率标准。

2. 如果多笔借款合并结算或债务人还过款，那么，除需审查、确认各前期借款的利率标准外，还需对前期借款事实进行全面审理。“最初借款本金”因数笔借款发生合并的事实，特别是，因债务人的偿还行为而处于变动状态。这种情况下，必须查明结算前共存在几笔借款，各笔借款的出借金额、时间、利率标准及还款金额、时间等事实，才可能逐步计算后确认各期“最初借款本金”。

五、审慎否定重新出具的债权凭证

由重新出具的债权凭证推定债权人对前期借款享有的债权金额，具有减少不必要的举证、降低诉讼成本的价值，否定该证据应持审慎的立场。毕竟，借贷双方如果存在多笔、多期借款，借款人多次偿还部分款项且连续多次计算复利的，后期借款本金如何结算得出，证明确有困难。客观上，款项给付的方式不同，证明的难易程度就不同，何况，还存在当事人约定将结算前的证据销毁或不再妥善保存的情形。诉讼中，当事人从于己有利的角度出发，存在不对借还款及如何进行结算的事实全面陈述的可能。并且，不仅结算前借、还款的事实难以还原，计算的具体过程以及是否发生过债权金额减让的事实也几乎不能重现。因此，在人民法院必须做出裁判的内在要求下，依据查明的事实重新认定后期借款本金，是不得已而为之、退而求其次的结果，结论的正确性必然受限于当事人证明的基础事实是否必要且充分。

**编写人：云南省曲靖市中级人民法院　陈铭军**

**图书在版编目（CIP）数据**

中国法院2024年度案例．民间借贷纠纷／国家法官学院，最高人民法院司法案例研究院编．—北京：中国法制出版社，2024.5

ISBN 978-7-5216-4352-7

Ⅰ.①中… Ⅱ.①国…②最… Ⅲ.①民间借贷-经济纠纷-案例-汇编-中国 Ⅳ.①D920.5

中国国家版本馆CIP数据核字（2024）第054092号

策划编辑：李小草　韩璐玮（hanluwei666@163.com）

责任编辑：韩璐玮　　　封面设计：李宁

---

**中国法院2024年度案例．民间借贷纠纷**

ZHONGGUO FAYUAN 2024 NIANDU ANLI. MINJIAN JIEDAI JIUFEN

编者/国家法官学院，最高人民法院司法案例研究院

经销/新华书店

印刷/三河市紫恒印装有限公司

开本/730毫米×1030毫米　16开　　　印张/15.75　字数/191千

版次/2024年5月第1版　　　2024年5月第1次印刷

---

中国法制出版社出版

书号 ISBN 978-7-5216-4352-7　　　定价：68.00元

北京市西城区西便门西里甲16号西便门办公区

邮政编码：100053　　　传真：010-63141600

**网址：http：//www.zgfzs.com**　　　**编辑部电话：010-63141790**

**市场营销部电话：010-63141612**　　　**印务部电话：010-63141606**

（如有印装质量问题，请与本社印务部联系。）